公務員
採用試験
対策シリーズ

長野県の
公務員採用試験
（教養試験）

長野市・松本市・上田市・
佐久市・安曇野市・千曲市の
初級・高卒程度

2025

公務員試験研究会　編　　協同出版

まえがき

　公務員は，国や地方の行政諸機関に勤務し，営利を目的とせず，国民や住民などの幸せのため，政策・諸事務を円滑に実施・進行して，社会の土台作りを行うことを職務としています。昨今では，少子高齢化の進行や公務のDX化，国際競争力の低下などの社会情勢の変化に伴って，行政の果たす役割はますます多岐にわたり，重要さを増しています。行政改革が常に論議されているのは，どのような情勢においても安心した生活が送れるよう，公務員に対して国民や市民が，期待を寄せているからでしょう。

　公務員になるためには，基本的には公務員採用試験に合格しなければなりません。公務員採用試験は，公務に携わる広い範囲の職種に就きたい人に対して課される選抜競争試験です。毎年多数の人が受験をして公務員を目指しているため，合格を勝ち取るのは容易ではありません。そんな公務員という狭き門を突破するためには，まずは自分の適性・素養を確かめると同時に，試験内容を十分に研究して対策を講じておく必要があります。

　本書ではその必要性に応え，公務員採用試験に関する基本情報や受験自治体情報はもちろん，「教養試験」，「論作文試験」，「面接試験」について，最近の出題傾向を分析した上で，ポイント，問題と解説，対応方法などを掲載しています。これによって短期間に効率よく学習効果が現れ，自信をもって試験に臨むことができると確信しております。なお，本書に掲載の試験概要や自治体情報は，令和5（2023）年に実施された採用試験のものです。最新の試験概要に関しましては，各自治体HPなどをよくご確認ください。

　公務員を目指す方々が本書を十分活用され，公務員採用試験の合格を勝ち取っていただくことが，私たちにとって最上の喜びです。

公務員試験研究会

長野県の公務員採用試験対策シリーズ

長野市・松本市・上田市・佐久市・安曇野市・千曲市の初級・高卒程度

◆ 目 次 ◆

第1部

試験の概要

- 公務員試験とは
- ［参考資料］
  試験情報と自治体情報

公務員試験とは

◆ 公務員とはどんな職業か

　一口でいえば，公務員とは，国家機関や地方公共団体に勤務する職員である。

　わが国の憲法では第15条で，「公務員を選定し，及びこれを罷免することは，国民固有の権利である」としたうえで，さらに「すべて公務員は，全体の奉仕者であつて，一部の奉仕者ではない」と定めている。

　また，その職務および人事管理などについては「国家公務員法」および「地方公務員法」という公務員に関する総合法規により，詳細に規定されている。たとえば「この法律は，……職員がその職務の遂行に当り，最大の能率を発揮し得るように，民主的な方法で，選択され，且つ，指導さるべきことを定め，以て国民に対し，公務員の民主的且つ能率的な運営を保障することを目的とする」（「国家公務員法」第1条）と述べられ，その職務や人事管理についてはっきりと規定されているのである。すなわち，公務は民主的な方法で選択され，また国民に対しては，民主的・能率的な公務の運営が義務づけられているといえよう。

　現在の公務員の基本的性格を知るにあたって，戦前の公務員に触れておこう。戦前，すなわち明治憲法の時代には，公務員は「官吏」または「公吏」などと呼ばれ，「天皇の使用人，天皇の奉仕者」ということになっていた。したがって，官吏の立場は庶民の上に位置しており，封建時代の"お役人"とほとんど変わらない性格を帯びていた。つまり，民主主義に根ざしたものではなく，天皇を中心とした戦前の支配体制のなかで，その具体的な担い手になっていたといえるだろう。

　戦後，制度が一新されて「官吏」は「公務員」と名を変え，その基本的性格もすっかり変化した。つまり，公務員の「公」の意味が「天皇」から「国民」に変わり，国民によって選定された全体の奉仕者という立場が明確にされたのである。

　なお，公務員という職業は，その職務遂行にあたって国民に大きな影響をおよぼすものであるから，労働権・政治行為などの制限や，私企業からの隔離などの諸制限が加えられていることも知っておく必要がある。

◆ 公務員の種類と職務

（1） 公務員の種類

　本書は，長野市・松本市・上田市・佐久市・安曇野市・千曲市の初級・高卒程度をめざす人のための参考書だが，ここでは公務員の種類の全体像をごく簡単に紹介しておこう。一般に公務員は国家公務員と地方公務員に大別でき，さらに一般職と特別職とに分けられる。

① 国家公務員と地方公務員

　国家公務員とは，国家公務員法の適用を受け（＝一般職），国家機関である各省庁やその出先機関などに勤務し，国家から給与を受ける職員をさす。たとえば，各省庁の地方事務局などに勤務する者も，勤務地が地方であっても国家公務員である。

　一方，地方公務員は，地方公務員法の適用を受け（＝一般職），各地方公共団体に勤務し，各地方公共団体から給与を受ける職員である。具体的には，都道府県や市町村の職員などを指している。

② 一般職と特別職

　国家公務員と地方公務員は，それぞれ一般職と特別職に分けられる。人事院または各地方公共団体の人事委員会（またはそれに準ずるところ）を通じて採用されるのが一般職である。

　特別職とは，国家公務員なら内閣総理大臣や国務大臣・国会職員などであり，地方公務員なら知事や収入役などである。それぞれ特別職は国家公務員法および地方公務員法に列記され，その特別職に属さないすべての職を一般職としている。

③ 上級職，中級職，初級職

　採用試験の区分であると同時に，採用後の職務内容や給与等の区分でもある。採用試験はこの区分に合わせて実施される。地域によっては，その名称も異なる。

（2） 地方公務員の対象となる職務

　地方公務員試験に合格して採用されると，各地方の職員として，事務および調査・研究または技術的業務などに従事することになる。

　公務員採用にあたって公開平等に試験を実施し，成績の良い者から順に採用することを徹底していて，民間企業の採用によくみられる「指定校制」など

の"制限"は原則としてない。もちろん，出身地・思想・信条などによる差別もない。これは公務員採用試験全般にわたって原則的に貫かれている大きな特徴といえよう。

◆ 「教養試験」の目的と内容

(1) 「教養試験」の目的

　教養試験は，国家公務員，地方公務員の，高校卒程度から大学卒程度までのあらゆる採用試験で，職種を問わず必ず行われている。教養試験は，単なる学科試験とは異なり，今後ますます多様化・複雑化していく公務員の業務を遂行していくのに必要な一般的知識と，これまでの学校生活や社会生活の中で自然に修得された知識，専門分野における知識などが幅広く身についているかどうか，そして，それらの知識をうまく消化し，社会生活に役立てる素質・知的能力をもっているかどうかを測定しようとするものである。

　このことについては，公務員試験の受験案内には，「公務員として必要な一般的知識および知能」と記されている。このため，教養試験の分野は，大きく一般知識と一般知能の2つの分野に分けられる。

　一般知識の分野は，政治，法律，経済，社会，国際関係，労働，時事問題などの社会科学と，日本史，世界史，地理，思想，文学・芸術などの人文科学，物理，化学，生物，地学，数学などの自然科学の3つの分野からなっている。

　一般知識の分野の特徴は，出題科目数が非常に多いことや，出題範囲がとても広いことなどであるが，内容としては高校で学習する程度の問題が出題されているので，高校の教科書を丹念に読んでおくことが必要である。

　一般知能の分野は，文章理解，数的推理，判断推理，資料解釈の4つの分野からなっている。

　一般知能の分野の問題は，身につけた知識をうまく消化し，どれだけ使いこなせるかをみるために出題されているため，応用力や判断力などが試されている。そのため，知能検査に近い問題となっている。

　したがって，一般知識の分野の問題は，問題を解くのに必要な基本的な知識が身についていなければ，どんなに頭をひねっても解くことはできないが，一般知能の分野の問題は，問題文を丁寧に読んでいき，じっくり考えるようにすれば，だれにでも解くことができるような問題になっている。

(2)「一般知識分野」の内容

　一般知識分野は，さらに大きく3分野に分けて出題される。

社会科学分野	われわれの社会環境，生活環境に密着した分野で，政治，経済，社会，労働，国際，時事などに分かれる。学校で学んだこと，日々の新聞などから知ることができる内容等が中心で，特に専門的な知識というべきものはほぼ必要がない。
人文科学分野	歴史・地理・文化・思想・国語など，人間の文化的側面，内容的要素に関する知識を問うもので，専門的知識よりも幅広いバランスのとれた知識が必要である。
自然科学分野	数学・物理・化学・生物・地学などを通じて，科学的で合理的な側面を調べるための試験で，出題傾向的には，前二者よりもさらに基本的な問題が多い。

　以上が「一般知識分野」のあらましである。これらすべてについて偏りのない実力を要求されるのだから大変だが，見方を変えれば，一般人としての常識を問われているのであり，これまでの生活で身につけてきた知識を再確認しておけば，決して理解・解答ができないということはない問題ばかりである。

(3)「一般知能分野」の内容

　一般知能分野は，さらに大きく4分野に分けて出題される。

文章理解	言語や文章についての理解力を調べることを目的にしている。現代文や古文，漢文，また英語などから出題され，それぞれの読解力や構成力，鑑賞力などが試される。
判断推理	論理的判断力，共通性の推理力，抽象的判断力，平面・空間把握力などを調べるもので，多くの出題形式があるが，実際には例年ほぼ一定の形式で出題される。
数的推理	統計図表や研究資料を正確に把握，解読・整理する能力をみる問題である。
資料解釈	グラフや統計表を正しく読みとる能力があるかどうかを調べる問題で，かなり複雑な表などが出題されるが，設問の内容そのものはそれほど複雑ではない。

　一般知能試験は，落ち着いてよく考えれば，だいたいは解ける問題である点が，知識の有無によって左右される一般知識試験と異なる。

　教養試験は，原則として5肢択一式，つまり5つの選択肢のなかから正解を1つ選ぶというスタイルをとっている。難しい問題もやさしい問題も合わせて，1問正解はすべて1点という採点である。5肢択一式出題形式は，採点時に主観的要素が全く入らず，能率的に正確な採点ができ，多数の受験者を扱うことができるために採用されている。

◆「適性試験」「人物試験」の目的と内容

(1)「適性試験」の目的と内容

　適性試験は一般知能試験と類似しているが，一般知能試験がその名のとおり，公務員として，あるいは社会人としてふさわしい知能の持ち主であるかどうかをみるのに対し，適性試験では実際の職務を遂行する能力・適性があるかどうかをみるものである。

　出題される問題の内容そのものはきわめて簡単なものだが，問題の数が多い。これまでの例では，時間が15分，問題数が120問。3つのパターンが10題ずつ交互にあらわれるスパイラル方式である。したがって，短時間に，できるだけ多くの問題を正確に解答していくことが要求される。

　内容的には，分類・照合・計算・置換・空間把握などがあり，単独ではなくこれらの検査が組み合わさった形式の問題が出ることも多い。

(2)「人物試験」の目的と内容

　いわゆる面接試験である。個別面接，集団面接などを通じて受験生の人柄，つまり集団の一員として行動できるか，職務に意欲をもっているか，自分の考えを要領よくまとめて簡潔に表現できるか，などを評価・判定しようとするものである。

　質問の内容は，受験生それぞれによって異なってくるが，おおよそ次のようなものである。

> ① 公務員を志望する動機や理由などについて
> ② 家族や家庭のこと，幼いときの思い出などについて
> ③ クラブ活動など学校生活や友人などについて
> ④ 自分の長所や短所，趣味や特技などについて
> ⑤ 時事問題や最近の風俗などについての感想や意見

　あくまでも人物試験であるから，応答の内容そのものより，態度や話し方，表現能力などに評価の重点が置かれている。

◆「論作文試験」の目的と内容

(1)「論作文試験」の目的

　「文は人なり」という言葉があるが，その人の人柄や知識・教養，考えなどを知るには，その人の文章を見るのが最良の方法だといわれている。その意味で論作文試験は，第1に「文章による人物試験」だということができよう。

　また公務員は，採用後に，さまざまな文章に接したり作成したりする機会が多い。したがって，文章の構成力や表現力，基本的な用字・用語の知識は欠かせないものだ。しかし，教養試験や適性試験は，国家・地方公務員とも，おおむね択一式で行われ解答はコンピュータ処理されるので，これらの試験では受験生のその能力・知識を見ることができない。そこで論作文試験が課せられるわけで，これが第2の目的といえよう。

(2)「論作文試験」の内容

　公務員採用試験における論作文試験では，一般的に課題が与えられる。つまり論作文のテーマである。これを決められた字数と時間内にまとめる。国家・地方公務員の別によって多少の違いがあるが，おおよそ1,000〜1,200字，60〜90分というのが普通だ。

　公務員採用試験の場合，テーマは身近なものから出される。これまでの例では，次のようなものだ。

① 自分自身について	「自分を語る」「自分自身のPR」「私の生きがい」「私にとって大切なもの」
② 学校生活・友人について	「学校生活をかえりみて」「高校時代で楽しかったこと」「私の親友」「私の恩師」
③ 自分の趣味など	「写真の魅力」「本の魅力」「私と音楽」「私と絵画」「私の好きな歌」
④ 時事問題や社会風俗	「自然の保護について」「交通問題を考える」「現代の若者」
⑤ 随想，その他	「夢」「夏の1日」「秋の1日」「私の好きな季節」「若さについて」「私と旅」

　以上は一例で，地方公務員の場合など，実に多様なテーマが出されている。ただ，最近の一般的な傾向として，どういう切り口でもできるようなテーマ，たとえば「山」「海」などという出題のしかたが多くなっているようだ。この題で，紀行文を書いても，人生論を展開しても，遭難事故を時事問題風に扱ってもよいというわけである。一見，やさしいようだが，実際には逆で，それだけテーマのこなし方が難しくなっているともいえよう。

　次に，試験情報と自治体情報を見てみよう。

長野市の試験情報

令和6年度採用
長野市職員採用試験受験案内
（大学・短期大学・高等学校卒業程度、技能労務職）

令和5年8月1日
長　野　市

第 一 次 試 験	令和5年9月17日（日）
受 付 期 間	令和5年8月1日（火）～ 令和5年8月20日（日）

1　試験区分、採用予定人員及び主な職務内容

試験区分		採用予定人員	主 な 職 務 内 容
大学卒業程度	土　　木	若干名	土木関係業務の企画、設計、施工管理業務等
	建　　築	若干名	建築物の設計、施工管理、許認可業務等
	電　　気	若干名	電気設備の設計、施工管理、施設維持管理業務等
	化　　学	若干名	環境監視業務、上下水道水質管理業務等
	獣 医 師	若干名	動物愛護、狂犬病予防業務、食品・環境衛生に関する監視等
短期大学卒業程度	救急救命士（消　防）	若干名	救急救命士が行う業務全般（一般消防業務に従事する場合も有り）
	臨床検査技　　師	若干名	保健・食品・生活衛生に関する細菌検査、臨床検査業務等
高等学校卒業程度	一般事務	若干名	行政各分野に関する業務全般
	土　　木	若干名	土木関係業務の企画、設計、施工管理業務等
	消　　防	若干名	消火・救急・救助等の消防業務全般（救急救命士が行う業務を含む）
技　能労務職	調　　理	若干名	給食センター、保育園等における給食調理業務

（注1）申込みは一つの試験区分に限ります。
（注2）受付後の試験区分の変更はできません。

13

2 受験資格

試験区分		要件	
		生年月日	資格・免許等
大学卒業程度	土木 (注1)	平成9年4月2日から 平成14年4月1日まで に生まれた人	大学の土木専門課程（都市工学系含む）卒業程度の学力を有する人
	建築 (注1)		大学の建築専門課程卒業程度の学力を有する人
	電気 (注1)		大学の電気専門課程卒業程度の学力を有する人
	化学		大学の化学専門課程卒業程度の学力を有する人
	獣医師	平成6年4月2日から 平成12年4月1日まで に生まれた人	獣医師免許を有する人（令和6年春までに免許を取得する見込みの人を含む）(注5)
短期大学卒業程度	救急救命士 （消防） (注2)	平成9年4月2日から 平成15年4月1日まで に生まれた人	救急救命士の免許を有する人（令和6年春までに免許を取得する見込みの人を含む）(注5)
	臨床検査技師		臨床検査技師の免許を有する人（令和6年春までに免許を取得する見込みの人を含む）(注5)
高等学校卒業程度	一般事務	平成14年4月2日から 平成18年4月1日まで に生まれた人	高等学校卒業程度の学力を有する人
	土木 (注3)		高等学校の土木専門課程卒業程度の学力を有する人 (注4)
	消防		高等学校卒業程度の学力を有する人
技能労務職	調理	昭和59年4月2日から 平成9年4月1日まで に生まれた人	**調理師免許を取得しており**、令和5年3月31日までに調理業務の職務経験年数を2年以上有する人

（注1）令和5年度実施の大学卒業程度・土木・建築・電気の区分を受験した方は、同一の試験区分には申込みできません。

（注2）令和5年度実施の大学卒業程度・消防の区分を受験した方は、短期大学卒業程度・救急救命士（消防）の区分には申込みできません。

（注3）令和5年度実施の短期大学卒業程度・土木の区分を受験した方は、大学卒業程度・土木及び高等学校卒業程度・土木の区分には申込みできません。

（注4）高等学校卒業程度・土木の区分を受験する場合は、受験申込みの際に、土木専門課程の最終学校の「成績証明書」を提出してください。なお、卒業見込みの場合は、申込み時に取得できる土木専門課程の「成績証明書」を提出してください。

（注5）受験資格に定める資格等を取得見込みの人で、令和6年春までに当該資格等を取得しなかった場合は、任用資格を失います。

欠格事項等

次のいずれかに該当する人は、受験できません。

（1）日本の国籍を有しない人

（2）地方公務員法第16条に規定する次の欠格条項に該当する人

　　ア　禁錮以上の刑に処せられ、その執行を終わるまで又はその執行を受けることがなくなるまでの人

　　イ　長野市職員として懲戒免職の処分を受け、当該処分の日から２年を経過しない人

　　ウ　日本国憲法施行の日以後において、日本国憲法又はその下に成立した政府を暴力で破壊することを主張する政党その他の団体を結成し、又はこれに加入した人

3　試 験 日 時 及 び 会 場

試　　　験	試　験　日　時	試　験　会　場
第一次試験	令和５年９月17日（日） 受付時間 午前８時～午前８時30分 【緊急連絡先】０９０－７８０６－０１５２	長野ターミナル会館（長野市中御所岡田178-2） 長野市消防局中央消防署（長野市大字長野旭町1108-4）
第二次試験	10月中旬　～　10月下旬（予定）	
第三次試験	11月中旬　～　11月下旬（予定）	

（注１）試験会場の詳細については、受験票の交付の際に改めてお知らせします。

（注２）高等学校卒業程度の土木については第一次試験時に面接試験を行い、第二次試験が最終試験となります。

（注３）自家用車の駐車はできませんので、バス、電車等を利用してください（長野ターミナル会館の有料駐車場の利用は可能ですが、満車の場合は利用できません。）。

4　試 験 の 方 法 及 び 内 容

(1)　第 一 次 試 験

試験の方法		内　　　　容
大学 卒業程度	教 養 試 験	大学卒業程度の文章読解能力、数的能力、推理判断能力、人文・社会・自然に関する一般知識、基礎英語に関する一般的知識及び知能についての択一式による筆記試験（１時間）
	専 門 試 験	大学卒業程度の専門的知識についての択一式による筆記試験（２時間）（出題分野は別表参照）（土木、建築、電気、化学のみ）
	論 文 試 験	一般的事項についての論文試験（１時間30分）
	事 務 適 性 検 査	事務職員としての適応性についての択一式による検査（10分）

15

短期大学卒業程度	教 養 試 験	短期大学卒業程度の文章読解能力、数的能力、推理判断能力、人文・社会・自然に関する一般知識、基礎英語に関する一般的知識及び知能についての択一式による筆記試験（1時間）
	作 文 試 験	一般的事項についての作文試験（1時間）
	事 務 適 性 検 査	事務職員としての適応性についての択一式による検査（10分）（臨床検査技師）
	消 防 適 性 検 査	消防職員としての適応性についての択一式による検査（35分）（救急救命士（消防））
高等学校卒業程度・技 能労務職	教 養 試 験	高等学校卒業程度の文章読解能力、数的能力、推理判断能力、人文・社会・自然に関する一般知識、基礎英語に関する一般的知識及び知能についての択一式による筆記試験（1時間）
	専 門 試 験	高等学校卒業程度の専門的知識についての択一式による筆記試験（1時間30分）（出題分野は別表参照）（土木のみ）
	作 文 試 験	一般的事項についての作文試験（1時間）
	事 務 適 性 検 査	事務職員としての適応性についての択一式による検査（10分）（消防除く）
	消 防 適 性 検 査	消防職員としての適応性についての択一式による検査（35分）（消防のみ）
	面 接 試 験	個別面接による試験（1人10分程度）（土木のみ）

(注) 論文・作文試験は第一次試験に実施しますが、第二次試験以降で使用します。また、第二次試験日に論文・作文試験を受験しなかった場合又は規定の字数を満たしていない場合は、第一次試験の合格対象とはなりません。

(別表) 専門試験出題分野

試験区分		出 題 分 野
大学卒業程度	土 木	数学・物理、応用力学、水理学、土質工学、測量、土木計画（都市計画を含む）及び材料・施工
	建 築	数学・物理、構造力学、材料学、環境原論、建築史、建築構造、建築計画（都市計画、建築法規を含む）、建築設備及び建築施工
	電 気	数学・物理、電磁気学・電気回路、電気計測・制御、電気機器・電力工学、電子工学及び情報・通信工学
	化 学	数学・物理、物理化学、分析化学、無機化学・無機工業化学、有機化学・有機工業化学及び化学工学
高等学校卒業程度	土 木	数学・物理・情報技術基礎、土木基礎力学（構造力学、水理学、土質力学）、土木構造設計、測量、社会基盤工学、土木施工

16

○試験終了予定時刻
　大学卒業程度：〔獣医師〕12：35　　〔土木・建築・電気・化学〕15：50
　短期大学卒業程度：〔救急救命士（消防）〕13：00　　〔臨床検査技師〕12：05
　高等学校卒業程度：〔一般事務〕12：05　　〔土木〕（注）15：00～15：30　　〔消防〕13：00
　技能労務職：〔調理〕12：05
　（注）高等学校卒業程度の土木区分については、専門試験終了後、受験番号順に個別面接を実施す
　　るため、受験者ごとに終了時刻が異なります。また、受験者数により終了時刻が延びる場合があ
　　ります。

(2)　第 二 次 試 験 等

試験方法	内　　　　　　　　　容
面接試験	個別面接による試験
資格審査	受験資格の有無及び申込書記載事項の真否等についての審査

(3)　第 三 次 試 験 等

試験方法	内　　　　　　　　　容
面接試験	個別面接による試験
体力検査	職務遂行上必要な体力についての実技による測定（消防及び救急救命士（消防））
身体検査	職務遂行上必要な健康度について、市長が定める診断科目による国立病院機構等発行の健康診断書に基づく検査（消防及び救急救命士（消防））

5　合 格 発 表
　　第一次試験の結果は合格者のみに、第二次及び第三次試験（最終）の結果は受験者全員に合否の結果を通知します。また、第一次試験については、合格者受験番号を市役所及び各支所掲示板に掲示するとともに、長野市職員課ホームページに掲載します。
　　合格発表の時期は次のとおり予定しています。
　　・第一次試験合格者発表　・・10月上旬
　　・第二次試験合格者発表　・・11月上旬
　　・最 終 合 格 者 発 表　・・12月上旬
※長野市職員課ホームページアドレス
　　http://www.city.nagano.nagano.jp/site/shokuinsaiyoujyouhou/

6　採用候補者名簿への登載
　　最終合格者は、試験区分ごとに作成する令和6年度長野市職員採用候補者名簿に最終成績順に登載します。

7　採　　　　用
　　令和6年度長野市職員採用候補者名簿登載者の中から、令和6年4月1日に登載順に採用する予定です。
　　なお、名簿の有効期間は登載の日から原則として1年間です。

8 受験手続

(1) 受付期間

令和5年8月1日（火）から令和5年8月20日（日）まで

(2) 受験申込手続等

受験希望者は、**「電子申請」（インターネット経由）**により申込手続をしてください。

電子申請による申込方法 （詳細はホームページをご覧ください）

(3) その他

提出・申込み後の「職員採用試験受験申込書」、「電子申請による申請情報」及び試験会場で回収後の「受験票」に記載の個人情報は、長野市個人情報保護条例に基づき適正に保護・管理します。

9 勤務条件

(1) 給料 （令和5年4月1日現在、地域手当含む）

試験種類	初　任　給	試験種類	初　任　給
大学 卒業程度	２０１，６７４円	高等学校 卒業程度	１６７，１６９円
短期大学 卒業程度	１８４，４７３円	技能労務職	１６７，１６９円

＊この金額は一般事務職の標準的なものです。なお、経歴等を有する人は、一定の基準により算定します。

＊給料の他、期末・勤勉手当、寒冷地手当、扶養手当、通勤手当、住居手当等が条件により支給されます。

試験区分	初　任　給
獣医師	２６４，８５８円

＊この金額は獣医師の標準的なもので、地域手当の他、初任給調整手当を含みます。なお、経歴等を有する人は、一定の基準により算定します。

＊給料、地域手当、初任給調整手当の他、期末・勤勉手当、寒冷地手当、扶養手当、通勤手当、住居手当等が条件により支給されます。

＊初任給調整手当として採用1～5年目は月額5万円、6年目以降は漸減して15年間支給します（上記初任給の金額には初任給調整手当5万円が含まれています。）。

(2) 勤務時間、休暇等

原則として、勤務時間は午前8時30分から午後5時15分まで（休憩1時間を含む）の7時間45分、休日は土日祝日です。年次休暇（年20日。採用年15日）、特別休暇（夏季、結婚、育児参加、産前産後等）、療養休暇、介護・育児のための休業等があります。

18

長野市の自治体情報

長野市の令和5年度予算

　本市の令和5年度予算は、人口減少および少子高齢化を背景に増加し続ける社会保障関係経費を確保しつつ、新しい価値の創造や幸せ実感につながる新たなチャレンジに取り組み、市民の皆さんが変化の兆しを感じ取れる「未来へのチャレンジ」を具現化する予算の編成を行いました。

　未来の担い手を支える子育て・教育・若者の活躍に対する各種施策をはじめ、未来の経済基盤を確かなものにする新産業創造やゼロカーボンへのチャレンジ、地域の未来を豊かにする地域経済の成長や農業振興、さらには、スポーツ振興、移住推進・関係人口創出のための施策のほか、令和元年東日本台風災害からの復興、物価高騰・新型コロナウイルス感染症対策、公共施設の長寿命化経費などに予算を重点配分しました。

予算の規模　2,779.1億円（対前年度　△　8.7億円、△0.3%）

一般会計　　　　　　1,611.0億円（対前年度　△ 11.7億円、△0.7%）

特別会計（8会計）　　 785.9億円（対前年度　＋　2.0億円、+0.3%）

企業会計（4会計）　　 382.2億円（対前年度　＋　1.0億円、+0.3%）

一般会計

歳入

　基幹収入である市税は、緩やかな景気回復に伴い、前年度より6億2千万円の増額となりました。国庫支出金は、国民スポーツ大会関連の施設整備、出産・子育て応援交付金事業などの補助金が増加した一方、新型コロナウイルス感染症対策関連の補助金が減少し、全体では前年度より12億9千万円の減額となりました。市債は、公共施設の長寿命化に係る借り入れの増加の一方、臨時財政対策債の減少により3億8千万円の減額となりました。その他、県支出金が4千万円の減額となりました。

歳出

　歳出は、第82回国民スポーツ大会・第27回全国障害者スポーツ大会施設整備、不登校児童・生徒の育ちと学びの場の整備として教育支援センター［SaSaLAND（ササランド）］設置などにより、教育費を31億7千万円、長野駅東口地下駐車場長寿命化改修、橋りょう安全点検などの増加により土木費を9億3千万円、障害者（児）介護給付費・訓練等給付費、出産・子育て応援交付金などにより民生費を8億円、それぞれ増額しました。一方、新型コロナウイルス感染症対策の縮小により商工観光費を56億4千万円、職員の定年延長に伴う退職手当の減少により総務費を7億7千万円、長沼保育園の保育施設災害復旧事業の進展により災害復旧費を6億1千万円、それぞれ減額しました。

■ 特別会計

会　計　名	当初予算額
国民健康保険特別会計	339億8,980万円
駐車場事業特別会計	5億2,930万円
母子父子寡婦福祉資金貸付事業特別会計	4,450万円
介護保険特別会計	361億7,800万円
授産施設特別会計	6,810万円
鬼無里大岡観光施設事業特別会計	7,020万円
後期高齢者医療特別会計	57億9,650万円
病院事業債管理特別会計	19億1,670万円
公共料金等集合支払特別会計	(21億8,400万円)
合　　計	785億9,310万円

(注)公共料金等集合支払特別会計は、他会計と重複するため、合計には含みません。

■ 企業会計

会　計　名	当初予算額
産業団地事業会計	6,690万円
水道事業会計	129億3,570万円
下水道事業会計	249億7,280万円
戸隠観光施設事業会計	2億4,150万円
合　　計	382億1,690万円

特別会計・企業会計

特別会計の当初予算は、国民健康保険特別会計、介護保険特別会計、後期高齢者医療特別会計では給付費などの増加に伴い増額、病院事業債管理特別会計では、市民病院再整備に係る貸付事業の減少に伴い減額し、全体で前年度より2億円多い785億9千万円になりました。

企業会計の当初予算は、上・下水道事業会計において、原油価格高騰に伴う動力費の増加により、全体で前年度より1億円多い382億2千万円となりました。

市債、財政調整基金の年度末残高

市債（市の借金）の年度末残高は、将来に負担を先送りしないよう借入額を抑制し、前年度より31億1千万円減少する見込みです。不足する財源を補てんする財政調整基金（市の貯金）の取り崩しは、必要最小限に抑制し、27億8千万円となり「健全財政の維持」に努めています。

市債と財政調整基金の年度末残高 (単位：億円)

	H30	R01	R02	R03	R04見込	R05見込
財政調整基金残高	152	134	135	158	152	124
市債残高	1,511	1,533	1,544	1,505	1,482	1,451

市民1人当たりの予算の使い道（令和5年度一般会計）　1人当たり43万7千円（前年度43万7千円）

民生費
子ども、高齢者、障害者の福祉
16万3千円

土木費
道路、河川などの建設・維持
4万8千円

教育費
学校、公民館、スポーツなど
4万7千円

公債費
借入金の返済
4万6千円

総務費
庁舎管理、公共交通など
4万2千円

衛生環境費
保健所、病院、清掃衛生など
3万6千円

商工観光費
産業振興、観光振興など
2万9千円

消防費
消防、救急
1万4千円

農林業費
農林業振興、有害鳥獣対策など
6千円

その他
議会、労働、災害復旧など
6千円

※ 教育費には、県が負担している小・中学校教職員の人件費は含まれていません。

主な重点配分事業(一般会計)

(各事業費の単位:千円)

未来へのチャレンジ施策　289億8千万円

◆未来の担い手を支える 「子育て・教育・若者の活躍」　156億6千万円

出産・子育て応援交付金　281,031
全ての妊婦や子育て家庭が安心して出産・子育てができる伴走型相談支援と出産・子育て応援ギフトを実施します。

教育支援センター(SaSaLAND)設置　104,871
不登校の児童・生徒を支援するため、休校中の七二会小学校笹平分校を、育ちと学びの場に整備します。

地域人材育成プロジェクト(大学連携)　19,514
長野圏域内の高等教育機関などと連携し、地域人材の確保と育成に取り組みます。

◆地域の未来を豊かにする 「地域経済・農業振興」　87億6千万円

中小企業デジタル活用支援　20,000
デジタル活用による生産性の向上を図るため、中小企業のDX(デジタル・トランスフォーメーション)を支援します。

インバウンド旅行プロダクト造成　18,735
インバウンドの需要に応えるため、宿泊を伴う市内での旅行ツアーの造成や、トップセールスによる積極的な誘客活動に取り組みます。

ワイン用ぶどう産地形成　53,948
ワイン特区に認定されたことから、6次産業化に取り組む農業者などの支援やワイン用ぶどうの栽培支援を市内全域に拡大します。

◆長野市から脱炭素の未来を創る 「ゼロカーボンへのチャレンジ」　7千万円

自治体新電力創設　20,400
2050ゼロカーボン実現、バイオマス産業都市推進のため、官民出資による自治体新電力会社を設立します。

温暖化対策推進補助金　20,000
二酸化炭素排出量削減および停電時の対応力強化のための設備などの導入を支援します。

◆未来の経済基盤を確かなものにする 「新産業創造へのチャレンジ」　6億6千万円

スマートシティ推進　135,183
先端技術の活用による市民の暮らしの質の向上、デジタル化による地域産業振興などに取り組みます。

起業家創出　21,380
市外や県外からの起業家志望者の誘致や、市内高等教育機関の学生から起業家が生まれる取り組みを支援します。

スタートアップ企業成長支援　19,717
財政基盤が不安定な起業後間もないスタートアップ起業者に対し、人材確保や経営支援補助などを行い、着実な成長につなげます。

◆「スポーツの力」で 未来をつくるまちNAGANO　27億3千万円

総合型地域スポーツクラブ育成支援　11,420
クラブの人材育成や運営基盤の強化を支援します。

地域密着型プロスポーツチーム連携強化　32,000
ホームタウンNAGANOまちづくり連携推進ビジョンに基づき、交流人口の拡大や地域経済の活性化に取り組みます。

アリーナ高機能化による地域活性化　100,000
企業版ふるさと納税を活用し、ホワイトリングのアリーナの高機能化を進めます。

◆長野市で未来を拓く 「移住推進・関係人口創出」　11億円

移住支援金　49,800
大都市圏から移住し、テレワークや就業または起業する人を支援します。

結婚新生活支援　25,991
結婚を予定している人の経済的不安を解消するため、住宅取得や住宅リフォームなどの費用を支援します。

令和元年東日本台風災害からの復興　7億8千万円

インフラ整備および地域コミュニティの維持を支援します。

(仮称)豊野防災交流センター整備　517,769
長沼地区河川防災ステーションなどの整備　71,225
被災地区移住補助金　15,000

物価高騰・新型コロナウイルス感染症対策　62億9千万円

学校給食食材費公費負担　62,144
新型コロナウイルス感染症対策(入院医療費公費負担ほか)　928,699
福祉・教育施設などの感染症対策　103,229

公共施設長寿命化の推進　59億5千万円

施設	施設数	金額
小・中学校施設	21施設(加茂小、広徳中など)	1,922,482
市営住宅	9施設(返目団地など)	475,852
福祉施設	4施設(氷鉋老人福祉センターなど)	129,458
体育施設	12施設(エムウェーブなど)	1,414,823
庁舎および支所	16施設(芋井総合市民センターなど)	695,556
その他施設	12施設(長野駅東口地下駐車場など)	1,310,326

※令和5年度予算は、市議会の議決事項です。

財政課　☎224-5014　FAX224-8764　✉zaisei@city.nagano.lg.jp

「広報ながの　2023年4月号」より抜粋

松本市の試験情報

令 和 5 年 度（2023年度）
松本市職員採用資格試験要綱【9月試験】

この試験は、松本市職員の採用候補者を決定するために行うものです。

受 付 期 間	令和5年8月 3日（木）から 8月17日（木）<u>17時まで</u>
第1次試験	令和5年9月17日（日）

1 試験の種類、区分、採用予定人員、受験資格

試験の種類	試験区分	採用予定人員	受 験 資 格
大学卒業程度	行政F	若干名	【セカンドキャリア】昭和53年4月2日から昭和63年4月1日までに生まれ、大学卒業程度の学力を有する人【満36歳から満45歳までの方】
	管理栄養士	若干名	昭和63年4月2日から平成14年4月1日までに生まれた人で、すでに管理栄養士の資格を取得している人又は令和6年3月までに当該資格を取得見込の人【満22歳から満35歳までの方】
高校卒業程度	行政事務	若干名	平成10年4月2日から平成18年4月1日までに生まれた人で、高等学校卒業程度の学力を有する人【満18歳から満25歳までの方】
	行政事務（障がい者枠）	若干名	【障がい者枠】平成10年4月2日から平成18年4月1日までに生まれ、高等学校卒業程度の学力を有し、身体障害者手帳・療育手帳・精神障害者保健福祉手帳の交付を受けている人で、次の要件を満たす人 ・事務職として職務の遂行が可能であること ・活字印刷文による出題（筆記試験）に対応できること 【満18歳から満25歳までの方】
	土木 電気 機械	各若干名	平成10年4月2日から平成18年4月1日までに生まれた人で、左記試験区分の専門課程を卒業又は令和6年3月までに卒業見込の人【満18歳から満25歳までの方】
資格専門職	獣医師	若干名	昭和48年4月2日から平成12年4月1日までに生まれ、獣医師免許を取得している人、または令和6年3月までに取得見込の人【満24歳から満50歳までの方】

※1 高卒程度の試験については、<u>4年制大学の卒業者及び卒業見込者は受験できません。</u>
※2 【 】内の年齢は参考。受験資格の有無については、必ず生年月日でご確認ください。

(1) **日本国籍を有しない人も受験できます。**（就職が制限されている在留資格の人は除きます。）
(2) **住所制限はありません。採用後松本市へ通勤可能であれば結構です。**
　　なお、松本市役所ではエコ通勤に取り組んでいるため、採用後は原則としてマイカー以外での通勤となりますので、予めご承知おきください。
(3) **次のいずれかに該当する人は受験できません。（地方公務員法第16条欠格条項）**
　ア　禁錮以上の刑に処せられ、その執行を終わるまで又はその執行を受けることがなくなるまでの人
　イ　松本市職員として懲戒免職の処分を受け、当該処分の日から2年を経過しない人
　ウ　日本国憲法施行の日以後において、日本国憲法又はその下に成立した政府を暴力で破壊することを主張する政党その他の団体を結成し、又はこれに加入した人

2 試験の方法

(1) 第1次試験

【全試験区分共通】

試 験 の 種 目	出 題 分 野
教養試験(Light) 択一式 60題 試験時間 75分	社会についての関心や基礎的・常識的な知識、職務遂行に必要な基礎的な言語能力・論理的思考力を検証する問題

【専門試験等】

試 験 区 分		試 験 の 種 目	出 題 分 野
大学卒業程度	行政F	**事務適性検査** 択一式 100題 検査時間 10分	事務職員としての適応性を正確さ、迅速さ等の作業能力の面からみるもの
	管理栄養士	**専 門 試 験** 択一式 30題 試験時間 90分	社会生活と健康、人体の構造と機能、食品と衛生、栄養と健康、栄養の指導、給食の運営
高校卒業程度	行政事務 (含障がい者枠)	**事務適性検査** 択一式 100題 検査時間 10分	事務職員としての適応性を正確さ、迅速さ等の作業能力の面からみるもの
	土 木	**専 門 試 験** 択一式 30題 試験時間 90分	数学・物理・情報技術基礎、土木基礎力学（構造力学、水理学、土質力学）、土木構造設計、測量、社会基盤工学、土木施工
	電 気		数学・物理・情報技術基礎、電気基礎、電気機器・電力技術・電子計測制御、電子技術・電子回路・通信技術・電子情報技術
	機 械		数学・物理・情報技術基礎、機械設計、機械工作、原動機、生産システム技術（電気技術、電子技術、制御）、電子機械

※獣医師は専門試験を行いません。（全試験区分共通の教養試験のみ実施）

(2) 第2次試験および第3次試験

第2次試験 (第1次試験合格者対象)	**動画面接**	人柄、性向等についての面接、適性判断 **（2分程度の自撮り動画を2次試験前に登録）**
	第2次面接試験 (個別面接)	人柄、性向等についての面接
第3次試験 (第2次試験合格者対象)	**第3次面接試験(個別面接)** 資格審査	人柄、性向等についての面接

3 試験日時、試験会場及び合格発表

(1) 第1次試験

日 時	**9月17日(日)** 受付 午前 9時20分〜 10時00分
試 験 会 場	**松本市勤労者福祉センター** 松本市中央4-7-26 ※専用の駐車場は確保しておりませんので公共交通機関等での来場にご協力ください。
合 格 発 表	10月上旬の予定です。 受験者全員に合否の結果をメールでお知らせするほか、合格者受験番号を市役所正面掲示板に掲示するとともに、発表日の午後に松本市公式ホームページにも掲載します。

(2) 第2次試験（詳細は、第1次試験合格者に対し、別途お知らせします。）

日時・ 会場等	大卒程度 資格専門職	10月12日(木)〜10月14日(土)のいずれか1日の予定です。
	高卒程度	10月18日(水)〜10月19日(木)のいずれか1日の予定です。
合 格 発 表		11月上旬の予定です。

(3) 第3次試験（詳細は、第2次試験合格者に対し、別途お知らせします。）

日 時・会 場 等	11月中旬の予定です。
合 格 発 表	12月上旬の予定です。

※ 第1次試験から第3次試験まで、いずれの試験も受験者の成績が一定の基準に達しない場合は、
合格者なしとすることがあります。

4 受験手続等

(1) 受付期間 **令和5年8月3日（木）から8月17日（木）17時まで**

(2) 申込手続等
松本市ホームページのリンクからインターネット経由（https://imk.pw/c/6gCTfSTJ4yE6PrT5）で、お申し込みください。

　　　□　**松本市ホームページ**
　　　令和6年度（2024年度）採用予定の松本市職員採用資格試験【9月試験】
　　　（基本情報　＞　職員人事・採用　＞　採用情報でも検索できます）

　　　□　（ホームページのリンクを使わず、直接申し込む方はこちら）
　　　インタビューメーカー

　　なお、インターネットによる申し込みができない場合は、お早めに職員課人事担当へご相談ください（平日の午前8時30分から午後5時15分までの間）。また、申し込み期限を過ぎた場合は、事情を問わず（ただし、松本市側のシステム等の不具合を除く）申し込みは受け付けませんので、余裕を持ってお申し込みください。

(3) 申込み方法
　　インターネット（スマートフォン、PC、タブレット端末）から、松本市役所のホームページに掲出している「受験申込の手順」を必ず確認し、手順に従ってお申し込みください。
　　※ 申し込みは一時保存ができません。事前に証明写真データ（上半身、無帽・無マスク、正面）をご用意ください。
　　　また、志望動機、やってみたい仕事、仕事上最も大切にしたいことなど、回答に時間のかかる項目もございますので、お時間のある時にご準備の上、お申し込みください。
　　※ 履歴書等の紙ベースでの書類の郵送や提出は不要です。

5 採　用

(1) 最終合格者は、松本市職員採用候補者名簿に登載し、令和6年（2024年）4月1日以降順次採用する予定です。
なお、卒業又は資格・試験等を必要とする試験区分で、卒業又は資格取得ができなかった場合、あるいは必要な経験を満たしていなかった場合は採用候補者名簿から抹消します。

(2) 採用候補者名簿の有効期間は、令和7年（2025年）3月31日までです。過去の例によると、名簿登載者は本人辞退の場合を除いて全員採用されています。

(3) 採用後、行政需要の変化等により、試験区分と異なる業務に従事していただくこともあります。

6 給　与

(1) 初任給（月額）は下記のとおりですが、採用時までに改定等があった場合はそれによります。
　ア　大学卒業程度(新規大学卒業者)　　　185,200円
　イ　高校卒業程度(新規高校卒業者)　　　154,600円
　ウ　資格専門職(新規6年制大学卒業者)　 213,600円
　エ　セカンドキャリア(受験時36歳)　　　223,300円〜

(2) 前歴のある方は、規定により前歴調整を行います。

(3) 各種手当がそれぞれの支給要件に応じて支給されます。（地域手当3％など）

7 試験区分による主な職務内容

試験区分	主な勤務予定部署	主な職務内容
行　政	市役所全課	行政各分野における業務全般
管理栄養士	健康づくり課、保健予防課、保育課、学校教育課、学校給食課等	栄養指導、栄養管理、食品衛生管理、計画策定、食育の推進等
土　木	建設部全課、耕地課、森林環境課、上水道課、下水道課等	土木・都市整備関係の計画調査、設計、施工監理等
電　気	公共施設マネジメント課、上水道課、下水道課等	市有施設の設備設計、施工監理、保守管理、計画策定等
機　械	公共施設マネジメント課、上水道課、下水道課等	市有施設の設備設計、施工監理、保守管理、計画策定等
獣医師	保健所、食肉衛生検査所等	食品衛生・環境衛生に関する監視、動物愛護、と畜検査所等での専門的業務など

※ 主な勤務予定部署、主な職務内容は、現時点におけるものです。行政需要の変化等により、上記部署以外
への配属となったり、試験区分に関係のない業務に従事していただくことがあります。

8 外国籍職員の任用について

外国籍の職員は、「公権力の行使」及び「公の意思の形成へ参画」しない職務に就いていただきます。
(1) 「公権力の行使」に該当しない職務と該当する職務の代表例は次のとおりです。

該 当 し な い 職 務 （外国籍職員が担当できる職務）	該 当 す る 職 務 （外国籍職員が担当できない職務）
庶務、広報、職員給与、福祉計画、観光、会計、社会・学校教育、市道の設計・工事監理、市営住宅の設計・工事監理等	税の賦課・滞納処分、生活保護、都市計画決定・立ち入り調査、違反建築物等に対する使用禁止命令

(2) 「公の意思の形成へ参画」する職は次のとおりです。
行政施策の企画立案、予算の編成等施策的判断を伴う事務について決定権を有する職

9 その他
(1) 松本市は時代の変化を見据え、新たな行政課題に迅速かつ柔軟に対応できる職員を求めています。
　・変化する社会状況の中で積極性・柔軟性・実行力を持ち挑戦と改革を続ける職員
　・専門的な知識を持ち、課題設定・解決力や創造力を発揮できる職員
　・互いを認め合い、高め合いながら組織力の向上に貢献できる職員
　・市民が豊かさと幸せを感じ続けられるよう考え行動できる職員
(2) 次に該当するような方は是非積極的にご応募ください。
　・地域づくり活動やスポーツ・文化・芸術サークル活動等において中心的・指導的立場で活躍した実績がある方
　・外国語（特に中国語・英語・ポルトガル語）に堪能な方

10 試験の問い合わせ

採用試験に関して不明な点は、松本市役所総務部職員課へ問い合わせてください。
電話：直通 (0263) 34-3275　　代表 (0263) 34-3000 (内線1153)
職員課人事担当メールアドレス ： jinji@city.matsumoto.lg.jp

> 職員採用資格試験は、松本市民の貴重な税金を使って実施します。
> 試験を申し込まれる方は、**必ず受験をするようお願いいたします。**
> 松本市に就労の意志のない方、過去に連絡もなく試験を欠席された方の受験は固く
> お断りします。

松本市の自治体情報

令和5年度 当初予算成立

子どもの未来に 希望を架けるために

松本市は今年度、
子どもの育ちを支える「子どもが主人公のまち」の実現を目指し、
さまざまな取り組みを加速させます。
都会と自然のバランスがほどよいこのまちで、
働いたり、結婚したり、子育てをしたり、
それぞれが思い描く豊かな暮らしを楽しみたい―。
そうした思いを後押しする新たな事業が
4月から始まります。

令和5年　　春

暖かな日差しの中、
松本のまちに
1組のカップルが―――

二人は、
共に松本市出身で市内在住の20代。
いずれ結婚をし、家庭を築くことを思い描いています。

そんな、二人にも障壁が…

結婚したいけど、このご時世、、、
将来が不安だな～～

だ、誰!?

ご安心を!

まずは
コレ！！

私は市民の味方！
「シヤクショショクイン」！
二人にぴったりの
今年度のおススメ事業を
紹介します！

新婚さんのスタートを応援！

◆結婚新生活支援事業

●問い合わせ　移住推進課（本庁舎1階　☎34-3193　℻34-3493）

結婚して新生活を始める若い新婚世帯の経済的不安を軽減するため、
住宅の取得や賃借、リフォーム、引っ越し費用を補助します。

【対象】夫婦ともに婚姻日時点で39歳以下（夫婦の合計所得が500万円未満）
【補助額】夫婦ともに、❶29歳以下：最大70万円　❷39歳以下：最大40万円
【申請方法】必要書類を担当課窓口へ（要事前予約。令和5年度の受け付けは7月3日から）

令和5年度の
ここがポイント
所得制限緩和
400万円
➡500万円

令和4年度に制度がスタートし、利用
する方が増えています。約80人がすで
に申請済み。3月現在、一日平均6組
程度の相談があります！

コレなら新婚生活も
ひとまず安心だね！！

結婚後は
子どもが
ほしいな

子育ては初めて。
私たちに
できるかしら…

大丈夫！！

産後ママ＆
家庭での育児を
サポート！

◆ 3歳未満児家庭
サポートクーポン

母体回復期にある産後ママや、家庭で
育児をしている保護者の身体的、精神的
負担を軽減し、楽しく子育てできるよう家事
や育児をサポートするクーポンを発行します。

※対象者、サービスごとの
問い合わせ先はP14へ

動画でCHECK！

令和5年度の
ここがポイント
産後ママへの
支援を追加

【こんなときにサポート】

・赤ちゃんの夜泣きで寝不足。家事を手伝ってほしい
・授乳や沐浴のアドバイスを受けたい
・自分の体調不良のときに、病気の子どもを預けたい
・日曜日に用事があるので子どもを預けたい

家庭での育児に
希望が持てるね！

にぎやかで、明るい家庭を
築くのが夢！子どもは多い方がいいな

そうだね！でも、いろいろな面で
余裕があるか、正直不安・・・

そんな
あなたへ！

**2人目以降も
安心！！**

◆多子世帯子育てクーポン

多子世帯の育児に対する身体的・精神的負担を軽減
するため、保育や送迎をお願いできるクーポンを配布

※申請、問い合わせ先はP14へ

【対象】 18歳未満の子どもが2人以上
いる家庭で、かつ就学前の
子どもが1人以上いる世帯

**令和5年度の
ここがポイント**

ファミリーサポート
センターの利用
10時間分配布

動画でCHECK！

◆多子世帯保育料軽減

●問い合わせ 保育課（東庁舎2階）☎33-9856 📠34-3236）

保護者の経済的負担を軽減するため、これまでの対象者に加え
て、認可保育園等の3歳未満児クラスに単独で通園する第2子の
保育料を軽減

**令和5年度の
ここがポイント**

単独通園する
第2子にも拡充

コレなら
子どもと向き合う
時間や余裕が
持てそう！！

さらに！

「子育て」
「教育」
の分野で
こんな新しい
こと始まります！

南部地区の施設整備

買い物ついでに立ち寄れる
◆こどもプラザ整備

5館目のこどもプラザを、福祉ひろばとの複合
施設として、イオンタウン松本村井内に整備

市内5カ所目
◆中間教室整備

不登校児童生徒への支援体制を充実するため
中間教室を寿地区に新設

教育の多様化

◆リーディングスクール
Matsumotoサポート

子どもの多様性・創造性・主体性を育む、新たな教育に取り組む
学校を人材派遣などさまざまな面から支援

◆部活動の地域クラブ活動
への移行促進

子どもの「やってみたい！」を応援し、スポーツ・文化活動の選択
の幅を広げるため、中学校部活動休日移行のモデルケースを実施

◆インクルーシブ教育推進

発達障がい児や医療的ケア児等の支援を切れ目なく一体的に行う
障がい児等支援の拠点となるインクルーシブセンター設立を準備

そして！

松本市で暮らし
働きたい人を支援

東京で働いている
長女にも
教えてあげよう♥

お母さん
登場！

移住家族を手厚く支援

◆UIJターン就業移住支援事業

就業移住支援金

動画で
CHECK！

東京圏等からの移住者に移住支援金を交付します。

【対象】東京圏（東京都・千葉県・埼玉県・神奈川県）、
愛知県、大阪府の在住者が、松本市に移住して中小企業に
就職したりテレワークを行ったりする場合など

【補助額】・2人以上世帯：100万円
※18歳未満の世帯員がいる場合
は100万円／人を加算
・単身世帯：60万円

令和5年度の
ここがポイント

子ども一人30万円
➡100万円
に拡充

●問い合わせ 移住推進課（本庁舎1階）☎34-3193（🖷34-3493）

働く若者を支援

◆奨学金返還支援事業

若い世代の経済的負担を少しでも減らし、
松本市の中小企業に長く勤めてもらうことを
目的に、奨学金の返還を補助します。

令和4年度
から継続

最大で
5年間支給

動画でCHECK！

【対象】市内に本社・本店がある中小企業
に就職した、35歳未満の正規雇用の方

【補助額】・年間返還額の2／3以内（上限15万円／年）
・最大5年間（60カ月）

松本市は、子育てや若者の支援に
こんなにサポートしてくれるんだね！

そうなんです！

し、市長!?

三ガク都・松本のシンカを

時代は、いま大きな転換期にあります。
3年に及んだコロナの経験は、私たちの価値観や
ライフスタイルを大きく変え、東京一極集中から
地方分散への人の流れを生み出し始めています。
松本市は昨年、人口の社会増が県内最多となりました。
こうした人流を太くし、人口定常化に向けて、
私たちは、さらにシンカしていく必要があります。
「女性と若者に選ばれるまち」
「結婚や子育ての希望を叶えられるまち」
「子どもが主人公のまち」の実現を目指し、
令和5年度、あらゆる政策を多面的に展開していきます。

松本市長
臥雲 義尚

YEAH!

次ページでは、
紹介した事業を含む
令和5年度当初予算の
概要を紹介します。
また、YouTube
「松本のシンカ」
で事業の紹介動画を
随時公開しています。

令和5年度当初予算

●問い合わせ　財政課（東庁舎3階　☎34-3273　℻33-1877）

本格始動した総合計画の3年目、第11次基本計画の中間年を迎えることから、「三ガク都のシンカ」に向けて変革のスピードを緩めることなく、**5つの重点戦略を柱に全てのギアを1段上げて「加速」させる年**として位置付けました。

特に「**子ども 若者 教育**」は「人口定常化」実現の中核をなすことから、スピード感を持って取り組みます。そして**安心して子どもを出産し育てられる環境を整え、賑わいのある持続可能な松本市**へとシンカを目指します。

歳入 1,021億円

- その他歳入 117億3,932万円
- 使用料および手数料 15億9,405万円
- 繰入金 47億6,751万円
- 市債 41億7,700万円
- その他交付金 88億320万円
- 地方交付税 141億2,000万円
- 国県支出金 196億2,422万円
- 市税 372億7,470万円

歳出 1,021億円

- 農林水産業費 25億5,587万円
- 諸支出金 18億7,848万円
- その他 8億3,453万円
- 消防費 26億3,009万円
- 衛生費 76億5,221万円
- 商工費 88億3,049万円
- 公債費 91億604万円
- 土木費 91億5,594万円
- 教育費 104億8,372万円
- 総務費 118億9,849万円
- 民生費 370億7,414万円

一般会計予算は、1,021億円で、前年度当初予算に比べ12億8,924万円、1.2パーセントの減です。

令和5年10月にオープンする基幹博物館の建設事業が完了したことなどにより普通建設事業費が大幅減となる一方で、**5つの重点戦略事業に、新規・拡充・継続合わせて120事業、57億5,923万円を計上**しました。

5つの重点戦略

1 人口定常化戦略

「人口定常化」の実現に向け、「女性や若者に選ばれ、結婚・出産の希望を叶え、安心して子育てできるまち」を目指し、取り組みを強化します。

2 新交通戦略

「ぐるっとまつもとバス」の運行を始め、時代に即した交通環境の充実を図ります。

3 ポストコロナ戦略

コロナとの共存により、経済・社会の再生を加速するとともに、新たな魅力やにぎわいを創出し、未来を見据えたまちづくりを推進します。

4 ゼロカーボン戦略

2050ゼロカーボンシティの実現に向け、実効性の高い取り組みを着実に進めます。

5 DX戦略

デジタルを最大限に活用し、一人ひとりが豊かさと幸せを実感できるデジタルシティ松本のシンカに挑みます。

市債残高・基金残高

市債については、引き続き、村井駅周辺整備事業等の大型事業に取り組むにあたり、財政規律を保持しながら、有利な起債を最優先に的確かつ積極的に活用していきます。

基金は、一定の積立てが確保できたことから、今後も必要な事業へ積極的に活用していきます。

（億円）

- 市債残高
- 基金残高

H18 H19 H20 H21 H22 H23 H24 H25 H26 H27 H28 H29 H30 R元 R2 R3 R4 R5

「広報まつもと　2023年4月号」より抜粋

上田市の試験情報

令和5年度
上田市職員募集要項
（高等学校卒業程度）

受付期間	令和5年7月10日（月曜日）から 令和5年8月23日（水曜日）まで
第一次試験	令和5年9月17日（日曜日）

1 試験の種類、試験区分、採用予定人員及び主な職務内容

試験の種類	試験区分	採用予定人員	主な職務内容
高等学校 卒業程度	一般事務	若干名	行政各分野に関する業務全般
	土木	若干名	土木関係業務の企画、設計、施工管理業務等
	技能労務A （保育園給食調理員）	若干名	保育園等での給食調理及び食材の発注・管理業務等
	技能労務B （保育園給食調理員以外）	若干名	学校給食センター等での給食調理及び配送業務、道路・水道・施設等の維持管理業務及び施設等の稼働業務等

（注1）採用後は上記の職務内容以外の職務に従事する場合があります。

（注2）申込みは一つの試験区分に限ります。

（注3）受験後の試験区分の変更はできません。

2 受験資格

試験の種類	試験区分	受験資格
高等学校 卒業程度	一般事務	平成14年4月2日以降に生まれた者
	土木	平成14年4月2日以降に生まれた者
	技能労務A (保育園給食調理員)	昭和48年4月2日以降に生まれた者で管理栄養士、栄養士又は調理師の資格を有する者(令和6年3月31日までに資格取得見込みの者を含む。)
	技能労務B (保育園給食調理員以外)	昭和48年4月2日以降に生まれた者で準中型自動車免許(車両総重量5t限定免許及びAT限定免許を除く)、中型自動車免許(AT限定免許を除く)又は大型自動車免許を有する者(令和6年3月31日までに資格取得見込みの者を含む。)

（注1）次のいずれかに該当する人は、受験できません。

 ⑴ 日本国籍を有しない人

 ⑵ 地方公務員法(昭和25年法律第261号)第16条各号(欠格条項)のいずれかに該当する人

（注2）受験資格をはじめ、受験申込書の記載事項に不正があった場合、採用を取り消す場合があります。また、受験資格がないことが判明した場合は採用を取り消します。

3 試験日時、会場

試験の内容	試験日時	試験会場
第一次試験	令和5年9月17日(日曜日) 受付開始時刻 午前8時30分	① 上田市役所本庁舎 ② 上田市役所南庁舎 ③ 勤労者福祉センター **(交付する受験票で通知します。)**
第二次試験	10月下旬頃を予定 ※日時及び会場は第一次試験合格者に改めて通知します。	

4 受験申込手続

⑴ インターネットによる申し込み

 ア 下記記載のURL又はQRコードから「長野県電子申請サービス」にアクセスしてください。

 イ 「令和5年度上田市職員採用試験【高等学校卒業程度】受験申込」であることを確認していただき、必要事項を入力し申し込みを行ってください。

 ウ 申込後、受付結果、整理番号及びパスワードをお知らせする電子メールを登録したメールアドレスに送信しますので、ご確認いただくとともに整理番号、パスワードは申込内容等を確認する際に必要になりますので、必ずメモをして控えてください。

 ※ パソコンの動作環境等により利用できない場合があります。使用するパソコン、通信回線上のトラブルについては市では一切責任を負いません。受付期間中でも保守点検等によりシステムが停止することがありますのでご注意ください。

※ 従来型携帯電話（フィーチャーフォン）による申し込みには対応していません。

【長野県電子申請サービス】

https://apply.e-tumo.jp/city-ueda-nagano-u/offer/offerList_detail?tempSeq=33901

(2) 郵送または持参による申し込み

ア 申込書類

上田市ホームページに掲載してある「R05 受験申込書（高等学校卒業程度）」を印刷して使用ください。印刷の際はＡ４サイズの普通紙を使用してください。ダウンロード及び印刷等が困難な場合は、上田市役所総務課及び各地域自治センターで配布するものを使用してください。

【上田市（職員採用）ホームページアドレス】

https://www.city.ueda.nagano.jp/life/5/43/195/

イ 申込方法

① 郵送による場合

受験申込書に必要事項を記載し、顔写真を貼付のうえ封筒に入れ、封筒の表に「受験申込書在中」と朱書きし、必ず簡易書留等の確実な方法により募集期間内に必着となるよう郵送してください。

② 持参による場合

必要書類を受付期間中の午前８時３０分から午後５時１５分まで受け付けます。ただし、土曜日、日曜日及び祝日については持参による受付は行いません。

ウ 受験申込先　上田市 総務部 総務課 人事組織担当（本庁舎４階）

〒386-8601　長野県上田市大手一丁目 11 番 16 号

(3) 受付期間　　令和５年７月１０日（月曜日）から令和５年８月２３日（水曜日）まで（期間内必着）

5 試験の方法

(1) 第一次試験

ア 試験内容

試験区分	試験科目	出題分野
全試験区分共通	**教養試験** 択一式　120題 試験時間　1時間	文章読解能力、数的能力、推理判断能力、人文・社会、自然に関する一般知識、基礎英語
	論述試験 記述式　700字以内 試験時間　1時間	課題に関しての論述試験
	適性検査 択一式　240題 試験時間　35分	職員としての適応性についての検査

イ 試験終了予定時刻　　　午後0時40分頃

ウ 合格発表

　　第一次試験の結果発表は10月上旬の予定です。試験結果は合格者の受験番号を上田市公式ホームページに掲載するほか、合格者には第二次試験の案内を郵送により通知します。

(2) 第二次試験

ア 試験内容

試験区分	試験科目	試験概要
全試験区分共通	**口述試験**	個別面接による試験
全試験区分共通	**プレゼンテーション試験**	与えられたテーマに対するプレゼンテーションの実施

イ 合格発表

　　第二次試験（最終合否）の結果発表は、11月上旬頃郵送により通知します。

6 採用

(1) 最終合格者は令和6年度上田市職員採用候補者名簿に登載し、登載順に採用予定です。

(2) 採用後、行政需要の変化等により、試験区分と異なる業務に従事していただく場合があります。

7 給与 （令和5年4月1日時点）

試験種類	初任給
高等学校卒業程度	162,300円

※　給与は上田市給与条例に基づき支給します（採用時までに改定があった場合はそれによります。）。職歴など採用前の経歴に応じて加算される場合があります。また、原則として毎年1回定期昇給があります。このほかに、期末手当、勤勉手当、通勤手当、扶養手当、住居手当等が支給要件に応じて支給されます。

上田市の自治体情報

一般会計　714億円（前年度比4.3%増）

一般会計予算額は、令和4年度の一般会計当初予算が骨格編成であったことや、第五中学校改築事業の本格化による増加のほか、武石番所ヶ原スキー場整備事業、物価高騰に伴う公共施設の管理経費の増加により前年度と比較して4.3%（29億3,700万円）増の713億5,000万円となりました。また、将来にわたっての安定した財政運営に十分配慮し、行財政改革の推進と持続可能な財源構造の確立を見据えた予算編成に努めました。

歳入

市税は、給与所得の伸びや景気の緩やかな回復などにより個人・法人市民税の増収が見込まれるほか、固定資産税については土地の地価下落分を加味するとともに、家屋の新増築による増加を踏まえ、市税全体では前年度と比較して1.4%（2億9千万円余）増の218億1千万円余の予算計上としました。
地方交付税は、地方財政の安定となる地方財政計画において増額とされていることなどから、前年度と比較して3億4千万円余増の149億円余としました。
市債は、前年度と比較して12億4千万円余増の39億円余としました。

諸収入
70億9,778万円（9.9%）

その他
56億4,464万円（8.0%）
（施設の使用料や各種証明書発行手数料など）

その他
12億5,966万円（1.7%）
（地方譲与税や地方特例交付金など）

市債
39億 690万円（5.5%）

地方消費税交付金
41億円（5.7%）

県支出金
44億4,733万円（6.2%）

国庫支出金
81億7,456万円（11.5%）

自主財源※1　48.5%

歳入
713億
5,000万円

依存財源※2　51.5%

市税
218億1,905万円（30.6%）
【市税の主な内訳】
固定資産税　95億5,500万円
個人市民税　78億2,500万円
法人市民税　16億9,200万円
都市計画税　11億 700万円
市たばこ税　9億8,000万円
種別割　5億3,100万円
入湯税　3,005万円

地方交付税
149億9万円（20.9%）

※1　自主財源とは、市税、使用料など市が自主的に得られる財源
※2　依存財源とは、地方交付税、国・県支出金、市債など国や県の基準によって定められた額が交付される財源

市債現在高（見込み）…1,050億円

学校や道路などの公共施設を整備するときに、市の借金にあたる市債の活用をしています。財政負担を複数の年度に分けることにより、計画的な財政運営を行うことができます。

◎市債の年度末現在高見込額

区分	令和5年度末	令和4年度末
一般会計	644億2,682万円	671億2,939万円
特別会計	1億 905万円	1億6,344万円
企業会計	404億3,861万円	431億4,822万円
合　計	1,049億7,448万円	1,104億4,105万円

基金現在高（見込み）……227億円

災害など不測の事態や将来の大きな事業、借入金の返済などのために、市の貯金ともいえる基金を積み立てています。また、積み立てた基金を事業実施のために有効に活用しています。

◎基金の年度末現在高見込額

区分	令和5年度末	令和4年度末
財政調整基金	25億5,784万円	34億 784万円
減債基金	43億8,638万円	51億8,531万円
特定目的基金	111億1,473万円	115億8,301万円
その他の基金	23億9,736万円	27億7,375万円
定額運用基金	22億 526万円	22億 526万円
合計	226億6,156万円	251億5,517万円

市ホームページ

令和5年度当初予算

令和5年度当初予算が、市議会3月定例会で可決されましたのでお知らせします。
◎表示単位未満を四捨五入しています。端数処理のため合計額は一致しないことがあります。詳細は市ホームページに掲載しています。

歳出

令和5年度は「第二次上田市総合計画・後期まちづくり計画」の3年目となり、目指すべき将来像都市として掲げた「ひと笑顔あふれ輝く未来につながる健（康）幸（福）都市」を前に進めていくため、「ＳＤＧｓ（持続可能な開発目標）」達成に向けた視点も踏まえつつ、引き続き、アフターコロナを見据え、6つの重点分野に優先的に予算配分を行いました（重点分野ごとの特徴的な事業は次のページに掲載しています）。

目的別では、前年度より教育費が14億7千万円余、衛生費が5億9千万円余増えた一方で、商工費が2億5千万円余、総務費が1億2千万円余減りました。

性質別では、前年度より普通建設費が20億2千万円余、補助費等が5億9千万円余増えた一方で、貸付金が6億2千万円余、人件費が7千万円余減りました。

性質別

性 質		令和5年度予算額	構成比
義務的経費	人件費	125億2,434万円	17.6%
	扶助費	122億268万円	17.1%
	公債費	68億1,311万円	9.5%
投資的経費	普通建設事業費等	64億374万円	9.1%
その他経費	補助費等	132億1,515万円	18.5%
	物件費	85億8,886万円	12.0%
	貸付金	61億5,250万円	8.6%
	繰出金	43億2,487万円	6.1%
	その他	11億2,475万円	1.5%
合　計		713億5,000万円	100.0%

目的別

円グラフ内テキスト：
その他 6億8,830万円（0.9%）（議会費、労働費、予備費、災害復旧費）
公債費 68億1,311万円（9.5%）（借りたお金の返済のために）
消防費 20億5,376万円（2.9%）（救急・消防のために）
農林水産業費 29億9,354万円（4.2%）（農業・林業の振興のために）
衛生費 49億7,660万円（7.0%）（ごみ処理や健康づくりなどのために）
商工費 56億1,891万円（7.9%）（商工観光の振興のために）
教育費 67億2,518万円（9.4%）（子どもたちの教育などのために）
総務費 76億2,305万円（10.7%）（市の全般的な事務のために）
土木費 94億121万円（13.2%）（道路や河川などの整備のために）
民生費 244億5,634万円（34.3%）（福祉や子育て事業のために）

歳出 713億5,000万円

特別会計　346億円

特別会計とは、特定の事業や資金などについて、その収支を明確にするために一般会計と分けて整理する会計です。全体では、0.1%（4千万円余）増えました。これは、国民健康保険事業で、受診控えの減少や保険加入者の高齢化などによる保険給付費が増となったことが主な理由です。

◎令和5年度特別会計予算一覧

会 計 名	当初予算額	増減率（%）
土地取得事業	4億円	0
国民健康保険事業	150億6,455万円	2.4
後期高齢者医療事業	22億9,786万円	△5.4
介護保険事業	166億5,711万円	△0.8
駐車場事業	1億536万円	△4.3
武石診療所事業	1億1,149万円	△30.0
特別会計 合計	346億3,638万円	0.1

企業会計　181億円

企業会計とは、料金や使用料などの収入によって運営される会計です。全体では、1.3%（2億4千万円余）減りました。これは、市立産婦人科病院集約化に伴い、人件費や施設の維持管理費などに要する経費が減ったことが主な理由です。なお、真田有線放送電話事業は、令和4年度をもって廃止となりました。

◎令和5年度企業会計予算一覧

会 計 名	当初予算額	増減率（%）
真田有線放送電話事業	廃止	
産婦人科病院事業	3億3,759万円	△41.3
水道事業	53億3,770万円	△3.8
公共下水道事業	101億7,046万円	2.4
農業集落排水事業	22億8,401万円	0.8
合計	181億2,976万円	△1.3

36

重点6分野の特徴的な事業

🆕は新規事業　🈞は充実させた事業

生涯現役で活躍できる上田の実現に向けた健康・福祉の増進　【154億円】

- 🆕 周産期医療緊急対策事業 ………… 1億8,000万円
- 🆕 地域医療介護総合確保基金事業補助金 … 4,115万円
- 予防接種事業 …………………… 1,977万円
  - （🆕子宮頸がんワクチン接種（9価））
- 🆕 看護師確保修学資金貸与事業 ……… 215万円
- 🆕 人権同和対策推進事業 ……………… 73万円
- 🈞 福祉医療費給付事業 …………… 8億6,055万円

市民が主役のまちづくり、魅力ある地域づくりの推進　【17億円】

- 🆕 真田有線放送電話事業（施設等撤去） … 2億1,726万円
- 🆕 上田文化センター管理運営事業 ……… 2,600万円
- 活力あるまちづくり支援事業 ………… 840万円
  - （🆕地域対象事業）
- 🆕 （仮称）市民ICT支援センター整備事業 ……… 650万円
- 🆕 公共政策フォーラム2023 in 信州上田負担金 120万円
- 🈞 住民自治組織支援事業 ……………… 6,427万円
- 🈞 上田城跡整備事業 …………………… 3,971万円
- 🈞 結婚新生活支援事業補助金 ………… 540万円
- 🈞 上田地域シェアサイクル事業 ……… 520万円
- 🈞 結婚支援事業 ………………………… 336万円

安全・安心に暮らせるまちづくり　【104億円】

- 🆕 市営住宅管理事業（管理代行制度導入） … 1億 589万円
- 🆕 防災行政無線更新事業 ……………… 4,700万円
- 交通運輸対策事業 …………………… 1,100万円
  - （🆕丸子地域デマンド交通事業）
- 市庁舎改修・改築事業
  - （🆕本庁舎改築事業） ……………… 672万円
  - （🈞旧庁舎解体・改築事業） ……… 1億6,400万円
- 🆕 武石スマートシティ実証プロジェクト事業 609万円
- 🆕 消防団災害活動支援事業 …………… 400万円
- 🆕 狭あい道路整備等促進事業 ………… 100万円
- 🆕 林道維持事業（富士山運動公園線整備事業） … 90万円
- 交通運輸対策事業（🈞別所線関連事業） 2億4,245万円
- 🈞 市営住宅改修事業 …………………… 8,080万円
- 🈞 消防団員報酬（機能別団員の拡充） … 7,276万円
- 🈞 自主防災組織資器材購入補助金 …… 608万円
- 🈞 消防施設整備助成事業（警鐘楼解体撤去） … 500万円

子ども・子育て・教育支援、未来を担う人づくり　【95億円】

- 🆕 出産・子育て応援交付金事業 …… 1億1,104万円
- 🆕 学校給食負担軽減事業 ……………… 5,424万円
- 🆕 出産祝金給付事業 …………………… 2,300万円
- 🆕 西内小学校統合関連事業 …………… 318万円
- 🆕 子ども・子育て支援事業計画策定事業 … 210万円
- 小中学校施設整備事業 ……………… 180万円
  - （🆕照明器具LED化事業）
- 民間保育所助成事業 ………………… 108万円
  - （🆕送迎バス安全装置改修事業補助金）
- 🈞 第五中学校改築事業 …………… 12億7,896万円
- 🈞 上田古戦場公園テニスコート整備事業 2億9,883万円
- 🈞 第二学校給食センター改築事業 … 1億2,114万円
- 小中学校施設整備事業 ……………… 8,360万円
  - （🈞給食コンテナ受入室整備事業）

SDGsの推進と循環型社会の形成及び地球温暖化防止対策　【18億円】

- 🆕 所有者等森林情報確認事業 ………… 678万円
- 🆕 森林整備施業プラン作成事業 ……… 360万円
- 🈞 地球温暖化対策設備設置費補助金 … 5,000万円
- 🈞 し尿前処理下水道投入施設整備事業 … 2,200万円
- 🈞 有機物リサイクル施設整備関連事業 … 2,200万円
- 🈞 資源循環型施設建設関連事業 ……… 1,220万円

産業振興と地域経済の活性化　【56億円】

- 観光施設整備事業
  - （🆕サニアパーク菅平整備事業） …………… 3,800万円
- 🆕 情報化推進事業 …………………… 2,800万円
- 🆕 農地利用効率化等支援事業 ………… 849万円
- 🆕 池波正太郎関連企画展開催事業 …… 260万円
  - （池波正太郎生誕100年および開館25周年記念事業）
- 観光施設整備事業 ………………… 2億1,100万円
  - （🈞武石番所ヶ原スキー場整備事業）
- 🈞 道の駅整備事業 …………………… 5,267万円
- 🈞 地域おこし協力隊事業 ……………… 279万円

問　財政課　☎23・5113

「広報うえだ　2023年4月号」より抜粋

佐久市の試験情報

令和5年度 佐久市職員採用試験受験案内
【令和6年4月採用】

試験区分	一般事務
第1次試験日	令和5年　9月　3日（日）
受付期間	令和5年　7月24日（月）から 令和5年　8月16日（水）まで

1　試験区分、採用予定人員及び主な職務内容

試験名称	試験区分	採用予定人員	主　な　職　務　内　容
初　級	一般事務	若　干　名	窓口業務（証明、相談、指導、許認可等）、施策の立案、計画の策定、各種調査、事業の実施と評価など行政全般に関する業務等

2　受験資格

試験名称	試験区分	受　　験　　資　　格
初　級	一般事務	令和5年7月19日現在、佐久市に住民登録をして佐久市に居住している者（修学、就職などのために他市町村に住む者で、家族が佐久市に居住している者を含む。）で、平成14年4月2日から平成18年4月1日までに生まれた者

3　次のいずれかに該当する者は受験できません。

（1）日本の国籍を有しない者

（2）禁錮以上の刑に処せられ、その執行を終わるまで又はその執行を受けることがなくなるまでの者

（3）佐久市の職員として懲戒免職の処分を受け、その処分の日から2年を経過しない者

（4）日本国憲法施行の日以後において、日本国憲法又はその下に成立した政府を暴力で破壊することを主張する政党その他の団体を結成し、又はこれに加入した者

4　受験手続の流れ

（1）試験申込書の取得

① インターネット上で取得する場合
佐久市ホームページ（https://www.city.saku.nagano.jp/）の当該採用試験の情報ページより「ながの電子申請サービス」において手続の上、申込書をダウンロードし、印刷（Ａ４サイズ、白色の普通紙（裏紙・感熱紙不可）に黒字で片面印刷）してお使いください。
② 市役所で受け取る場合
佐久市役所総務部総務課人事係（市役所4階）で交付します。
③ 郵便等により請求する場合
140円切手を貼った宛名明記の返信用封筒（角型2号）を同封して、佐久市役所総務部総務課人事係あてに請求してください。

いずれも、交付期間は令和5年7月19日（水）から令和5年8月16日（水）までです。

（2）受験申込み

市役所へ持参し直接申し込むか、郵便等によりお申し込みください。（メールでの申込み不可）
受付時間は、午前8時30分から午後5時15分までです（土曜日、日曜日及び祝日を除きます。）
郵便等により申し込む場合には、簡易書留郵便等の確実な方法により送付してください。
郵便等の場合は、令和5年8月16日【必着】です。※消印有効ではありません。

◆ 受験申込先
〒385-8501 長野県佐久市中込3056番地　佐久市役所　総務部 総務課 人事係
◆ 受験申込時の提出書類
ア　試験申込書（申込書は3枚あります。本人が**自筆**し、指定サイズの顔写真（試験日から3カ月以内に撮影したもの）を2枚貼付すること。
　　※申込書は折らずに提出してください。
イ　最終学校（卒業見込みの学校）の学業成績証明書（卒業証明書ではありません。）
ウ　84円切手を貼った宛名明記の返信用封筒（長形3号）（受験票の送付に使用）
◆ 受付期間
　令和5年7月24日（月）から 令和5年8月16日（水）まで

（3）受験票の受領

申込受付後、郵送により受験票を交付します。受験票は試験当日に持参してください。
受験票の発送は8月22日（火）頃を予定していますが、8月25日（金）までに受験票が到着しないときは照会してください。

5　試験日時及び場所

第1次試験	試験日時	令和5年9月3日（日）午前9時試験開始予定
	場　　所	佐久市中込3056番地　佐久市役所
第2次試験		10月上旬で指定する1日。試験の日時等の具体的な内容は、第1次試験合格通知書で通知します。
第3次試験		試験の日時等の具体的な内容は、第2次試験合格通知書で通知します。
第4次試験		試験の日時等の具体的な内容は、第3次試験合格通知書で通知します。

6 試験の方法及び内容

試 験 の 方 法		内 容
第1次試験	教 養 試 験	時事、社会及び人文に関する一般知識並びに文章理解、判断推理、数的推理及び資料解釈に関する能力を問う試験
	適 性 検 査	職務遂行に必要な適性についての検査
	作 文	一般的事項についての作文試験
第2次試験	口述試験	主として職務適性に係る事項について集団討論による試験
第3次試験	口述試験	主として職務適性に係る事項について面接による試験
第4次試験	口述試験	主として人物、性行等について面接による試験
資 格 調 査		受験資格の有無及び申込書記載事項の真否を調査

7 結果発表

　第1次試験の合格発表は、令和5年9月下旬までに合格者に通知するとともに、市ホームページで公表します。

　最終合格発表は、第4次試験終了後おおむね2週間以内に合格者に通知するほか、佐久市役所前の掲示板に掲示します。

8 合格から採用まで

（1）最終合格者は、佐久市職員採用候補者名簿に登載し、この名簿から採用者を決定します。

（2）採用候補者名簿の有効期間は、原則として名簿の確定した日から1年です。

（3）採用は原則として令和6年4月1日の予定です。

9 勤務条件

（1）給与

　　初任給（月額）は157,900円です。ただし、採用時までに改定等があった場合は、改定後のものが適用になります。なお、職歴など採用前の経歴に応じて加算される場合があります。また、原則として毎年1回定期昇給があります。他に、通勤手当、期末・勤勉手当（令和4年度実績：4.4月分）、扶養手当、住居手当、寒冷地手当等の諸手当がそれぞれの支給条件に応じて支給されます。

（2）勤務時間等

　　原則として、勤務時間は午前8時30分から午後5時15分まで（休憩1時間を含む。）の7時間45分、休日は土・日曜日及び祝日です。ただし、配属される職場によってはこの限りではありません。

（3）休暇等

　　年次有給休暇（年間20日。採用年は15日）、特別休暇（夏季、結婚等）、療養休暇、介護や育児のための休業等があります。

40

佐久市の自治体情報

令和5年度 佐久市の予算

| 一般会計 | 472億円 |
| 特別会計（9会計） | 374億2,768万3千円 |

一般会計および特別会計当初予算

(単位：千円)

会　計　名		5年度予算額 A	4年度予算額 B	比　較 (A-B)=C	伸率(%) C/B
一　般　会　計		47,200,000	49,600,000	△ 2,400,000	△ 4.8
国民健康保険会計	事業勘定	9,696,862	9,708,411	△ 11,549	△ 0.1
	浅科診療所勘定	18,453	27,721	△ 9,268	△ 33.4
介護保険会計		10,360,070	10,016,309	343,761	3.4
障害者支援施設臼田学園会計		196,842	229,263	△ 32,421	△ 14.1
後期高齢者医療会計		1,390,738	1,462,103	△ 71,365	△ 4.9
奨学資金会計		32,452	32,056	396	1.2
環境エネルギー事業会計		146,032	148,032	△ 2,000	△ 1.4
工業用地取得造成事業会計		0	0	0	0.0
茂田井財産区会計		1,376	1,372	4	0.3
国保浅間総合病院事業会計	収益的収支	8,274,296	8,028,799	245,497	3.1
	資本的収支	1,068,830	761,538	307,292	40.4
下水道事業会計	収益的収支	3,298,026	3,266,916	31,110	1.0
	資本的収支	2,943,706	3,025,714	△ 82,008	△ 2.7
小　　計		37,427,683	36,708,234	719,449	2.0
合　　計		84,627,683	86,308,234	△ 1,680,551	△ 1.9

※公営企業会計は、支出の額を予算規模としました。

一般会計の内訳

(単位：千円)

歳出総額　472億円　　歳入総額　472億円

市民一人当たりの予算額　480,637円

総務費
43,167円
人事・財産管理、企画や選挙、戸籍・住民票事務などの経費

民生費
166,683円
高齢者・障害者・児童福祉や生活保護などの経費

衛生費
41,831円
ごみ処理や環境保全、市民の健康増進などの経費

農林水産業費
13,727円
農林業の振興や土地改良などの経費

商工費
30,389円
商工業の振興や観光事業などの経費

土木費
55,175円
道路・公園・市営住宅などの建設や管理の経費

消防費
10,906円
消防団の運営、消防・救急活動などの経費

教育費
58,694円
小中学校建設や管理運営、文化・スポーツの振興などの経費

公債費
55,606円
市債（借入金）の元金・利子などの償還金

その他
（議会費・労働費・災害復旧費・予備費）
4,459円
議会運営、雇用や労働者支援、災害復旧などの経費

※人口は、令和5年2月1日現在：98,203人

◇予算を家計に例えると・・・

予算を身近に感じていただくために、令和5年度佐久市一般会計予算を家計簿に置き換えてみました。
一般会計予算総額を1万分の1にして、1年間の家計の収支に例えると、次のようになります。

収　入	
給料（市税や地方交付税）	231万円
パートや不動産等貸付収入	
（使用料、財産収入など）	42万円
親からの仕送り（国・県支出金など）	109万円
家の増改築等ローンの借入れ（市債）	33万円
預貯金の引き出し	
（基金などからの繰入金）	53万円
前年からの繰越金（繰越金）	4万円
合　計　472万円	

貯金残高（基金残高）	242万円
ローン残高（市債残高）	439万円
※うち、親からの援助　　338万円	
地方交付税算入分（約78%）	
実質ローン残額	101万円

支　出	
食費（人件費）	75万円
光熱水費や日用品の購入費（物件費）	59万円
車や家電の修理費（維持補修費など）	11万円
医療費（扶助費）	81万円
町内会費や親戚・友人への支援	
（補助費・投資及び出資金・貸付金）	109万円
家の増改築（投資的経費）	55万円
生計を別にしている家族への支援	
（繰出金）	27万円
住宅・自動車などのローン返済	
（公債費）	55万円
合　計　472万円	

令和5年度の一般会計予算の主な事業

　予算編成にあたっては、将来にわたり持続可能で安定した行財政運営を実現するため、健全財政を堅持しつつ、第二次佐久市総合計画後期基本計画の重点プロジェクトとして位置付けられた"多様性実現まちづくり"、"快適・健康向上まちづくり"、"持続可能な住みよいまちづくり"の各分野の取組に重点配分し、将来都市像「快適健康都市　佐久」の実現に向けた各種事業の計画的・効果的な推進を目指すとともに、「第2期佐久市まち・ひと・しごと創生総合戦略」との整合性にも留意して編成しました。

　特に、相次ぐ災害や新型コロナウイルス感染症の影響などにより、これまでの考え方や価値観が大きく変化していることから、時代の変化やニーズを的確に捉えるとともに、国の進める「デジタル田園都市国家構想」の推進にも注力し、市勢のデジタル化進展の礎を構築していくことに努めました。

　さらに、全事業において、必要性や実施効果、事業規模をゼロベースから見直すことを全職員で共有し、メリハリのある予算編成に取り組みました。

🆕 は新規事業
🔘 は拡充事業
《戦略》は「第2期佐久市まち・ひと・しごと創生総合戦略」掲載事業
※万円未満は切り捨ててあります。

---

1 【教育・文化分野】生涯にわたり学び、生きる力を育むまちづくり

○《戦略》佐久大学と連携した地方創生事業　　3,500万円
🆕 犯罪被害者等支援事業　　173万円
○《戦略》佐久平女性大学運営事業　　644万円
🔘 いじめ問題対策事業　　16万円
🆕 市立小中学校統合型校務支援システム導入事業　　996万円
🆕 中佐都小学校改修事業　　5,766万円
🆕 風流踊「跡部の踊り念仏」ユネスコ無形文化遺産登録記念事業　　11万円

🆕 新聞デジタルアーカイブ化事業　　509万円
🆕 開館40周年記念油井コレクション展開催事業　　1,254万円
🆕 市立中学校運動部活動地域移行事業　　177万円
🆕 スポーツ合宿補助事業　　140万円
🆕 学校給食費物価高騰対策事業　　2,990万円
🆕 学校給食センター集約化事業　　400万円

---

2 【都市基盤分野】地域の特徴を生かしたつながりあるまちづくり

🆕 本庁舎東側アプローチ等舗装改修事業　　2,140万円
🔘《戦略》地域公共交通体系運営事業　　2億7,226万円
🔘 狭あい・道路後退整備事業　　1,200万円
🆕 無接道地区調査事業　　100万円

○《戦略》都市構造再編集中支援街路事業（野沢地区）　　1億6,432万円
🆕 中部横断自動車道整備促進・利用促進事業　　47万円
🆕 無接道敷地空家等除却補助事業　　100万円

3 【経済・産業分野】力強い産業を営む活力と魅力あるまちづくり

⑰《戦略》デジタル人材育成・就労支援事業 2,200万円	⑰《戦略》観光情報発信業務アウトソーシング事業 490万円
⑰ 農業収入保険掛金等補助事業 75万円	バルーンフェスティバル開催事業
⑰ 水田フナ養殖技術継承支援事業 530万円	（30周年記念大会） 1,500万円
森林環境整備事業 5,088万円	⑰《戦略》「北斗の拳」生誕40周年記念事業 300万円
⑰《戦略》月3万円ビジネスモデル構築事業 380万円	

4 【保健・福祉分野】豊かな暮らしを育む健康長寿のまちづくり

⑰ 再犯防止推進事業 12万円	⑰《戦略》私立保育所等副食費物価高騰対策補助事業 691万円
⑰ 共同生活援助事業所整備補助事業 3,000万円	⑭《戦略》中込地区新保育所建設事業 3億6,713万円
⑮《戦略》子ども家庭総合支援拠点体制整備事業 296万円	⑭《戦略》野沢児童館・子育て支援拠点施設整備事業 3,205万円
⑰ 第三子子ども・子育て支援事業計画策定事業 260万円	⑰ がん患者アピアランスケア助成事業 70万円
児童養護施設軽井沢学園改築支援事業 3,924万円	⑰《戦略》出産・子育て応援給付金事業 8,372万円
⑰ 公立保育所使用済みおむつ等処分事業 950万円	

5 【自然環境・生活環境分野】快適な暮らしを創る環境豊かなまちづくり

⑰ 生物多様性保全活動検証事業 281万円	⑰ 第二次ごみ処理基本計画策定事業 450万円
⑮ 電気自動車購入支援事業 400万円	⑰ 家庭ごみ袋製造販売事業 3,900万円
⑮ 省エネ家電製品普及促進事業 950万円	⑰ 佐久環境衛生組合分担金・負担金 6億8,631万円

6 【防災・安全分野】暮らしを守る安心と安全のまちづくり

⑰ ペット同行避難整備事業 58万円	⑭ 消防団員報酬等処遇改善事業 1億370万円
⑯《戦略》「災害に強い佐久市づくり」関連事業 6億8,230万円	⑰ 地域防災マップ作成支援事業 550万円
⑯《戦略》社会資本整備総合交付金道路整備事業 （谷川・田子川改良復旧事業） 3億7,262万円	

7 【協働・交流分野】ひとと地域の力が生きる協働と交流のまちづくり

⑰ モンゴル国スフバートル区友好都市提携15周年 公式訪問事業 250万円	⑰《戦略》通学バス見える化システム導入PoC事業 96万円
⑰ インボイス制度導入に係るシステム改修事業 60万円	⑱《戦略》デジタルデバイド対策事業 300万円
⑰《戦略》デジタル田園都市国家構想総合戦略策定事業 607万円	⑰ 庁内情報系ネットワーク無線化事業 5,800万円

「広報佐久別冊　令和5年度佐久市の予算」より抜粋

安曇野市の試験情報

令和6年4月採用

安曇野市職員採用試験受験案内
中級（行政・経験保育士）
初級（行政・土木・建築・障がい者対象）

安 曇 野 市

この試験は、安曇野市職員採用候補者を決定するために行うものです。

受 付 期 間	**令和5年8月14日（月）〜8月25日（金）** （受付時間：午前8時30分〜午後5時） ●原則としてインターネットで受験登録の上、受験申込書をダウンロードして提出してください。 ※申込みは、持参又は郵送とし、郵送の場合には8月25日（金）必着で特定記録郵便等の確実な方法により提出してください。
第 1 次 試 験	**令和5年9月17日（日）**
お問合せ先	〒399-8281　長野県安曇野市豊科6000番地 　安曇野市役所　総務部職員課職員担当 　　　電話　0263-71-2405（直通） 　　　Fax　0263-71-5155

1 試験の種類、試験区分、採用予定人員、受験資格

試験の種類	試験区分	採用予定人員	受験資格
中級 (短大卒程度)	行　政	2名程度	平成10年4月2日から平成16年4月1日までに生まれた人で、短大卒業程度の学力を有する人。ただし、4年制大学の卒業者及び卒業見込み者は受験できません。
	経験保育士	2名程度	昭和59年4月2日以降に生まれた人で、保育士及び幼稚園教諭の資格を有し、保育園(無認可を除く。)、幼稚園(無認可を除く。)又は認定子ども園において保育士又は幼稚園教諭の職務経験が3年以上(令和5年8月14日現在)ある人 (注)
初　級 (高卒程度)	行　政	2名程度	平成12年4月2日から平成18年4月1日までに生まれた人で、高等学校卒業程度の学力を有する人。ただし、4年制大学の卒業者及び卒業見込み者は受験できません。また、短大・専門学校等で、修了により短期大学士又は専門士の資格が付与される課程の卒業者及び卒業見込み者は受験できません(中級(行政)を受験してください)。
	土　木	2名程度	平成12年4月2日から平成18年4月1日までに生まれた人で、土木の専門課程を卒業又は令和6年3月までに卒業見込みの人。ただし、4年制大学の卒業者及び卒業見込み者は受験できません。
	建　築	2名程度	平成12年4月2日から平成18年4月1日までに生まれた人で、建築の専門課程を卒業又は令和6年3月までに卒業見込みの人。ただし、4年制大学の卒業者及び卒業見込み者は受験できません。
初　級 (障がい者を対象とする試験) (高卒程度)	行　政	2名程度	身体障害者手帳・療育手帳・精神障害者保健福祉手帳の交付を受けている人で次の要件を全て満たす人 ○昭和59年4月2日から平成18年4月1日までに生まれた人で、高等学校卒業程度の学力を有する人 ○事務職として職務の遂行が可能であること ○活字印刷文による出題(筆記試験)に対応できること

（1）　日本国籍を有しない人も受験できます。（就職が制限されている在留資格の人は除く。）
（2）　次のいずれかに該当する人は、受験できません。
　　ア　禁錮以上の刑に処せられ、その執行を終わるまで又はその執行を受けることがなくなるまでの人
　　イ　安曇野市職員として懲戒免職の処分を受け、当該処分の日から2年を経過しない人
　　ウ　日本国憲法施行の日以後において、日本国憲法又はその下に成立した政府を暴力で破壊することを主張する政党その他の団体を結成し、又はこれに加入した人
（3）　主な職務内容
　　ア　行政（障がい者を対象とする試験を含む。）の主な職務内容は、行政全般に関する企画立案、調査、連絡調整、相談業務等の一般事務となります。
　　イ　経験保育士・土木・建築試験の主な職務内容は、それぞれの専門職業務全般となりますが、異なる業務に従事していただくことがあります。
（4）　受験資格等
　　同一年度内に実施する他の安曇野市職員採用試験を受験している場合、重複して受験することはできません。
（注）
　・中級（経験保育士）受験の方の保育士等資格及び職務経験年数の受験資格は、令和5年8月14日現在において有している必要があります。
　・3年以上の職務経験とは、週の正規勤務時間が30時間以上の職務経験に限ります。
　・職務経験は該当する職に1年以上継続して就業した期間が該当します。
　・職務経験が複数の施設や機関等にわたっている場合は、それらの期間を通算することができます。ただし、同一期間内に複数の職務に従事した場合は、いずれか一方の職歴に限り通算することができます。
　・最終合格決定後、職務経験年数確認のため職歴証明書を提出していただきますが、職務経験が要件を満たさない場合には採用されません。

2 試験の日時及び会場

中級（行政）、初級（行政・土木・建築、障がい者対象）

試験区分	日　　　時	会　　　場
第1次試験	9月17日（日） 受付　午前8時00分〜8時15分 入室　午前8時15分〜8時30分 着席　午前8時30分 開始　午前8時45分〜	安曇野市役所　本庁舎 （安曇野市豊科6000番地） TEL0263-71-2405
第2次試験	10月下旬の予定です。詳細は、第1次試験合格通知書でお知らせします。	
第3次試験	11月中旬の予定です。詳細は、第2次試験合格通知書でお知らせします。	

中級（経験保育士）

試験区分	日　　　時	会　　　場
第1次試験	9月17日（日） 受付　午前8時00分〜8時15分 入室　午前8時15分〜8時30分 着席　午前8時30分 開始　午前8時45分〜	安曇野市役所　本庁舎 （安曇野市豊科6000番地） TEL0263-71-2405
第2次試験	11月中旬の予定です。詳細は、第1次試験合格通知書でお知らせします。	

※　試験会場は、駐車場に限りがあります。できるだけ公共交通機関をご利用ください。
（JR大糸線「豊科駅」より徒歩10分程度）
※　車いす利用者等で駐車場の確保が必要な方は、事前に職員課までご連絡ください。

3 受験手続

（1）　受験申込登録
　ア　インターネットでの申込みに限ります。
　　　安曇野市のウェブサイトのトップページから右の「市政情報」⇒「人事・給与・職員採用」⇒
　　　「職員採用情報」⇒「令和6年4月採用安曇野市職員採用（中級・初級）試験」
　イ　リンク先で受験者登録を行ってください。登録が完了すると、登録したメールアドレスに登録済みの確
　　　認メールが自動送付されます。この自動送付メールにあるパスワードを控えておいてください。
（2）　受験申込書提出
　ア　受験申込書
　　　安曇野市のウェブサイトのトップページから右の「市政情報」⇒「人事・給与・職員採用」⇒
　　　「職員採用情報」⇒「令和6年4月採用安曇野市職員採用（中級・初級）試験」の中から書式をダウン
　　　ロードし、自動送付メールにあるパスワードにより、書式を開いてください。
　　　**※受験申込書は、安曇野市役所総務部職員課窓口にも用意してありますが、別途「上記3（1）」のインタ
　　　ーネットによる受験申込登録が必要となります。**
　イ　提出
　　　受験申込書に必要事項を記入の上、安曇野市役所総務部職員課へ提出（郵送又は持参）してください。
　　　受験申込書には証明写真が必要となりますので、用意をお願いします。
　　　（受験日前1カ月以内に撮影したもの。大きさは4cm×3cm程度）

受験申込書の提出方法は、次のとおりです。
- 持参による提出 **安曇野市役所２階　総務部職員課　７番窓口**
- 郵送による提出 **特定記録郵便等の確実な方法により総務部職員課まで郵送してください。**
- 受験申込書提出の締め切り **8月25日（金）午後5時　必着**
- 持参・郵送共に**必要な書類等は下記のとおりです。**
  ① **受験申込書**
  ② **84 円切手を貼った封筒【長形３号】**（受験票の郵送用に必要です）
  ③ 幼稚園教諭免許及び保育士証の写し（中級（経験保育士）のみ）
  郵送の場合の宛先は次のとおり

  〒399-8281
  長野県安曇野市豊科 6000 番地
  安曇野市役所　総務部職員課宛て

（3） 受付期間　　令和5年8月14日（月）から8月25日（金）まで（土・日を除く。）
（4） 受付時間　　**午前8時30分から午後5時まで**
（5） 受験票は、9月1日（金）までに発送する予定です。9月7日（木）までに受験票が到着しないときは、9月8日（金）正午までに総務部職員課（電話 0263-71-2405）へお問合せください。お問合せがない場合は、受験票が到着したものとみなし、その後のお問合せにはお答えいたしかねます。
（6） 試験日には受験票を必ず持参してください。<u>受験票をお持ちでない方は受験できません。</u>

4　試験の方法
（1）　第1次試験

試験区分	試験の種類		試験時間	出題分野
中　級 （経験保育士）	教養試験（高校卒業程度） 択一式　40 題 試験時間　2時間		8時45分 〜 10時45分	時事、社会・人文及び自然に関する一般知識を問う問題（20 題）　文章理解、判断・数的推理及び資料解釈に関する能力を問う問題（20 題）
	職場適応性 検査 150 題	試験時間 20 分	11時15分 〜 11時35分	公務員としての職業生活への適応性についての検査
	実技試験① **注1**	試験時間 45 分	12時05分 〜 12時50分	課題について、活動の内容と流れを作成
	実技試験②	試験時間 10 分程度	13時50分 〜	実技試験①に基づく模擬保育・個人面接・簡単な実技（1 人 10 分程度）
中　　級 （行　　政） 初　　級 （行　　政） （土　　木） （建　　築）	教養試験（高校卒業程度） 択一式 40 題 試験時間　2時間		8時45分 〜 10時45分	時事、社会・人文及び自然に関する一般知識を問う問題（20 題）　文章理解、判断・数的推理及び資料解釈に関する能力を問う問題（20 題）
	職場適応性 検査 150 題	試験時間 20 分	11時15分 〜 11時35分	公務員としての職業生活への適応性についての検査
	作文試験 試験時間　1時間30分		12時05分 〜 13時35分	出題されたテーマについて 400 字詰め原稿用紙2枚程度にまとめるもの

初　　級 （障がい者を 対象とする 試験）	教養試験（高校卒業程度） 択一式 40 題 試験時間　2 時間		8 時 45 分 〜 10 時 45 分	時事、社会・人文及び自然に関する一般知識を問う問題（20 題）　文章理解、判断・数的推理及び資料解釈に関する能力を問う問題（20 題）
	職場適応性 検査 150 題	試験時間 20 分	11 時 15 分 〜 11 時 35 分	公務員としての職業生活への適応性についての検査
	作文試験 試験時間　1 時間 30 分		12 時 05 分 〜 13 時 35 分	出題されたテーマについて 400 字詰め原稿用紙 2 枚程度にまとめるもの

注 1.　中級（経験保育士）試験における「実技試験①」の課題内容は、受験票を送付する際にお知らせします。

※　中級（経験保育士）は、昼食休憩の時間を取ります。昼食休憩中の外食等は可能ですが、ゴミは各自お持ち帰りください。

※　中級（行政）、初級（行政・土木・建築・障がい者対象）の試験に、昼食休憩の時間はありませんが、試験の途中に休憩時間（15 分程度）ありますので軽食は可能です。ゴミは各自お持ち帰りください。

※　試験は、午前 8 時 45 分開始とし、行政、土木、建築、障がい者を対象とする試験の終了は、おおむね 13 時 35 分ごろを終了予定とし、中級（経験保育士）は実技試験②が終了した方から解散となります。

※　障がい者を対象とする試験で、拡大鏡、補聴器、車いす、日常生活用具、手話通訳など、試験会場での配慮を希望する方は、必ず受験申込書の「特記事項」欄に必要事項を記入してください。拡大鏡、補聴器等はご自身で用意してください。なお、手話通訳は口述試験（個人面接）のみとなります。

※　第 1 次試験日に実施する職場適応性検査（適性検査）及び作文試験については、「（2）　第 2 次試験」の注意書き（赤枠）をご確認ください。

※　第 1 次試験日に実施する職場適応性検査（適性検査）には配点はありません。

・　第 1 次試験当日の持ち物

受験票、鉛筆（HB 3 本以上）、消しゴム、鉛筆削り、
なお、中級（経験保育士）試験受験者は、昼食等をご用意ください。
※　障がい者を対象とする試験の受験者は、交付を受けている手帳を持参してください。

（2）　第 2 次試験

試験区分	試験の種類（予定）	内容（予定）
全区分	面　接　試　験	人柄、性向等についての面接
注意！　以下の点についてご注意ください。		
作文試験は、第 1 次試験日に実施しますが、採点（第 1 次試験合格者のみ）は第 2 次試験で行います。第 1 次試験日に職場適応性検査（適性検査）・作文試験を受験していない場合には、第 1 次試験に合格しても第 2 次試験を受験することはできません（経験保育士を除く）。		

※第 2 次試験の詳細は、第 1 次試験合格通知書でお知らせします。

（3）　第 3 次試験（中級（行政）、初級（行政・土木・建築、障がい者対象）の第 2 次試験合格者のみ対象）

試験の種類（予定）	内容（予定）
面　接　試　験	人柄、性向等についての面接

※第 3 次試験の詳細は、第 2 次試験合格通知書でお知らせします。

5 採　用

（1）　最終合格者は採用候補者名簿に登載され、意向確認のための打合せ等の後に最終的な採用者が決定されます。なお、心身の故障などにより職務の遂行に支障があったり、又はこれに耐えられないことが明らかとなった場合には、採用されないことがあります。

（2）　採用日は、原則として令和6年4月1日の予定です。

（3）　採用候補者名簿の有効期間は、原則として名簿確定の日から1年です。

（4）　受験資格がないことが判明した場合又は受験資格が「卒業（資格取得）見込み」で合格後に、卒業（資格取得）ができない場合には、合格等を取り消します。

（5）　受験申込書などに記載漏れや不実記載があった場合には、試験に合格したとしても合格を取り消す場合がありますので、ご注意ください。

（6）合格者に意思確認書等の必要な提出していただきますが、提出の結果、受験資格を欠くことが判明した場合や、必要となる書類が提出できない場合などは、合格が取り消しになることがあります。なお、診断書等作成に必要な費用は、合格者の負担となります。

6 　外国籍職員の任用について

　　外国籍の職員は、「公権力の行使」及び「公の意思の形成へ参画」しない職務に就いていただくことになります。

（1）　「公権力の行使」に該当する職務と該当しない職務の代表例は、次のとおりです。

該当しない職務 （外国籍職員が担当できる職務）	該当する職務 （外国籍職員が担当できない職務）
庶務、広報、職員給与、福祉計画、観光、水道経理、社会・学校教育、市道の設計・工事監理等	税の賦課・滞納処分、生活保護、都市計画の決定・立入調査等

（2）　「公の意思の形成へ参画」する職は、次のとおりです。
　　　行政施策の企画立案、予算の編成等施策的判断を伴う事務について決定権を有する職

7 　勤務条件

（1）　給　与
　　　短大又は高校卒業後直ちに採用された場合の給料月額は、短大卒初任給 167,100 円、高卒初任給 154,600 円が目安となります。

　ア　給料月額は現行のものです。採用時までに改定等があった場合は、改定後の金額が適用になります。

　イ　公務員その他の前歴がある人は、規定により前歴調整を行った額となります。

　ウ　その他、各種手当（通勤手当、期末・勤勉手当、扶養手当、住居手当等）がそれぞれの支給要件に応じて支給されます。

（2）　勤務時間、休暇・休業
　　　原則として、勤務時間は午前8時30分から午後5時15分まで（休憩1時間を含む。）の7時間45分、休日は土・日及び祝日です。また、年次休暇（年 20 日。ただし、採用が4月の場合の初年度は 15 日）、特別休暇（夏季、結婚等）、療養休暇、介護・育児休業等があります。

　※　上記以外の勤務条件については、条例等により定められています。

8 　その他

（1）　職務遂行に役立つ資格をお持ちの方は、受験申込書に明記をお願いします。

（2）　採用後は市内在住を基本とし、消防団、区、地区公民館などの地域活動へ市役所職員として積極的に参加することが求められます。

安曇野市の自治体情報

自然、文化、産業が織りなす　共生の街　安曇野へ

令和5年度 一般会計 予算 **456億5,000万円**

前年度比 ＋7.0%

圏財政課　TEL 71-2005

第2次安曇野市総合計画後期基本計画の価値創出プロジェクトと6つの目標を中心に事業の選択と集中を行いました。

歳 出

性質別

- 人件費 16.1%
- 物件費 15.6%
- 維持補修費 0.3%
- 扶助費 12.4%
- 補助費等 17.0%
- 普通建設事業費 13.8%
- 公債費 13.0%
- 積立金 1.0%
- 投資及び出資金・貸付金 0.3%
- 貸付金 5.0%
- 繰出金 5.4%
- 予備費 0.1%

目的別

- 総務費 9.8%
- 民生費 34.8%
- 衛生費 6.1%
- 商工費 7.2%
- 土木費 11.2%
- 消防費 3.3%
- 教育費 9.9%
- 公債費 13.0%

＜議会費 0.5%＞
2億3,815万円（前年度比△2.5%）
議会運営のための経費

44億8,370万円（前年度比△0.9%）
全般的な管理事務のための経費

158億9,610万円（前年度比+10.2%）
乳幼児・高齢者等を支援するための経費

27億6,626万円（前年度比+9.7%）
生活環境保持のための経費

＜労働費 0.1%＞
6,055万円（前年度比+0.4%）
勤労者支援のための経費

＜農林水産業費 3.9%＞
17億8,896万円（前年度比+20.7%）
農産物等販路拡大事業、林道重点整備・維持管理事業などの経費

32億7,952万円（前年度比△5.3%）
制度資金貸付、企業助成事業などの経費

51億1,928万円（前年度比+0.2%）
市道新設改良、内水対策、道路橋梁維持、公園施設長寿命化事業などの経費

15億2,456万円（前年度比+2.2%）
非常備消防業などの経費

45億2,076万円（前年度比+25.6%）
体育施設建築工事のための経費など

＜災害復旧費 0.0%＞
519万円（前年度比+245.7%）

59億1,697万円（前年度比+3.9%）
借入金返済のための経費

＜予備費 0.1%＞
5,000万円（前年度比±0%）

歳 入

116億6,134万円（前年度比+3.9%）
個人市民税（43億4,000万円）
固定資産税（54億4,200万円）など

市税 25.5%

＜分担金負担金等 1.3%＞
6億1,616万円（前年度比+1.7%）
保育児童保育料（1億7,369万円）など

18億1,731万円（前年度比△10.5%）
ふるさと寄附基金繰入金（6億円）など

繰入金 繰越金 4.0%

＜財産収入・寄附金 0.8%＞
3億4,698万円（前年度比＋2.0%）
ふるさと寄附金（3億円）など

諸収入 6.9%

31億4,346万円（前年度比△3.3%）
各種基金預託金の元金など

117億7,000万円（前年度比+3.7%）
普通交付税（111億3,000万円）
特別交付税（6億4,000万円）

地方交付税 25.8%

34億6,122万円（前年度比+8.1%）
地方消費税交付金（24億円）など

地方譲与税等 7.6%

66億4,793万円（前年度比△2.9%）
児童手当国庫負担金（9億5,526万円）
自立支援給付費負担金（12億8,940万円）など

国県支出金等 14.6%

61億8,560万円（前年度比＋62.0%）
旧合併特例事業費（29億3,820万円）
過疎債（2億4,440万円）
臨時財政対策債（3億7,000万円）
借換債（12億7,840万円）など

地方債 13.5%

会計別予算

行政運営の基本となる一般会計のほか、保険料や財産区など特定の事業を行う特別会計、独立採算の上下水道事業会計の予算額は次のとおりです。

会計名	令和5年度予算額	前年度比
一般会計	456億5,000万円	7.0%
特別会計	215億6,568万円	1.8%
総計	672億1,568万円	5.3%

水道事業会計	令和5年度予算額	前年度比
収益的収入	22億9,211万円	0.4%
収益的支出	19億9,034万円	2.6%
資本的収入	1億6,971万円	9.8%
資本的支出	16億3,444万円	18.4%
下水道事業会計	**令和5年度予算額**	**前年度比**
収益的収入	42億1,243万円	△0.3%
収益的支出	36億7,824万円	1.0%
資本的収入	16億5,315万円	64.4%
資本的支出	32億1,380万円	17.0%

新年度の価値創出プロジェクトの主な取り組みを紹介します。

凡例 [新] 新たに取り組む事業　[拡] 今ある取組をさらに拡大する事業

プロジェクト 1　誰もが活躍する共生のまち　〜違いを認め合い、様々な人が活躍できるまちへ〜

令和5年度のチャレンジ目標

 職員の意識改革や施設・サービスの見直しなどを図り、誰もが利用しやすいユニバーサルデザインの市役所を実現

 外国籍市民相談窓口をリニューアル（年間相談件数350件を想定）

誰もが活躍できる暮らしをサポート

- ●外国籍市民相談窓口の開設　771万円　[新]
  タブレットを通じた通訳サービスの導入など
- ●外国籍市民向け「暮らしのガイドブック」の作成　304万円　[新]
- ●「ユニバーサルデザインガイドブック」の作成　280万円　[新]
- ●子どもの居場所づくりを支援　400万円　[新]
  子ども食堂などの開設・運営への補助
- ●生活保護世帯学習を支援　242万円　[新]
  生活保護世帯の子どもの学習塾や習い事の費用を支援

プロジェクト 2　選ばれ続けるまち、安曇野　〜若者や子育て世帯に選ばれ続けるまちへ〜

移住大使・篠原信一さんが魅力を語る安曇野
移住セミナー（3月11日銀座NAGANO）

令和5年度のチャレンジ目標

 新たな産業団地の造成地を選定し、はたらく場を創出

 移住支援ネットワークを構築し、移住希望者と地域のつながりを創出

 新たな子育て体感移住イベントを実施

デマンド交通「あづみん」をもっと便利に

- ●新たな産業用地確保可能性の調査　672万円　[拡]
- ●産後ケア事業（宿泊・通所・訪問型と母乳相談券）562万円　[拡]
- ●オプショナル新生児スクリーニング検査費用の助成　378万円　[拡]
- ●結婚新生活に対する支援　1,200万円　[新]
  世帯所得500万円未満、夫婦ともに39歳以下の人などを対象に支援
- ●デマンド交通「あづみん」時間延長実証やLINE連携　1,034万円　[新]
- ●放課後児童クラブの整備　1億8144万円　[新]
- ●あづみの自然保育のブランディングを推進　849万円

プロジェクト **3** AZUMINOブランドの発信 〜安曇野の価値を戦略的に国内外へ売り込む〜

全国への観光プロモーションを強化

令和5年度のチャレンジ目標

 友好都市や松本空港就航先、関西方面での観光誘客活動を新たに5カ所で開催

メタバースによる観光情報発信のためプラットフォームを構築

 シンガポールで市場調査を実施。市農産物の海外販促プランの構築を開始

和食・フレンチに続き中華フルコースを考案

- ●メタバースを活用した観光プロモーション　900万円 ［新］
- ●商工事業者の販路拡大のための展示会出展を支援　290万円　［拡］
- ●リゾートテレワークの推進を支援　392万円　［新］
- ●農産物のシンガポールへの販売促進（市場調査）　550万円　［新］
- ●農産物の海外プロモーション動画の作成　300万円
- ●安曇野フルコース（中華など）の考案　457万円

プロジェクト **4** 文化・芸術中核都市の実現 〜文化的素地を生かし、文化・芸術の「拠点」へ〜

アーティスト・イン・レジデンスで芸術家と交流

令和5年度のチャレンジ目標

 アーティスト・イン・レジデンスの拡充　芸術家との交流機会を前年比2倍の計10回に

 市内で実施する公演会・展示会を増加　前年比1.5倍の計15回開催

薪能の野外公演を復活

- ●大学と連携したアーティスト・イン・レジデンス※　500万円
- ●穂高鐘の鳴る丘集会所施設整備　911万円　［新］
- ●信州安曇野薪能の野外公演を復活　800万円
- ●小説『安曇野』大河ドラマ化機運醸成のための
　パンフレット・HP作成　293万円　［新］

※アーティスト・イン・レジデンス
　芸術家などが一定期間滞在し作品制作などを行う機会を
　提供する事業

プロジェクト5　アウトドア・スポーツの聖地 ～豊かな自然を生かしたアウトドア環境を発信～

豊科南部総合公園スケートボード場を整備

令和5年度のチャレンジ目標

👉 アウトドア振興の中核となる
「安曇野市東部アウトドア拠点基本構想」を策定

👉 信州安曇野ハーフマラソンで前日祭を開催
イベント関連宿泊者数500人を目指す

👉 MTBコース管理に指定管理者制度を導入
前年比2倍の年間利用者数3,000人を目指す

かじかの里公園を快適に整備

● **安曇野市東部アウトドア拠点基本構想の策定**　1,500万円　[新]
水辺や里山のアウトドア資源を活用した明科地域の活性化(過疎対策事業)

● **ハーフマラソン大会を通じた交流人口の拡大**　4,220万円　[拡]

● **豊科南部総合公園　スケートボード場の整備**　4,686万円　[拡]

● **かじかの里公園　かじか橋やトイレなどの改修**　1億3,029万円　[新]

そのほかの主な取り組み

予算書は市HP、財政課でご覧いただけます。　

フレイル関連事業 ～いつまでも元気に生活するために～

● **65歳以上を対象としたフレイル予防**　4,335万円
介護予防教室(16ページ参照)や保健師などによる個別支援

● **生活習慣病の予防など 健康管理**　5,291万円
後期高齢者健診や健康体操などで健康づくりを支援

● **運動や趣味活動、地域活動、ボランティアへの参加**　1億4,084万円
地域活動や公民館事業などを充実させ地域活動への参加機会を増やす

● **高齢者の運動や活動を促進する施設の管理・整備**　1億749万円
マレットゴルフ場や老人福祉センター運営の充実

国際友好交流事業

旧豊科町とオーストリア共和国クラムザッハが姉妹都市連携を結んでから

30周年の節目となることから、相互訪問による交流の実施など　1,774万円

DX推進事業

行政手続きオンライン化、キャッシュレスの推進、子育てDX 小児予防接種サービス導入など　3,484万円

「広報あづみの　2023年4月19日号」より抜粋

千曲市の試験情報

令和5年度（令和6年4月採用）
千曲市職員採用試験受験案内

> 受付期間　令和5年8月16日（水）まで
> 第1次試験　令和5年9月17日（日）

1　**試験の級、試験区分、採用予定人員、勤務予定機関及び主な職務内容**

試験の級	試験区分	採用予定人員	勤務予定機関	主な職務内容
上級	管理栄養士	若干名	本庁、給食センター等	栄養指導、管理等に関する業務に従事します。
	学芸員（埋蔵文化財担当）	若干名	歴史文化財センター	埋蔵文化財の発掘・保存に関する業務に従事します。
初級	行政	若干名	本庁、施設等	行政各分野に関する業務全般に従事します。
	土木	若干名	本庁、施設等	土木事業の設計、施工管理等に従事します。
	建築	若干名	本庁、施設等	建築物の設計、施工管理等に従事します。

2　**受験資格等**

（1）**生年月日及び資格等**

試験の級	試験区分	受験資格	
上級	管理栄養士	平成6年4月2日以降に生まれた人	管理栄養士の資格を有する人。なお、採用日までに資格を取得する見込みの人を含みます。
	学芸員	平成6年4月2日以降に生まれた人	次のいずれにも該当する人 ・大学または大学院で考古学を専攻し卒業（修了）した者または令和6年3月までに卒業（修了）見込みの人 ・博物館法に基づく学芸員資格者または令和6年3月までに取得見込みの人
初級	行政	平成14年4月2日から平成18年4月1日までに生まれた人	高校卒業程度の学力を有する人。（高校卒業を要するものではありません。）
	土木		
	建築		

（注）受験資格に定める資格・免許等を取得見込みの人で、採用日までに当該資格等を取得できなかった場合は、任用資格を失います。

55

(2) 次のいずれかに該当する人は、受験できません。
① 日本の国籍を有しない人
② 地方公務員法第 16 条に規定する欠格条項に該当する人（以下はその内容です。）
　ア 禁錮以上の刑に処せられ、その執行を終わるまで又はその執行を受けることがなくなるまでの人
　イ 千曲市職員として懲戒免職の処分を受け、当該処分の日から 2 年を経過しない人
　ウ 日本国憲法施行の日以後において、日本国憲法又はその下に成立した政府を暴力で破壊することを主張する政党その他の団体を結成し、又はこれに加入した人

3　試験の日時及び場所

試　験	日　　　時		試験会場
第 1 次試験	令和 5 年 9 月 17 日（日） □受付時間　午前 8 時から 8 時 15 分まで □試験開始　午前 8 時 30 分 □試験終了　午後 1 時 30 分～午後 3 時 30 分頃 　　　　　（終了は試験区分により異なります。）		千曲市役所 【所在地】 千曲市杭瀬下二丁目 1 番地 4 ページ参照 ※受験申込者が多数となった場合、別の会場を設定することがあります。
	午前	教養試験、作文試験	
	午後	上級管理栄養士　　専門試験 　　　　　　　　　性格特性検査	
		上級学芸員　　　　性格特性検査	
		初級行政　　　　　事務適性検査 　　　　　　　　　性格特性検査	
		初級土木・初級建築　専門試験 　　　　　　　　　　性格特性検査	
第 2 次試験	10 月中を予定しています。（詳細は、第 1 次試験合格者に通知します。）		

4　試験の方法
(1)　第 1 次試験

試験の級	試験区分	試験科目	試験の内容
全ての試験の級・試験区分 ※上級学芸員はこの 3 科目のみ		教養試験 （2 時間）	時事、社会、人文、自然に関する一般知識並びに文章理解、判断・数的推理、資料解釈に関する能力を問う択一式による筆記試験（出題数　40 題）
		作文試験 （50 分）	一般的事項についての作文試験（おおむね 800 字程度）
		性格特性検査 （20 分）	公務員に求められる資質について、性格特性をみる検査（出題数 150 題）
上級	管理栄養士	専門試験 （1 時間 30 分）	社会生活と健康、人体の構造と機能、食品と衛生、栄養と健康、栄養の指導、給食の運営（出題数 30 題）
初級	行　政	事務適性検査 （10 分）	事務職員としての適応性を正確さ、迅速さ等の作業能力の面からみる検査　　　　（出題数 100 題）
	土　木	専門試験 （1 時間 30 分）	数学・物理・情報技術基礎・土木基礎力学（構造力学、水理学、土質力学）、土木構造設計、測量、社会基盤工学、土木施工（出題数　30 題）
	建　築	専門試験 （1 時間 30 分）	数学・物理・情報技術基礎、建築構造設計、建築構造、建築計画、建築法規、建築施工 （出題数　30 題）

(2) 第2次試験（第1次試験合格者のみ）

種　類	内　　　　容
口述試験	個別による試験を予定しています。

5　受験手続

(1)　申込方法

① 「千曲市職員採用試験申込書（受験票）」に必要事項を記入の上、**受験票返信用封筒（規格：長形3号）** と併せて**千曲市役所　総務部　総務課　職員係**へ持参または郵送により提出してください。なお、郵送する場合は、書留等の確実な方法により郵送してください。

（※**受験票返信用封筒へは、受取先を記入し、84円分の切手を貼ってください。**）

② 「千曲市職員採用試験申込書（受験票）」は、千曲市ホームページから取得できます。また、千曲市役所1階南側正面玄関入口パンフレット棚、4階総務課でも配布します。郵送を希望される方は、総務課職員係へ問い合わせてください。（※「千曲市職員採用試験申込書（受験票）」をダウンロードする場合の用紙は、普通紙（A4サイズ）を使用してください。）

(2)　申込受付期間

○　**令和5年8月16日（水）まで**

持参の場合の受付時間は、土・日曜日、祝日を除く、午前8時30分から午後5時15分までです。郵送の場合は、**8月16日（水）必着のものに限り**受け付けます。

(3)　受験票の交付

① 受験票は、申込受付期間終了後に郵送します。8月25日（金）までに受験票が到着しないときは、千曲市役所総務部総務課職員係に連絡してください。

② 受験票が届きましたら、受験心得をよく読んで、写真欄に規定の写真を貼り、試験日当日に持参してください。

(4)　受験当日の持ち物

①受験票　　②鉛筆（HB）　　③消しゴム　　④昼食

6　千曲市職員採用試験申込書・受験票の記入方法

○　申込書等の記載に不備があるときは受理されませんから、次の事項に留意して、本人が黒のペン又はボールペンで記入してください。記入した事項を訂正する場合は、その部分に横線2本を引いてください。訂正印は不要です。

(1)　千曲市職員採用試験申込書

① 申込書下段の記入方法をよく読んで、記入してください。

② ※印欄には、何も記入しないでください。

(2)　千曲市職員採用試験受験票

① ※印欄には、何も記入しないでください。

② **写真は、申し込み時点では貼らない**でください。

7　合格発表

(1)　第1次試験合格者　10月初旬を目途に、合格者の受験番号を千曲市ホームページに掲載するほか、合格者に文書で通知します。（受験番号を控えておいてください。）

(2)　最終合格者　11月下旬までに、第2次試験受験者全員に合否の結果を通知します。

8　合格から採用まで

○　最終合格者は、試験区分ごとに作成する千曲市職員採用候補者名簿に成績順に登載し、令和6年4月1日付で登載順に採用する予定です。

なお、名簿の有効期限は、令和6年3月31日までです。

9 給 与 （令和5年4月1日現在）

試 験 の 級	初 任 給	そ の 他
上 級	185,200円	通勤手当、扶養手当、期末・勤勉手当、住居手当等が、千曲市給与条例等に定める支給条件に応じて支給されます。
初 級	154,600円	

（注）この金額は、大学、高等学校等卒業後、直ちに採用された場合など標準的なものです。職歴等を有する人は、一定の基準により算定します。

10 その他
○ 今回提出いただく職員採用試験申込書の個人情報は職員採用試験以外に使用しません。
○ この試験において提出いただく書類は一切返却しません。
○ 当市では1次試験から2次試験を通じて口利き行為は固くお断りしています。もし、このような行為が判明した場合には、本人承知の有無を問わず、採用を取り消しますのでご注意ください。

11 問い合わせ先
〒387-8511 長野県千曲市杭瀬下二丁目1番地
千曲市役所 総務部 総務課 職員係
電話 026(273)1111 E-mail shokuin@city.chikuma.lg.jp

千曲市の自治体情報

一般会計　歳入歳出予算総額

295億円

庁舎建設などによる公債費や少子高齢化の進展による扶助費などの義務的経費が増加する中で、市民生活の安全・安心を確保するための緊急性の高い事業や子育て支援など将来を見据えた施策へ予算を重点配分しました。

市債
20億5,660万円
（7.0%）

その他（譲与税、交付金など）
20億3,800万円（6.9%）

市税
77億54万円
（26.1%）

国庫・県支出金
50億109万円
（17.0%）

歳入

繰入金
26億3,809万円
（8.9%）

地方交付税
74億4,000万円
（25.2%）

その他（手数料、寄附金など）
9億8,360万円（3.3%）

諸収入
16億4,208万円
（5.6%）

■ 自主財源（43.9%）
■ 依存財源（56.1%）

歳入　一般会計

市税は緩やかな景気回復による住民税の増加を見込み、前年度当初比3.7%増の77億54万円としました。地方交付税は地方財政計画に基づく算定により0.5%増の74億4,000万円、市債の発行は主に公共施設の改修により23.3%増の20億5,660万円です。歳入不足分は、財政調整基金から7億円を繰り入れます。

歳出　一般会計

公共施設の将来の維持に係る経費の負担軽減や安全・安心の確保を図るため、施設の除却、耐震化や長寿命化に係わる経費に総額約24億700万円を計上しました。

子育て・教育関連では、子ども福祉医療の対象を15歳以下から18歳以下に拡大し、子育て世帯の負担を軽減します。原油価格・物価高騰による影響の長期化を見据え、中学校を卒業する生徒に1人3万円を給付し、経済的支援を図ります。

また、9月に合併から20年を迎えることから、市の一体感の醸成と活力ある千曲市を市内外にアピールするため、18の記念事業に6,143万円を計上しました。

消防費
10億4,979万円
（3.6%）

農林水産業費
6億5,371万円
（2.2%）

その他（議会費、労働費など）
3億294万円
（1.0%）

商工費
17億3,346万円
（5.9%）

衛生費
18億3,093万円
（6.2%）

民生費
101億148万円
（34.2%）

歳出

教育費
33億3,335万円
（11.3%）

土木費
33億9,390万円
（11.5%）

総務費
35億82万円
（11.9%）

公債費
35億9,962万円
（12.2%）

令和5年度
当初予算

☎財政課（内線4154）

各会計予算額一覧

（　）内は前年度予算からの増減

◆一般会計
　295億円（12.7%増）

◆特別会計
　国民健康保険
　54億4,606万円（0.6%減）
　介護保険
　55億2,921万円（1.4%増）
　後期高齢者医療
　9億3,290万円（7.9%増）

◆企業会計
　下水道
　50億4,755万円（0.4%増）
　水道
　2億8,039万円（3.6%減）

総合計画基本目標別 新規・注目事業（抜粋）

1 災害に強く、安全で安心な暮らしができるまち

産業連携ネットワーク道路基盤整備事業
4億2,100万円

市道一重山2号線などに重点投資し、雇用や税収確保につなげます。

■その他の事業
戸倉駅バリアフリー化事業
8,616万円

2 千曲っ子が元気に育つ、生涯学びのまち

新規 五加小学校教室棟増築事業 1億1,100万円

児童数の増加に対応するため、教室棟を増築します。

■その他の事業
保育所ICT（情報通信技術）導入事業 2,837万円

3 支え合い、かかわり合い、誰もが健康で活躍するまち

新規 犯罪被害者等支援事業
40万円

犯罪被害者や遺族が再び平穏な生活を営めるよう、見舞金の給付など支援の充実を図ります。

■その他の事業
各種検診事業 1億1,914万円

4 千曲の特色を磨き上げ、賑わいと活力あるまち

新規 移住定住促進事業
260万円

お試し移住体験の宿泊費補助など、移住定住の促進に取り組みます。

■その他の事業
サイクルツーリズム推進事業
1,180万円

5 輝かしい歴史文化の伝承と、新たな文化を創造するまち

重要伝統的建築物群保存推進事業 3,270万円

重伝建地区の修理事業の補助を行ない、歴史的な町なみを取り戻します。

■その他の事業
名勝姨捨整備事業 413万円

6 未来に繋げる自然と共生するまち

新規 電気自動車普及促進事業 1,930万円

市役所駐車場に市民が利用できるEV用の急速充電器を設置します。

■その他の事業
白鳥園多目的広場整備事業
7,200万円

7 一人ひとりが輝く、協働で創るまち

新規 行政文書電子化事業
432万円

行政文書の電子化と電子決裁基盤を構築します。

■その他の事業
CIO補佐官等活用事業 380万円

市誕生20周年記念事業（新規）

誕生20周年記念プロジェクト事業
800万円

式典や記念事業など総合的なPRにより市の一体感を醸成します。

■その他の事業
文化会館記念自主文化事業 1,400万円

市民1人当たりに使われるお金は **50万6,855円**

民生費	公債費	総務費	土木費	教育費
17万3,559円	6万1,847円	6万149円	5万8,313円	5万7,272円

衛生費	商工費	消防費	農林水産費	議会費労働費など
3万1,458円	2万9,784円	1万8,037円	1万1,232円	5,204円

＊令和5年1月1日現在の推計人口 58,202人で算出

「市報千曲 2023年4月号」より抜粋

第2部

教養試験
社会科学・人文科学

- 政治・経済・社会
- 歴　史
- 地　理

社会科学　政治・経済・社会

■■■■■■■■■■■■■■■■■■■■■■■■■■ POINT ■■■■■■■■■■■■■■■■■■■■■■■■■■

政治：学習法としては，まず，出題傾向をしっかり把握すること。出題形式や出題内容は当然変わっていくが，数年単位で見ると類似した内容を繰り返していることが多い（後述の「狙われやすい！重要事項」参照）。そのような分野を集中的に学習すれば効果的である。学習の中心となるのは基礎・基本の問題であるが，要点がまとまっているという点で，まずは本書の問題にしっかり取り組むとよい。そしてその学習の中で問題点や疑問点が出てきた場合に，教科書・学習参考書・辞典・専門書で学習内容をさらに高めていこう。

経済：まず高等学校の「政治・経済」の教科書で，次の項目のような主要な要点をまとめてみよう。

(1) 国内経済…金融政策・財政政策・景気変動・国民所得・GNIとGDP・三面等価の原則・国家予算・独占禁止法・公正取引委員会など

(2) 第二次世界大戦後の国際経済の歩み…OECD・EEC→EC→EU・GATT→WTO

(3) 国際経済機構…IMF・IBRD・IDA・UNCTAD・OPEC・OAPEC・ケネディラウンド → ウルグアイラウンド → ドーハラウンド・FTA → EPA → TPP

最新の動向については，ニュースや時事問題の問題集等で確認しておこう。

社会：社会の学習法は，問題を解くことと合わせて，新聞等を精読するに尽きる。記事をスクラップするなどして，系統的に理解を深めていくことが大切である。新聞などに掲載されている社会問題は，別の様々な問題と関連していることが多い。1つのテーマを掘り下げて理解することにより，社会で起きている時事的な問題をより横断的に結びつけてとらえることが可能となる。そのためにも，様々なメディアを通じて日々新しい情報をチェックし，政治・経済・社会・環境など，網羅的にニュースを把握しておくようにしておきたい。

狙われやすい！ 重要事項

☑ 国会や選挙の制度
☑ 国際的な機構や国際政治
☑ 基本的人権（各論まで）
☑ 金融政策や財政政策の制度と実情
☑ 少子高齢化や社会保障
☑ 日本経済の実情
☑ 日本と世界の国際関係
☑ 科学技術や医療などの進歩
☑ 社会的な課題

《 演 習 問 題 》

1 国家に関する記述として，妥当なものはどれか。

1 プラトンは，防衛者が勇気の徳を具現化するとともに生産者が節制の徳を体現する2つの身分による国家を樹立することによって，正義が実現できるとした。

2 マキャヴェリは，君主の主要な役割として，国家の維持，拡大および強化をはかることを挙げ，そのためには「悪しき手段」を用いてもよいとした。

3 ウェーバーは，国家の三要素として領域，主権，国民を挙げるとともに，国家の本質を法的な主体としての法人であるととらえた。

4 夜警国家という言葉は，国家の警備力や軍事力を高めるべきであるとする自由主義の立場から提唱された。

5 市民革命期には，革命を担った貧困層の生活水準を向上させることこそが国家の主要な役割であるとする福祉国家論が台頭した。

[2] **民主政治の基本原理に関する記述として，妥当なものはどれか。**

1　13世紀のイギリスにおいて，国王ジョンによって署名されたマグナ・カルタは，国王による課税権や逮捕権を制限するとともに，国民一般に対する平等権を含むものであった。

2　18世紀のアメリカにおいて，独立戦争を背景にジェファーソンらによって起草された独立宣言は，天賦不可侵の人権などの内容を含んでいたが，国家の神聖な役割を強調する観点から，革命権については盛り込まれなかった。

3　18世紀のフランスにおいて，フランス革命を背景にラファイエットによって起草されたフランス人権宣言では，自由と平等に加え，所有権を公共のために用いることを通じて，国民に社会権を認める内容が盛り込まれた。

4　ロックは，議会が持つ立法権によって執行権と同盟権を統制すべきであるとしたが，彼の主張の中には，自由の前提として，裁判権や司法権を明確に他の権利から分離させるべきであるという考えは盛り込まれていなかった。

5　アメリカ初代大統領ワシントンは，ゲチスバーグ演説の中で，「人民の人民による人民のための政治」を提唱し，民主主義の基本原理を示した。

[3] **国際政治に関する記述として，妥当なものはどれか。**

1　主権国家を主体とする近代的な国際社会の成立は，ナポレオン戦争の講和条約の時点に求める説が有力である。

2　国際連盟規約において採用された平和維持のためのシステムは，勢力均衡方式であった。

3　国際連合憲章によれば，憲章をはじめとしたルールに違反した国は，武力によるものを含む制裁の対象となる。

4　冷戦の下では，アメリカとソ連がそれぞれの陣営を率いて対立していたため，核兵器の削減についての合意は実現しなかった。

5　冷戦終結後に頻発している地域・民族紛争は，先進国において深刻化することはなく，途上国に固有の現象であるとする見解が有力である。

4 日本の内閣制度に関する記述として，妥当なものはどれか。

1 内閣総理大臣は，衆議院議員の中から国会の議決によって指名され，天皇によって任命される。衆議院と参議院の指名が異なるときは，両院協議会が開かれ，そこで一致しないときは，衆議院の議決が国会の議決となる。

2 内閣総理大臣以外の国務大臣は，内閣総理大臣が任命し，天皇が認証する。内閣総理大臣が国務大臣を罷免する場合は，衆議院の同意を経て，解任の手続きを行う。

3 内閣総理大臣が任命する国務大臣は，全員が国会議員でなければならない。また，内閣総理大臣を含むすべての国務大臣は，文民でなければならない。

4 国務大臣は，内閣総理大臣の同意がなければ，訴追されない。ただし，それによって，訴追の権利は害されない。

5 内閣の意思決定は，閣議によって行われる。慣例上，閣議決定が行われる要件は，国務大臣の過半数とされている。

5 裁判制度に関する記述として，妥当なものはどれか。

1 アメリカ合衆国の連邦最高裁判所の判事は，上院によって任命される。任期は終身とされているため，定年はない。

2 日本を含む各国では，一部，裁判への市民参加が保障されている。アメリカ合衆国の陪審員裁判は，刑事裁判のみを対象としているのに対して，日本の裁判員裁判は，民事事件と刑事事件の両方を対象としている。

3 日本の裁判官は，心身の故障により裁判を行えないと決定される場合を除き，公の弾劾によらなければ罷免されない。ただし，高等裁判所と最高裁判所の裁判官は，国民審査によって罷免される。

4 日本の最高裁判所の長官は，内閣によって指名され，天皇によって任命される。一方最高裁判所のその他の裁判官は，内閣によって任命され，天皇によって認証される。

5 日本の最高裁判所による判決は，終審の決定としての効力を持つ。よって，理由の如何を問わず，その判決が覆されることはない。

6 **地方自治に関する記述として，妥当なものはどれか。**

1　地方自治の本旨のうち，住民の意思を自治体の運営に反映させるべきであるとする理念は，団体自治と呼ばれている。

2　大日本帝国憲法において，地方自治の規定が置かれていたものの，法律の留保が付けられるなど，その内容は極めて限定的なものであった。

3　地方自治法の規定によれば，公共施設の建設等の是非を住民投票に委ねた場合，その結果は首長や議会を拘束する。

4　地方議会が首長に対して不信任決議をした場合には，首長はそれに対抗して，議会を解散することができる。

5　「大都市地域における特別区の設置に関する法律」が廃止され，東京都以外における特別区の設置が禁じられた。

7 **日本の官庁に関する記述として，妥当なものはどれか。**

1　観光庁は，観光立国の実現に向け，魅力ある観光地の形成や国際観光の振興などに関する事務を所管する官庁であり，経済産業省の下に設置された。

2　復興庁は，東日本大震災を契機として，広範な災害への対応と復興事業を担うこと等を目的とする官庁であり，永続的な官庁として内閣の下に設置された。

3　スポーツ庁は，スポーツの振興をはじめとしたスポーツに関する施策の総合的な推進を図ること等を目的とする官庁であり，文部科学省の下に設置された。

4　デジタル庁は，日本においてデジタル社会を形成するための諸施策を推進すること等を目的とする官庁であり，財務省の下に設置された。

5　こども家庭庁は，2022年に関連する法律が成立したことに伴い，厚生労働省の下に設置された。

8 **国際機関に関する記述として，妥当なものはどれか。**

1　国際連合では，安全保障理事会の常任理事国は，安全保障理事会に加え，総会においても拒否権をもっている。

2　ITU（国際電気通信連合）は，インターネットの発達に伴い，20世紀後半に設立された機関である。

3　IMF（国際通貨基金）と，IBRD（国際復興開発銀行）の議決権は，各国の出資額に応じて与えられている。

4　ILO（国際労働機関）の総会における決定は，各国の政府代表と労働者代表の二者によって行われる。

5　EU（欧州連合）の閣僚理事会における議決権は，加盟国に平等に配分されているため，実質的に大国に不利なルールとなっている。

9 **社会契約説に関する記述として，妥当なものはどれか。**

1　市民革命に大きな影響を与えた社会契約説に共通するのは，統治者の権利は神から授かった神聖なものであり，何人もそれを侵すことはできないとする思想である。

2　自然法思想は，実定法に先立つ普遍的な法が存在することを前提としており，社会契約説の展開にあたり，自然法の存在を肯定する説は社会の望ましいあり方を乱すものとして否定された。

3　ホッブズは，自然状態について，万人の万人による闘争状態であると規定し，そこから脱するために自然権を個人または合議体に譲渡することが不可欠であると述べた。

4　ロックは，自然権は，他者への信託や譲渡の対象にはならず，各人がその権利を保有したままで直接民主制により一般意思を形成するとともに，人々はそれに従うべきであるとした。

5　ルソーは，政府による統治は，自然権の一部を信託されることによって成り立つものとされ，人々はその信託に反する行為に対する抵抗権を持つとした。

10 **各国の大統領制に関する記述として，妥当なものはどれか。**

1　フランスの大統領は，議会の解散を決定したり，重要な案件を国民投票
　に付託したりする権限を持つ。

2　アメリカの大統領制は，三権分立の理念を厳格に体現したものとされる
　が，国民の直接選挙によって選ばれた大統領には，強力な権限が与えられ
　ている。

3　ロシアの大統領は，下院議員による互選によって選ばれる一方，首相に
　も一定の政治的な権限が与えられている。

4　ドイツの政治体制は議院内閣制によって運営されているものの，大統領
　の権限が強いため，首相の権限の多くは儀礼的なものにとどまる。

5　イタリアの大統領は，行政に関する主要な役職を実質的に決定するなど，
　強力な権限を持つ。

11 **選挙の諸原則に関する記述として，妥当なものはどれか。**

1　自由選挙は，選挙に棄権した場合でも罰則が課せられないというのが原
　則であり，これに反する強制選挙の実施は，国際人権規約によって禁じら
　れている。

2　直接選挙は，投票用紙に直接に候補者名を自筆する原則を指し，これ
　に反する例として，タッチパネル式の投票が挙げられる。

3　平等選挙は，投票数や1票の価値について個々の有権者の間に差を設け
　ないというのが原則である。

4　秘密選挙とは，候補者の選出や投票の過程について明らかにしないとい
　うのが原則であり，強権的な独裁国家にみられる。

5　普通選挙とは，納税額や性別によって投票する権利を差別しないのが
　原則であり，女性を含む普通選挙制が初めて導入されたのはアメリカで
　ある。

12 **政党と圧力団体に関する記述として，妥当なものはどれか。**

1　圧力団体は，政権の獲得などを主たる目的として活動するのに対して，
　政党は，特定の集団の利益の実現を目指して行動する。

2　二大政党制は，有力な2つの政党間で実質的な競争が行われる体制であ
　り，その典型的な国として，キューバが挙げられる。

3　政党に対する公的助成は，その政党を支持しない者から得た税収の配分

を意味するため，日本を含む国々において禁止されている。
4　アメリカでは，圧力団体と関係が深いロビイストと呼ばれる人々が活動しているが，報酬の出所などについての情報が公開されている。
5　一党優位政党制は，政党間の競合が行われているにもかかわらず，特定の政党に権力が集中する体制であり，典型的な例として，イギリスの政治体制が挙げられる。

13　国際的な紛争の処理に関する記述として，妥当なものはどれか。
1　国際刑事裁判所は，国家における犯罪を裁くために設置された裁判所であり，ここで訴えが提起されると，各国政府が被告となり，審理が行われる。
2　国際司法裁判所は，国家間の紛争の解決をはかるために設置されているが，拘束力のある決定を行うためには，当事国が裁判の開始に同意することが必要となる。
3　国際連盟の主要機関として設置された常設国際司法裁判所は，世界史上初めて国家間の紛争を扱った裁判所である。
4　国際連合憲章において，国際紛争の際，個別的自衛権や集団的自衛権を行使することは禁じられている。
5　国際連合安全保障理事会において，強制力のある決定を行うためには，常任理事国が拒否権を行使しないことを前提として，10ヵ国以上の賛成が必要となる。

14　各国の政党政治に関する記述として，妥当なものはどれか。
1　アメリカ合衆国では，民主党と共和党が大きな勢力を占めているため，いずれかの政党の指名を受けない限り，大統領に就くのは極めて困難である。
2　イギリスでは，保守党と労働党が議会で大多数を占めているものの，近年では，上院において地域政党の躍進が著しい。
3　フランスでは，一時期，共和国前進などの勢力が伸びた時期があったものの，2017年以降共和党と社会党の二大政党の勢力が拡大した。
4　ドイツでは，2005年以降，キリスト教民主・社会同盟が議会において圧倒的な多数を占め，同党による単独政権が続いた。
5　中国では，全国人民代表大会の代表を中国共産党が独占してきたが，香港の返還以降，複数政党制が導入され，急速に多党化が進んでいる。

15 政党と利益集団に関する記述として，妥当なものはどれか。

1　政党と利益集団を比較すると，政策の提示やその実現のために活動する点については共通するが，後者の方が包括的な政策を掲げるのが一般的である。

2　提示した政策について誤りがあった場合の責任は，政党はその責任が明確になりやすい一方，利益集団ではあいまいなままになることが多い。

3　政党と利益集団に共通する特徴として，ともに，政権の獲得を目的としている点が挙げられる。

4　アメリカでは，ロビイング規制法により，利益集団が議員への働き掛けを行うことは禁止されている。

5　日本では，利益集団による影響力を排除するため，政党への企業・団体献金が禁止されている。

16 日本の国会に関する記述として，妥当なものはどれか。

1　常会は，毎年1回1月中に召集され，予算や法律案の審議などを行うが，その会期の延長は1回のみに限られる。

2　特別会は，内閣が必要と認めたとき，または，一方の議院に属する国会議員の4分の1以上の要求があったときに召集され，会期は国会の議決によって定められる。

3　臨時会は，総選挙の日から30日以内に召集され，内閣総理大臣の指名や，院の構成の決定などが行われる。

4　衆議院の解散・総選挙中，緊急の必要があると参議院議長が認めた場合，参議院の緊急集会が開かれ，必要な決定がなされるが，次の国会開会後10日以内に衆議院の同意を得られないとき，その案件は無効とされる。

5　公聴会は，委員会において利害関係者や学識経験者からの意見を聞く制度であるが，予算に関する決定を行う際の開催は任意とされている。

17 日本国憲法に定められた基本的人権に関する最高裁判所による判例についての記述として，妥当なものはどれか。

1 幸福追求権は，新しい人権の根拠として主張される根本的な権利であるが，この権利は具体的な権利ではなく，これを定めた規定は国の責務を示したものである。

2 平等権を定めた諸規定は，不当な差別を禁止する趣旨であるから，直系尊属の殺人に対し，他の殺人と比較して著しく重い罪を課すのは，法の下の平等を定めた憲法の規定に反する。

3 県知事が特定の神社に対して玉ぐし料として公金を支出する行為は，必ずしも宗教的な意義を持つものではなく，習俗に属するものに過ぎないから，違憲とはいえず，容認されるべきである。

4 国民には，健康で文化的な最低限度の生活を営む権利が認められているから，生活保護法による支給が著しく低額である場合には，当事者には，裁判を通じてそのような状況の改善を求める権利が認められるべきである。

5 公衆浴場の距離制限を定めた法律の規定は，経済活動の自由を定めた憲法の規定に反する。

18 日本における刑事手続に関する記述として，妥当なものはどれか。

1 犯罪を立証する唯一の証拠が本人に不利な自白に限定される場合，有罪として刑罰を科すことはできない。

2 検察官が起訴しない旨を決定した場合，他の手続きによってその事件について刑事裁判を行うことはできない。

3 検察審査会は，非行のあった検察官の懲戒などを審査する機関であり，有権者から無作為に抽出された検察審査員により構成される。

4 捜査機関に協力したことを以て，協力者が犯した犯罪の刑罰を軽くすることはできない。

5 あらゆる刑事事件は，無作為に選ばれた裁判員と裁判官がともに審理にあたる裁判員裁判の対象となる。

19 日本における犯罪および刑罰に関する記述として，妥当なものはどれか。

1　少年法の改正により，18歳以上の特定少年のときに犯した事件について起訴された場合，略式起訴の場合を除き，実名・写真等の報道の禁止が解除される。

2　刑法の改正により，従来の拘禁刑が廃止され，強制的に刑務作業に服させる懲役刑と，その強制を伴わない禁固刑が新設された。

3　刑法の改正により，公然と人を侮辱した者に対する刑罰については，拘留若しくは科料に限られることになった。

4　少年法の改正により，18歳以上の特定少年は，家庭裁判所に送られることなく，20歳以上の者と同様の刑事裁判を受けることになる。

5　刑法の改正により，執行猶予中に刑罰の対象となる罪を犯した場合，再度執行猶予付きの判決を下すことを可能とする制度が廃止された。

20 日本国憲法に定められた基本的人権に関する記述として，妥当なものはどれか。

1　プライバシーの権利は，みだりに私生活を公開されないことを保障する権利であり，憲法に明文の規定はないものの，個人情報保護法において目的として明記されている。

2　幸福追求権は，新しい人権が主張される際に憲法上の根拠として挙げられる権利であるが，最高裁判所は，この権利はプログラム規定に過ぎず，具体的な権利ではないとしている。

3　最高裁判所の判例によれば，健康で文化的な最低限度の生活を営む権利は，憲法上の具体的な権利であり，これを害された者は，訴訟によってその状態の改善を求めることができる。

4　最高裁判所は，市有地を特定の神社に無償で提供してきた行為は，特定の宗教への援助と取られてもやむを得ないなどとして，違憲判決を下した。

5　最高裁判所は，学生による政治的な内容を含む演劇の上演の際，公安調査を目的として警察官が大学内に立ち入った行為は，学問の自由や大学の自治を損なう違憲の行為であるとした。

21 日本銀行と金融政策に関する記述として，妥当なものはどれか。

1 日本銀行は，銀行券を発行する発券銀行であり，融資などの取引をする相手は，市中銀行と，基準を満たした製造業などを営む大企業に限られる。

2 日本銀行政策委員会は，総裁，副総裁，審議委員で構成され，議決が成立するためには，全会一致による決定が求められる。

3 マイナス金利は，好況やインフレーションが継続するなど，金融の引き締めが求められる際に採用される政策である。

4 主要な金融政策としてきた基準割引率および基準貸付利率の操作は，公定歩合操作に名称を変え，最も重要で効果的な政策として位置付けられている。

5 日本銀行は，政府が発行した国債を直接購入することはできないが，発行後一定期間が経過した国債については，市場を通じて購入することができる。

22 物価の変動に関する記述として，妥当なものはどれか。

1 デフレーションの進行は，貨幣価値を下落させるため，定額の収入に頼る給与所得者や年金生活者にとっての生活は不安定になる。

2 デフレーションが継続する要因の一つとして，物価の低下が企業の収益を悪化させ，さらに賃金の低下を通じて購買力が減少し，ますます安い価格で売らざるを得なくなることが挙げられる。

3 インフレーションの進行は，貨幣価値を上昇させるため，債権者には有利になる一方，債務者には不利な影響をもたらす。

4 物価の安定は，経済政策における重要な課題であり，日本における物価の変動を表す指標として，日本銀行によって集計され定期的に発表される消費者物価指数や，総務省によって公表される企業物価指数が挙げられる。

5 日本政府による月例経済報告によれば，2013年末の時点において，日本経済は深刻なデフレーションが継続していると判断された。

[23] 国民所得計算に関する記述として，妥当なものはどれか。

1　GDP（国内総生産）の前年比の変化率は，経済成長率と呼ばれる。成長率が低下することにより，GDPは必ず減少する。

2　外国人の演奏家が一時的に日本に滞在し，公演を行った報酬を持ち帰ったとする。この分は，GNP（国民総生産）に算入される一方，国内総生産（GDP）には算入されない。

3　国民所得計算に算入されるのは，原則として，市場で取引される財やサービスの付加価値である。ただし，例外的に，農家による自家消費分は算入される。

4　物価の変動が大きいと，名目値と実質値の差が大きくなる。また，物価が上昇すると，実質値が名目値を上回る。

5　GNP（国民総生産）から固定資本減耗分を控除すると，NNP（国民純生産）が求められる。また，NNP（国民純生産）から間接税を控除し，直接税を加えることにより，NI（国民所得）が求められる。

[24] 地方財政に関する記述として，妥当なものはどれか。

1　地方自治体が自主的に調達する財源は自主財源と呼ばれ，地方交付税交付金がその代表である。

2　使途が特定されている財源は特定財源と呼ばれ，地方債の発行によって調達した資金が含まれる。

3　市町村が地方債を発行する場合には，原則として，都道府県知事による許可が必要となる。

4　地方財政の悪化によって債務の返済が困難になり，財政再生団体としての指定を受けると，債務の半分についての支払いが免除される一方，予算編成権が制約を受ける。

5　三位一体の改革とは，税源移譲，補助金削減，地方譲与税新設に代表される一連の動きを指すものである。

25 **21世紀の日本経済に関する記述として，妥当なものはどれか。**

1　バブル崩壊後の日本経済は，「失われた10年」と呼ばれる低迷期に入った。2002年には，年平均の失業率が5.4％となり，当時としては戦後最悪の水準を記録した。

2　日本の国債残高は，増加傾向にあったものの，21世紀はじめから，緩やかな減少傾向に入った。特に，消費税率を5％から8％に増税した後は，減少幅が拡大した。

3　日本経済の発展を妨げてきた要因として，経済活動への規制が過度であることが指摘されてきた。それを踏まえ，2002年には国家戦略特区が，2013年には構造改革特区が導入された。

4　リーマンショックは，世界経済に大きな影響を及ぼした。一方，日本経済への影響は軽微であり，経済成長率の落ち込みの幅は，先進国の中で最も小さかった。

5　東日本大震災は，日本経済に大きな影響を及ぼした。一方，サプライチェーンへの影響は軽微であり，日本経済の強さを示す結果となった。

26 **わが国の税制度に関する記述について，妥当なものはどれか。**

1　国税には直接税と間接税があり，所得税は直接税だが，法人税は間接税である。

2　間接税である消費税は，消費者自らが納税義務者である。

3　地方交付税は，地方公共団体の財政力の格差を是正するため，国税から支出される税のことである。

4　直接税と間接税の比率（直間比率）で，日本の直接税の比率は，フランスやドイツなどのヨーロッパ先進国やアメリカより高い。

5　住民税には都道府県民税と市町村民税とがあり，どちらも所得税と同様，累進課税である。

27 **外国為替に関する記述として，妥当なものはどれか。**

1　固定為替相場制とは，異なる通貨間の交換比率を固定し，それ以外での取引を禁ずることによって成り立つ制度である。

2　1944年に合意されたブレトンウッズ協定において，IMF（国際通貨基金）などの設立とともに，変動為替相場制を導入することが定められた。

3　1970年代には，スミソニアン合意によって固定為替相場制から変動為替相場制への移行がはかられ，キングストン合意によってそれと逆行する動きがはかられるなど，外国為替市場が大きく揺らいだ。

4　外国為替市場において，金利が外国に比べて低いことによってその国の通貨が大規模に売られた場合，その通貨の価値が下落する要因となる。

5　他の条件を一定として，ある国の輸出が急増し，その国への旅行客が増えると，当該国の通貨が売られ，通貨の価値が下落する要因となる。

28 **市場機構に関する記述として，妥当なものはどれか。**

1　完全競争市場では，需要側が価格受容者として行動するのに対して，供給側は価格先導者として行動する。

2　外部不経済が存在する場合，望ましい均衡点と比較すると，均衡価格は過小に，均衡取引量は過大となる。

3　外部経済が存在する場合，政府が財やサービスの供給主体に課税することによって，最適な均衡を達成することができる。

4　技術革新によって価格が低下し，取引量が増えることは，典型的な市場の失敗の例である。

5　寡占市場では，一般に，価格が下がりにくくなる現象がみられ，このことは，価格の上方硬直性と呼ばれる。

29 **経済学説と経済政策に関する記述として，妥当なものはどれか。**

1　重農主義の代表的論客であるケネーは，価値の源泉を農業労働に求めるとともに，自由放任主義的な政策を批判した。

2　T.マンは，絶対主義を背景に重商主義的な政策を提唱し，自由貿易によって国を富ませることの必要性を説いた。

3　アダム・スミスは，各経済主体の利己的な行動が，見えざる手に導かれて，望ましい調和をもたらすとした。

4　ケインズは，乗数理論に基づき，公共投資などの財政支出の拡大より，減税の方が国民所得の大幅な増加をもたらすとした。

5　フリードマンは，安定的な経済成長に寄与する政策は，ルールに基づく金融政策ではなく，裁量的な財政政策であるとした。

30　戦後の日本経済の動向に関する記述として，妥当なものはどれか。

1　戦災によって疲弊した日本経済を回復させるため，アメリカが主導するマーシャルプランが実施された。

2　資金や資源を基幹産業に重点的に配分する傾斜生産方式が実施されたが，日本銀行が貨幣の供給量を急増させたため，激しいインフレーションをもたらした。

3　ドッジ・ラインは，復興金融金庫の創設を柱にする政策であったが，日本銀行が同金庫によって発行される債券の引き受けを拒否したため，混乱を招いた。

4　朝鮮特需とは，朝鮮戦争の際に韓国への輸出が急増することによって生じた好景気であり，これを通じて高度経済成長の基礎が築かれた。

5　1970年代末，イラン革命による混乱から第一次石油危機が発生し，日本は翌年戦後初めてのマイナス成長を経験し，高度経済成長は終焉を迎えた。

31　外国為替相場に関する記述として，妥当なものはどれか。

1　戦後の外国為替に関する国際的なルールは，1950年に発足した世界銀行によって策定された。

2　ブレトンウッズ協定には，イギリスのポンドを基軸通貨とし，ポンドと金を一定割合で交換することを保証する内容が盛り込まれた。

3　1970年代の経済的な混乱を経て，主要国は変動為替相場制に移行し，キングストン合意によってそれが追認された。

4　一般に，変動為替相場制は，通貨間の交換比率を固定し，それ以外のレートでの取引を禁ずることによって成立する。

5　ある国の通貨の価値が下落すると，その国の輸出に不利な影響を及ぼすため，各国の通貨当局や政府は外国為替市場の動向を注視している。

32　消費者保護のための諸施策に関する記述として，妥当なものはどれか。

1　消費者委員会は，関係省庁による消費者行政全般に対して監視機能を持つ第三者機関であり，内閣府の下に設置されている。

2　消費者庁は，「特定保健用食品」等の表示に関する許可や消費者に関する行政全般を担当する機関であり，経済産業省の下に設置されている。

3　消費者安全法に基づき，公正取引委員会は，消費者や消費生活に関する安全確保のための基本方針の策定を行う。

4　クーリング・オフは，いったん契約の申し込みや契約の締結をした場合においても，一定の期間であれば，契約者双方の合意に基づいて契約の申し込みを撤回したり，契約を解除したりできる制度である。

5　特定商取引法によれば，消費者契約について，不当な勧誘による場合は契約の取消しができるものとされ，また，不当な契約条項については無効とされる。

33　租税に関する記述として，妥当なものはどれか。

1　各自の負担能力に応じて税を負担することが公平であるとする考え方は，水平的公平と呼ばれる。

2　租税法律主義とは，税に関する諸制度については，議会が定める法律に基づくべきであるとする原則である。

3　戦後の日本の税制に大きな影響を与えたシャウプ勧告は，間接税を中心とした租税体系を骨格としていた。

4　相続税は，所得や財産が大きくなるほど実質な負担率が低くなる逆進性を特徴とする税である。

5　消費税は，所得や財産が大きくなるほど実質的な負担率が上昇する累進課税としての性質を持つ税である。

34 ロシアおよびウクライナをめぐる情勢に関する記述として，妥当なものはどれか。

1 2018年にロシアで行われた大統領選挙において，現職のプーチン大統領が勝利したものの，それまでの選挙と比較して2位以下との差がわずかであったため，政権の基盤の不安定さを印象付ける結果となった。

2 2020年にロシアで行われた国民投票において，大統領の任期上限を「連続2期」から「通算2期」とする一方，現職大統領と大統領経験者の任期数をゼロとみなす条項を含む憲法改正案が可決された。

3 2014年，ロシアは，ウクライナのクリミア自治共和国をロシアの一部として編入することを宣言したが，この動きは住民投票の手続を経ていなかったため，日本を含む各国の反発を招いた。

4 2022年，ロシアのプーチン政権は，「ロシアとロシア人を守るための唯一の道」などとしてウクライナへの侵攻を始めたが，NATO（北大西洋条約機構）は直ちに直接的な軍事行動に踏み切った。

5 ロシアがウクライナに本格的に侵攻する前年の2021年，ウクライナのゼレンスキー大統領は，NATO（北大西洋条約機構）とEU（欧州連合）への加盟申請書に署名するなど手続の動きを加速させ，その動きにロシアのプーチン政権は激しく反発した。

35 日本の社会福祉や社会保障に関する政策についての記述として，妥当なものはどれか。

1 ベバリッジ報告を受け，包括的な救貧政策として恤救規則が制定され，包括的な福祉政策が整備された。

2 生活保護法による支給額の算定は，21世紀に入り，マクロ経済スライドによることとされた。

3 児童手当は，家庭生活等における生活の安定と健やかな成長に資することを目的として導入された。

4 介護保険は，本人の状態に合わせて設定された4段階の基準に基づき，必要なサービスの給付を行う制度である。

5 障害者総合支援法は，地域社会での共生の実現に向けた施策などを盛り込みながら，名称も含めて改正され，障害者自立支援法として成立した。

36 人口問題に関する記述として，妥当なものはどれか。

1　人口の増減は2つに分類されており，入国者数と出国者数の差を自然増減といい，出生児数と死亡者数の差を社会増減という。

2　国立社会保障・人口問題研究所の推計によれば，日本の人口は今後減少を続け，2025年に1億人を割り込む見込みである。

3　総務省の人口推計によれば，日本では，出生率が低下しているものの，海外からの流入が増えているため，外国人を含む日本の総人口は，緩やかに増加を続けている。

4　2014年時点において，前年より人口が増加したのは東京都など7都県のみであり，40道府県は逆に減少している。

5　日本では，人口減少に伴い，空き家問題が深刻化しており，2015年には，倒壊のおそれがある場合などに所有者に撤去を命ずる権限を市町村から国に移した。

37 地球環境問題に関する記述として，妥当なものはどれか。

1　気候変動枠組み条約で採択された議定書は，モントリオール議定書である。

2　京都議定書は，温室効果ガスの削減数値目標を定めたものである。

3　地球温暖化の最大の要因は，不燃性廃棄物の処理時に発生するダイオキシンなどの有害物質である。

4　地球温暖化対策推進法は，ウィーン条約締結に基づいて制定された。

5　ダイオキシンは，酸性雨のおもな原因となっている。

38 近年の民法改正に関する記述として，妥当なものはどれか。

1　民法の成年年齢が18歳に引き下げられたことに伴い，少年法の少年の定義も18歳未満に改められた。

2　女性の婚姻年齢は，18歳に引き上げられた。

3　女性の再婚禁止期間が100日に短縮される。

4　配偶者居住権が新設され，配偶者は相続開始時に居住していた被相続人名義の建物を無条件で相続し，また，その他の遺産についても法定相続分を主張できるようになった。

5　未成年者が親の同意を得ずに契約した場合に，原則として契約を取り消すことのできる未成年者取消権は，20歳未満の者については維持されることとなった。

39 日本における男女共同参画社会に関する記述として，妥当なものはどれか。

1　2018年に成立した政治分野における男女共同参画推進法により，各政党には，立候補者の男女均等化が義務付けられ，これに反した場合には罰則が課されることになった。

2　2006年に改正された男女雇用機会均等法では，募集や採用にあたって一定の要件を課すことによって男女いずれかに不利益をもたらす間接差別が禁止された。

3　女性活躍推進法により，国，自治体，中小企業を含む民間企業に対し，数値目標を含めた行動計画の策定が義務付けられた。

4　クオータ制は，積極的改善措置の一例であるが，いわゆる逆差別を招くとして，労働基準法にそれを禁ずる規定が盛り込まれた。

5　男女共同参画第4次基本計画には，女性の理工系人材の育成や，女性への暴力の根絶などが盛り込まれたが，特定の地域に関する言及は見送られた。

40 日本の労働に関する制度や情勢についての記述として，妥当なものはどれか。

1　労働三法とは，労働基準法，労働組合法，労働安全衛生法の3つの法律を指し，特に，労働組合法には，労働争議を解決するための斡旋，調停，仲裁などの規定がある。

2　完全失業率は労働力人口に占める完全失業者の割合であり，2018年度の水準は26年ぶりの低水準となった。

3　有効求人倍率は，有効求職者1人あたりの有効求人数の割合であり，民間の職業紹介業者の数値を厚生労働省が集計して求められている。

4　最低賃金は，全国一律で定められており，2019年度については，初めて最低時給が1000円を超えた。

5　労働組合の推定組織率は，非正規雇用者の増加に伴って増加傾向にあり，21世紀に入り，2割台で推移している。

41 日本における消費者問題とその対応に関する記述として，妥当なものはどれか。

1　勧誘により購入契約を結んだ場合，一定期間内であり，かつ公的機関により契約解除の正当な理由があると認められることを条件に，書面により申し込みを撤回することができる。

2　一人暮らしのお年寄りなどを狙った強引な販売が社会問題化したことを受け，特定商取引法を改正し，訪問販売法が制定された。

3　消費者庁は，消費者行政の一元化を進めることなどを目的として，内閣府の外局として設置された。

4　消費者への情報の提供などを目的として，国の機関として，消費生活センターが設置された。

5　製造物責任法によれば，製品による事故で被害を受け，賠償責任をメーカーに負わせる場合，被害者側が製品の欠陥と過失を立証することが求められる。

42 日本の労働事情に関する記述として，妥当なものはどれか。

1　働き方改革関連法では，働き方の多様化を進める趣旨から，時間外労働の原則的な上限時間が撤廃された。

2　総労働時間については，2020年以降において，それ以前の水準より大幅に増加した。

3　新型コロナウイルス感染拡大などの影響を受け，2020年以降，それ以前と比較したパートタイム労働者の特別給与は大きく減少した。

4　新型コロナウイルス感染拡大防止のための経済活動の抑制により，2020年4月には就業者数や雇用者数が減少し，その後の回復にも関わらず，同年中にもとの水準に戻ることはなかった。

5　2020年には，新型コロナウイルスの感染拡大により，経済活動が大きな打撃を受けたことから，失業率は一時5％を上回った。

43 令和4年版防衛白書に関する記述として，妥当なものはどれか。

1　武力行使の目的をもって武装した部隊を他国の領土・領海・領空に派遣するいわゆる海外派兵は，一般に，自衛のための必要最小限度を超えるものであり，憲法上許されないと考えられている。

2　わが国が自衛権の行使として相手国兵力の殺傷と破壊を行う場合，それは交戦権の行使に該当する。

3　非核三原則とは，核兵器を持たず，作らず，使用しないという原則を指す。

4　文民統制は，シビリアン・コントロールともいい，民主主義国家における軍事に対する政治の優先，又は軍事力に対する民主主義的な政治による統制を指すが，わが国では文民統制の制度が整備されているとはいえない。

5　防衛計画の大綱（防衛大綱）は，外交政策及び防衛政策を中心とした国家安全保障の基本方針を示している。

44 令和4年版情報通信白書に関する記述として，妥当なものはどれか。

1　クラウドサービスを一部でも利用している企業の割合は2021年時点で約50％であり，今後，普及が進むものと考えられる。

2　2020年の我が国の民間企業による情報化投資は，種類別では，ソフトウェア（受託開発及びパッケージソフト）が全体の6割近くを占めている。

3　2020年の財・サービスの輸出入額（名目値）については，ICTサービスの輸入超過額がICT財の輸入超過額を上回っている。

4　2021年の端末別のインターネット利用率（個人）は，「パソコン」が「スマートフォン」を上回っている。

5　日本の半導体の出荷額は，2018年から減少を続けている。

45 令和5年版観光白書に関する記述として，妥当なものはどれか。

1　2021年の外国人旅行者受入数は，日本は世界21位（アジアで5位）であった。

2　2021年国際観光収入は，日本は世界15位（アジアで4位）であった。

3　2022年の出国日本人数は，前年から増加した。

4　2022年の日本人の国内日帰り旅行者数は，国内宿泊旅行者数を上回った。

5　2022年の日本国内のホテル，旅館等における延べ宿泊者数全体に占める外国人の割合は約10％であった。

《 解答・解説 》

1　2

解説　1．プラトンは，知恵の徳を体現し，選択肢に示した二つの身分を支配する哲人による支配を提唱した。このことを哲人政治という。　2．正しい。マキャヴェリは，混乱していたイタリアに秩序をもたらすために，政治が自立的な役割を果たすと考え，君主の主要な役割として，国家の維持，拡大および強化をはかることを挙げ，そのために「悪しき手段」を用いなければならない場合はやむを得ないという主張をした。　3．イェリネックについての記述である。　4．夜警国家という言葉は，国家のあり方を，治安維持や，国防などに限定する立場に対して，社会主義者のラッサールによって批判的な意味で用いられた。　5．福祉国家論が台頭したのは20世紀である。

2　4

解説　1．マグナ・カルタは封建貴族が国王ジョンに署名させたものであり，課税権や逮捕権の制限を含んでいたという点は正しいが，平等権については含まれていなかった。　2．アメリカ独立宣言によると，暴政に対しては，「政府の廃棄」「新たなる保障の組織を創設」が認められるとした。これらは革命権を意味する。他の記述については正しい。　3．社会権を初めて認めた憲法は，20世紀のドイツにおいて定められたワイマール憲法であり，それ以前の人権宣言や憲法的文書には盛り込まれていなかった。　4．正しい。「立法権」「執行権・行政権」「裁判権・司法権」の三権分立を唱えたのはモンテスキューである。　5．選択肢の説明は，第16代大統領リンカーンについてのものである。

3　3

解説　1．17世紀に勃発した三十年戦争の講和条約であるウェストファリア条約により，主権国家を主体とする近代的な国際社会が成立した。　2．国際連盟では，侵略等を非合法化した上で違反国に共同で制裁する集団安全保障方式を採用していた。　3．正しい。集団安全保障についての記述である。4．冷戦下における核軍縮についての合意の例として，INF（中距離核戦力）

全廃条約が挙げられる。　5．先進国における地域・民族紛争として，カナダにおけるケベック独立問題，イギリスにおける北アイルランド問題などが挙げられる。

4　4

解説 1．誤り。内閣総理大臣は，衆議院議員ではなく，国会議員の中から指名される。他の記述については正しい。なお，衆議院が議決によって指名した後，国会休会中の期間を除いて10日間が経過した場合も，衆議院の議決が国会の議決となる。　2．誤り。内閣総理大臣は，任意に，国務大臣を罷免できる。　3．誤り。内閣総理大臣が任命する国務大臣は，その過半数が国会議員でなければならない。第2文については正しい。　4．正しい。日本国憲法第75条についての記述である。なお，第2文については，国務大臣がその職を退いたときには訴追できるという意味であり，検察官が国務大臣を訴追したいと申し出て，それに総理大臣が同意しないときには，その時点で公訴時効の進行が停止する。　5．誤り。慣例上，閣議決定は，全員の一致によって行われる。よって，決定に従わない国務大臣は，自ら辞職するか，内閣総理大臣によって罷免される。

5　4

解説 1．誤り。アメリカ合衆国の連邦最高裁判所の判事は，上院の承認を経て，大統領によって任命される。　2．誤り。アメリカ合衆国の陪審員裁判は，刑事裁判と民事裁判の両方を対象としているのに対して，日本の裁判員裁判は，刑事事件のみを対象としている。なお，いずれの場合も，一定の基準を満たす事件を対象としている。　3．誤り。国民審査の対象となるのは，最高裁判所の裁判官であり，高等裁判所の裁判官は含まれていない。　4．正しい。下級裁判所の裁判官については，最高裁判所が名簿によって指名し，内閣によって任命される。　5．誤り。刑事裁判において，一度有罪判決が確定しても，新証拠がある場合などは，再審が開始され，その結果として無罪となった例もある。

6 4

解説 1. 選択肢の説明は，住民自治についての説明である。団体自治は，国から独立した運営を認めるべきとする理念である。　2. 大日本帝国憲法に地方自治の規定は置かれていなかった。　3. 原則として，住民投票に法的拘束力はない。　4. 正しい。議会を解散しない場合に，首長は失職する。また，解散・選挙後に開かれる議会において，再び不信任された場合にも失職する。　5. 2012年に「大都市地域における特別区の設置に関する法律」が制定され，東京都以外にも特別区を設置できるようになった。

7 3

解説 1. 誤り。「経済産業省」を「国土交通省」とすると正しい記述になる。観光庁は，観光に関する政策の推進などを目的として，2008（平成20）年に国土交通省の下に設置された。その根拠となる法律は，「国家行政組織法」第3条第2項並びに「国土交通省設置法」第41条である。　2. 誤り。選択肢の文のうち，「広範な災害への対応」と「永続的な官庁として」の部分を削除すると正しい記述になる。復興庁は，東日本大震災からの復興を目的とし，期間を定めて設置される時限的な機関として，2012（平成24）年に内閣の下に設置された。その役割は，復興に関する国の施策の企画・調整及び実施，地方公共団体への一元的な窓口と支援等を担うことである。その根拠となる法律は，「復興庁設置法」第1条および第2条である。　3. 正しい。スポーツ庁は，スポーツ振興その他スポーツに関する施策の総合的な推進を図ることを目的として，2015（平成27）年に文部科学省の下に設置された。各省庁のスポーツ施策に関する司令塔的役割を果たすことが期待されている。その根拠となる法律は，「国家行政組織法」第3条第2項並びに「文部科学省設置法」第13条である。　4. 誤り。「財務省」を「内閣」とすると正しい記述になる。デジタル庁は，デジタル社会の形成に関し，内閣の事務を内閣官房と共に助け，その行政事務の迅速かつ重点的な遂行を図ることを目的として，2021（令和3）年に内閣の下に設置された。その根拠となる法律は，「デジタル庁設置法」第3条第1項および第2項である。　5. 誤り。「厚生労働省」を「内閣府」とすると正しい記述になる。こども家庭庁の設置に関する法案は2022（令和4）年に成立した。これまで文部科学省，厚生労働省，内閣府，警察庁などが所管していた子どもを取り巻く行政事務を集約し，政策を実施す

る際の司令塔としての役割を果たすことが期待されている。その根拠となる法律は、「内閣府設置法」第49条第3項並びに「こども家庭庁設置法」第1条および第2条である。

8 3

解説 1. 常任理事国が拒否権を行使できるのは、安全保障理事会における実質事項についての決議である。 2. ITUは、1865年に設立された機関であり、今日まで活動を続けている中では古い部類に属する。 3. 正しい。IMFとIBRDの議決権は、一国が対等に一票ずつの議決権を持つ制度ではない。 4. ILO総会は、各国の代表で構成されるが、その内訳は、政府代表2名、労働者代表1名、経営者代表1名である。 5. EUの閣僚理事会（欧州連合理事会）における議決権は、各国の規模によって異なる。例えば、フランスやイギリスなどは29票であるのに対して、マルタは3票である。

9 3

解説 1. 誤り。「統治者の権利は神から授かった神聖なもの」などとするのはフィルマーやボシュエらが唱えた王権神授説の特徴であり、市民革命に大きな影響を与えた社会契約説は王権神授説を否定する内容を含んでいた。2. 誤り。実際に制定され、運用されている法律を実定法と呼ぶのに対して、自然法は実定法に先立つ普遍的な法であるとされる。社会契約説はこの自然法の存在を前提として展開された。 3. 正しい。自然権とは人が生まれながらに持つ権利である。ホッブズによれば、自然権の中心は自己保存の権利であり、それを人々が行使すると「万人の万人による闘争状態」となる。そこから脱するためには、自然権を個人や合議体に譲渡せざるを得ないとし、結果的に、絶対君主の権利や絶対王政を擁護するものとなった。 4. 誤り。「ロック」を「ルソー」とすると正しい記述となる。ルソーが重視したのは、公共の利益を求める一般意志（一般意思）、直接民主制である。 5. 誤り。「ルソー」を「ロック」とすると正しい記述となる。ロックによれば、政府は、自然権を信託されることによって成り立ち、その信託に反する場合、人々は抵抗権を行使できる。つまり、ロックの思想は間接民主制・代議制を正当化するものである。この思想は、市民革命を擁護するものとなった。

10 1

解説 1．正しい。フランスの政治体制においては，大統領に様々な権限が与えられている。また，国民議会（下院）は，大統領によって任命された首相を不信任とする権限を持つ。　2．誤り。アメリカの大統領は，大統領選挙人を介した間接選挙によって選出される。　3．誤り。ロシアの大統領は，国民の直接選挙によって選出される。　4．誤り。ドイツの政治は，議院内閣制によって運営されており，行政権のトップは首相である。一方，大統領の権限は，議会における決議への署名の拒否などの例があるものの，儀礼的なものにとどまる。　5．誤り。イタリアの大統領の権限は，非常大権などの例外を除くと，その多くが儀礼的なものである。よって，「行政に関する主要な役職を実質的に決定するなど，強力な権限を持つ」という記述は誤りである。

11 3

解説 1．誤り。自由選挙についての説明は正しいが，国際人権規約上に強制選挙を禁じる規定はない。　2．誤り。直接選挙は，選挙人を介さず，有権者が候補者から代表者を直接選出する原則である。　3．正しい。平等選挙と対をなす選挙制度として，戦前の地方議会における等級選挙などが挙げられる。　4．誤り。秘密選挙とは，誰がどの候補者に投票したかを非公開とする選挙原則である。　5．誤り。女性の参政権が初めて与えられた国はニュージーランドである。

12 4

解説 1．誤り。政党と圧力団体についての説明が逆になっている。　2．誤り。二大政党制はアメリカなどにみられ，キューバや中国は一党制に分類される。　3．誤り。日本では，政党助成法に基づき，政党に関する公的助成が行われている。　4．正しい。アメリカでは，連邦ロビイング規制法に基づき，ロビイストが登録制とされ，報酬の出所を含む様々な情報が公開されている。　5．誤り。イギリスは，保守党と労働党による二大政党制が長く続いた。なお，地域政党なども力を伸ばしている。

13 2

解説 1．誤り。国際刑事裁判所（ICC）は，国家ではなく，個人による犯罪を裁く裁判所である。被告となるのは，戦争犯罪などの重大な違反が疑われる個人である。　2．正しい。　3．誤り。常設国際司法裁判所の設置以前にも，仲裁裁判などが行われていた。　4．誤り。国際連合憲章によれば，国連が必要な措置を講ずるまでの間，個別的自衛権や集団的自衛権を行使することは認められている。　5．誤り。「10ヵ国以上」を「9ヵ国以上」とすると正しい記述となる。

14 1

解説 1．正しい。アメリカ合衆国の大統領選挙は，民主党と共和党の各党において指名を受けた者により争われる。他の勢力が立候補することはできるが，当選した例はない。1853年以降は，共和党か民主党のいずれかの党から大統領が選出されている。　2．誤り。イギリスでは，選挙により選ばれた議員によって構成される下院（庶民院）では保守党と労働党が多数を占めているが，地域政党も一定の議席を確保している。一方で，上院（貴族院）においては選挙は行われず，その議員は世襲貴族や高位聖職者などである。3．誤り。フランスでは，2017年の大統領選挙において，新しい政党である「共和国前進」を基盤とするマクロン大統領が当選するとともに，国民議会の選挙において，同勢力が6割を超える議席を確保した。　4．誤り。ドイツでは，2005年以降，キリスト教民主・社会同盟を率いるメルケル政権が続いたが，同政権は，ドイツ社会民主党との連立政権だったため，選択肢の記述は誤りである。　5．誤り。中国の政治体制は，基本的に一党制であり，多党化が進んでいるとの記述は誤りである。

15 2

解説 1．誤り。利益集団は，特定の分野について政策を掲げるのが一般的であり，政党は，包括的な政策を綱領や公約として示すことが多い。　2．正しい。政党は利益集団と比較すると，政策の誤りについての責任が「支持率の低下」「選挙における敗北」などの形で明確になりやすい。　3．誤り。政党の目的が政権の獲得であるのに対して，利益集団は特定の利益の実現を目指して活動するのが一般的である。　4．誤り。アメリカでは，利益集団が議員への

働き掛けを活発に行っている。それを担うのは「ロビイスト」と呼ばれる人々であり，ロビイング規制法により，報酬の出所などの情報公開が義務付けられている。よって，「禁止されている」との記述は誤りである。　5．誤り。日本では，制約はあるが，政党と政党が指定する資金管理団体への企業・団体献金が認められている。

16 1

解説　1．正しい。国会法第12条において，「会期の延長は，常会にあっては1回，特別会及び臨時会にあっては2回を超えてはならない」と定められている。　2．誤り。特別会（特別国会）ではなく，臨時会（臨時国会）についての記述である。　3．誤り。臨時会（臨時国会）ではなく，特別会（特別国会）についての記述である。　4．誤り。「参議院議長」を「内閣」とすると正しい記述になる。日本国憲法第54条には，「衆議院が解散されたときは，参議院は，同時に閉会となる。但し，内閣は，国に緊急の必要があるときは，参議院の緊急集会を求めることができる」「前項但書の緊急集会において採られた措置は，臨時のものであって，次の国会開会の後十日以内に，衆議院の同意がない場合には，その効力を失う」と定められている。　5．誤り。公聴会の制度についての説明は正しいが，予算や重要な歳入に関わる案件の審議においては，必ず開かなければならない。

17 2

解説　1．誤り。選択肢の文の前半は正しいが，最高裁判所がこれを「具体的な権利ではない」などとした判例はない。　2．正しい。最高裁判所は，尊属殺人への重罰規定について違憲であると判断した。　3．誤り。最高裁判所は，「愛媛玉ぐし料訴訟」の判決において，県知事による県護国神社，靖国神社への公金支出について，政教分離を定めた憲法の規定に反する行為であると判断した。　4．誤り。最高裁判所は，「朝日訴訟」の判決において，生存権について，具体的権利性を否定している。　5．誤り。経済活動の自由に反するため違憲とされたのは，薬局の距離制限を定めた規定である。

18 1

解説 1. 正しい。日本国憲法第38条3項についての記述である。 2. 誤り。検察官が起訴しない事件について，検察審査会が2度にわたって起訴すべきである旨を議決すると，検察の役割を担う弁護士が選任され，刑事裁判が行われる。 3. 誤り。選択肢2の解説で述べた通り，検察審査会の役割は，検察官が起訴しなかった事件の適否を審査する機関である。 4. 誤り。2018年より，日本でも司法取引が可能となり，他人の犯罪に関する捜査に協力する見返りに，求刑を軽くしたり，起訴を見送ったりすることができるようになった。 5. 誤り。裁判員裁判の対象は，殺人など，重大な刑事事件に限定される。

19 1

解説 1. 正しい。令和3（2021）年に成立し，令和4（2022）年に施行された改正少年法により，18歳および19歳の少年は特定少年とされ，正式起訴されれば，報道機関は実名報道等を行うことが可能となった。但し，比較的軽微な刑事事件に適用され，公開の法廷における手続が省略される略式手続（検察官による略式起訴および裁判所による略式命令）の場合は，除外される。2. 誤り。令和4（2022）年に成立した改正刑法により，従来の懲役刑と禁固刑を統一する拘禁刑が新設されることになった。つまり，選択肢は時系列が逆になっている。 3. 誤り。令和4（2022）年に成立し，同年施行された改正刑法により，公然と人を侮辱した者に対する刑罰については，従来は抑留若しくは科料に限られていたが，改正後は，「1年以下の懲役若しくは禁錮若しくは30万円以下の罰金又は拘留若しくは科料に処する」こととされた（刑法第231条）。 4. 誤り。令和3（2021）年に成立し，令和4（2022）年に施行された改正少年法においても，18歳および19歳の者について，引き続き全件が家庭裁判所に送られ，家庭裁判所が処分を決定する。但し，16歳以上の者が関わる少年犯罪のうち，重大事件については検察官に逆送されるが，今回の改正により，その範囲が拡大された。具体的には，「16歳以上の少年のとき犯した故意の犯罪行為により被害者を死亡させた罪の事件」に加えて，18歳以上の少年のとき犯した「死刑，無期又は短期（法定刑の下限）1年以上の懲役・禁錮に当たる罪の事件，故意の犯罪行為により被害者を死亡させた罪の事件，死刑・無期又は短期1年以上の懲役・禁錮の罪の事件」とされた。

なお，「逆送」とは，正式には検察官送致といい，家庭裁判所が保護処分ではなく懲役，罰金などの刑罰を科すべきと判断した場合に，事件を検察官に送るものである。逆送された事件は，原則として，検察官によって起訴され，刑事裁判で有罪となれば刑罰が科されることになる。　5．誤り。執行猶予中に再度罪を犯し，有罪とされる場合について，「再度執行猶予付きの判決を下すことのできる制度が廃止された」との記述は誤りであり，むしろ，そのような判決を下すことができる対象が拡大された。改正前の刑法では，「1年以下の懲役又は禁錮」の判決が言い渡された場合にのみ，再度の執行猶予をつけることができるとされていたが，令和4（2022）年に成立した改正刑法により，「1年以下」が「2年以下」とされた。ただし，従来の懲役刑と禁固刑を統一する拘禁刑が新設されるので，運用上は，「2年以下の拘禁刑」が対象となる。

20　4

解説　1．誤り。プライバシーの権利の意義と憲法に明文の規定がない点については正しいが，個人情報保護法の条文に「プライバシーの権利」は明記されていない。　2．誤り。幸福追求権が新しい人権の根拠とされている点は正しいが，最高裁判所がこれをプログラム規定とした判例はない。最高裁判所がプログラム規定と位置付けたのは生存権である。　3．誤り。「健康で文化的な最低限度の生活を営む権利」は「生存権」であるが，最高裁判所は，その具体的な権利としての性質を否定し，国の責務を定めたプログラム規定であるとしている。　4．正しい。「北海道砂川政教分離訴訟（空知太神社訴訟）」に関する記述である。　5．誤り。選択肢は，東大ポポロ劇団事件の判例についての記述であるが，最高裁判所は，この場合の演劇の上演は，政治的・社会的活動にあたり，学問の自由や大学の自治の範囲外であるとした。

21　5

解説　1．誤り。日本銀行が発券銀行である点は正しいが，融資の相手先は銀行などの金融機関であり，製造業は含まれない。　2．誤り。日本銀行政策委員会における議決の要件は，全会一致ではなく，多数決である。　3．誤り。マイナス金利は，不況やデフレーションが継続するなど，金融の緩和が求められる際に採用される政策である。　4．誤り。公定歩合の名称は，基準割引率および基準貸付利率に変更された。また，必ずしも，最も重要で効果

的な政策と位置付けられているわけではない。近年では，金融政策の中でも，公開市場操作の比重が高まっている。　5．正しい。日本銀行が市場を通じて国債などの有価証券を売買する政策は，公開市場操作と呼ばれる。

22 2

解説　1．インフレーションについての記述である。　2．正しい。デフレスパイラルについての記述である。なお，デフレスパイラルとは，デフレの進行と景気悪化の悪循環のことである。　3．デフレーションについての記述である。　4．物価の安定が経済政策における重要な課題である点は正しいが，消費者物価指数と企業物価指数についての記述が逆である。　5．2013年末の月例経済報告では，日本経済はデフレ状況ではなくなったとの認識が示された。

23 3

解説　1．誤り。経済成長率がプラスの範囲内で低下すると，経済成長が鈍化したことを意味するが，GDP（国内総生産）が減少するわけではない。一方，経済成長率がマイナスになることは，GDP（国内総生産）が減少することを意味する。　2．誤り。「国民総生産（GNP）」と「国内総生産（GDP）」を入れ替えると正しい記述になる。　3．正しい。農家の自家消費，持家の家賃の分は，帰属計算として国民所得計算に算入される。　4．誤り。物価が上昇しているときは，名目値が実質値を上回り，物価が下落しているときは，実質値が名目値を上回る。例えば，デフレが続いているときは，実質GDP（国内総生産）が名目GDP（国内総生産）を上回る。　5．誤り。第1文については正しい。第2文については，「NNP（国民純生産）から間接税を控除し，補助金を加えることにより」とすると正しい記述になる。

24 2

解説　1．地方交付税交付金は国から交付されるため，依存財源に分類される。　2．正しい。特定財源としては，他に国からの補助金が挙げられる。なお，使途が特定されない財源を一般財源という。　3．地方債を発行する場合，市町村は都道府県知事と，都道府県は総務大臣と「協議」しなければならない。つまり，原則として「許可」が必要となるという記述は誤りである。

ただし，地方財政が悪化した場合には，許可が必要となる場合がある。
4．財政再生団体としての指定を受けると，予算編成権が制約を受けるという
点は正しいが，債務の半分が免除されるという制度はない。ただし，利子の
支払いが肩代わりされたという前例はある。　5．三位一体の改革により，税
源移譲，補助金削減，地方交付税の見直しが進められた。

[25] 1

解説 1．正しい。21世紀における失業率のピークは，2002年であった。
その後，改善傾向を示したものの，リーマンショックによって再び上昇した。
2010年以降は，再び低下傾向を示していたが，2021年11月時点で再び増加
傾向にある。　2．誤り。21世紀に入って以降も，国債残高，及びそのGDP
比は，増加を続けている（2019年現在）。　3．誤り。国家戦略特区と構造改
革特区の記述が逆になっている。　4．誤り。日本の経済成長率について，
リーマンショック後の落ち込みは，先進国中最悪であった。一方，その後の
回復幅については，先進国中，最も大きな値であった。　5．誤り。東日本
大震災は，特に，サプライチェーン（部品供給網）に大きな影響を及ぼした。

[26] 3

解説 1．直接税中心主義の日本の国税の代表格が所得税と法人税である。
2．納税者と納税義務者が一致するのが直接税である。間接税である消費税は
消費者が直接納めずに，納税義務者である事業者が納める。　3．正しい。国
税から交付される地方交付税は，その割合が法律で定められており，国税の
一部として国が地方に代わって徴税しているように見えるが，原資はあくまで
も国税である。　4．ヨーロッパ先進国では，間接税の比率は日本より高いが，
アメリカは間接税の比率が極端に低く，間接税が比較的低い日本を下回って
いる。国税と地方税を合わせた2018年の各国の直間比率は，日本68：32，
アメリカ76：24，イギリス57：43，ドイツ55：45，フランス55：45となっ
ている。　5．所得税は累進課税だが，住民税は2007年度から一律10％（市
町村民税6％，都道府県民税4％）の比例税率となっている。

27 4

解説 1．誤り。「異なる通貨間の交換比率を固定し，それ以外での取引を禁ずる」という記述は誤りであり，「基準となる為替相場を決定し，市場への介入によって変動が場を一定内に抑える」とすると正しい記述になる。外国為替とは，異なる通貨を用いている国や地域間における支払や決済の際，現金を直接輸送せずに行う方法や，そこで用いられる有価証券の名称である。それが取引される市場が外国為替市場であり，交換される通貨の比率を為替相場，または，為替レートという。基本的に，通貨に対する需要が供給を上回るときには，その通貨の価値が上がり，逆に供給が需要を上回るときには，その通貨の価値が下がる。固定為替相場は，為替相場の基準を設定するとともに，各国の通貨当局や政府が介入することによって変動幅を一定以内に抑えることによって成り立つ。　2．誤り。「変動為替相場制」を「固定為替相場制」とすると正しい記述になる。IMF（国際通貨基金）の当初の協定の下，外国為替市場は，ドルを基軸通貨とする固定為替相場制と，金とドルを一定比率で交換することによって成り立っていた。　3．誤り。1971年のスミソニアン合意は，ドルの切り下げと容認する変動幅の拡大によって固定為替相場制の維持をはかろうとするものであった。しかしながら，主要国は1973年には変動為替相場制に移行し，1976年のキングストン合意によってそれが追認された。　4．正しい。資金は，金利が高い国で運用された方が有利である。そのため，金利の差が大きくなると，低い方の国の通貨は売られ，高い国の通貨は買われることになる。つまり，低い国の通貨の価値は下落し，高い国の通貨は上昇する。例えば，日本の金利が低く，アメリカの金利が高い場合，円安ドル高が進む要因となる。　5．誤り。輸出が増え，外国からの旅行客が増えた場合，代金の多くはその国の通貨で支払われるため，その国の通貨が買われる動きが強まり，その価値は上昇する。

28 2

解説 1．誤り。完全競争市場では，需要側，供給側ともに，価格受容者（プライステイカー）として行動する。これは，価格を自らコントロールできないことを意味する。　2．正しい。外部不経済の例として，公害が挙げられる。　3．誤り。外部経済とは，市場を介さずに，他の経済主体に望ましい影響を及ぼすことであり，この場合，補助金の給付によって最適な均衡

を達成することができる。その例として，教育などが挙げられる。　4．誤り。技術革新による均衡点の変化は，市場機構の中で説明できる。市場の失敗として挙げられるのは，公共財，外部経済，外部不経済などである。5．誤り。寡占市場では，価格先導者（プライスリーダー）が価格を決定することが多く，価格は下がりにくくなる。このことは，価格の下方硬直性と呼ばれる。

29 3

解説 1．誤り。ケネーが価値の源泉を農業労働に求めたという点は正しいが，彼は，自由放任主義的な政策を擁護する立場であった。　2．誤り。T.マンが絶対主義の下で重商主義的な政策を提唱したという点は正しいが，彼は，自由貿易ではなく，貿易を管理することの重要性を説いた。　3．正しい。アダム・スミスは，『国富論（諸国民の富）』の著者として知られる。　4．誤り。乗数理論によれば，減税より，公共投資などの財政支出の拡大の方が，国民所得の増大に寄与する。　5．誤り。フリードマンは，マネタリストの立場から，裁量的な財政を批判し，安定的な経済成長のためにはルールに基づく金融政策が必要であるとした。

30 2

解説 1．誤り。マーシャルプランによる援助は，ヨーロッパ諸国を対象としていた。日本に対する援助は，ガリオア援助，エロア援助であった。
2．正しい。傾斜生産方式が実施された時期には，復興金融金庫からの融資が盛んに行われ，その資金は，同金庫が発行した復金債を日本銀行が引き受ける形で供給されたため，復金インフレと呼ばれるインフレーションが生じた。　3．誤り。選択肢2の解説の通り，復金債の多くは日本銀行によって引き受けられた。また，ドッジ・ラインにより，復興金融金庫は廃止された。
4．誤り。朝鮮特需は，朝鮮戦争の際に，アメリカ軍が戦車などの修理や物資の調達を日本において行ったことによってもたらされた好景気である。
5．誤り。1979年のイラン革命によってもたらされたのは，第二次石油危機である。日本への影響は比較的軽微であり，マイナス成長には至らなかった。第一次石油危機（オイルショック）は，1973年に勃発した第四次中東戦争によってもたらされ，これにより，翌年，日本は戦後初めてのマイナス成長を

経験した。この時期には，インフレーションと不況が共存するスタグフレーションが生じた。

31 3

解説 1. 誤り。「1950年に発足した世界銀行」を「1945年に発足した国際通貨基金」とすると正しい記述である。なお，1944年のブレトンウッズ協定により，国際通貨基金（IMF）と世界銀行（国際復興開発銀行IBRD）が発足した。 2. 誤り。「イギリスのポンド」を「アメリカのドル」とすると正しい記述になる。 3. 正しい。1971年に，アメリカのニクソン大統領が金とドルの交換停止を宣言したニクソン・ショック（ドル・ショック）により，固定為替相場制は実質的に崩壊した。その後，ドルの切り下げと固定相場制の維持を図るスミソニアン協定が実施に移されたものの，1973年に主要国は変動相場制に移行した。 4. 誤り。変動為替相場制は，通貨間の交換比率を一定にせず，市場の需要と供給のバランスにより変動させることによって成立する。 5. 誤り。ある国の通貨の価値が下落すると，その国の輸出に有利な影響を及ぼす。

32 1

解説 1. 正しい。消費者委員会は，消費者庁及び消費者委員会設置法に基づき，平成21（2009）年に設置された。設置の根拠は，「内閣府設置法」第49条第3項並びに，「消費者庁及び消費者委員会設置法」第1条及び第6条である。この委員会は，内閣府の下に設置された独立機関として位置づけられている。消費者に関する行政全般について，消費者庁長官に対する建議や，消費者安全法に基づく内閣総理大臣への報告などを行う権限を持つ。 2. 誤り。「経済産業省」を「内閣府」とすると正しい記述になる。消費者庁は，消費者に関する行政や，消費生活に密接に関連する物資の品質表示に関する事務を行うことを目的として内閣府の下に設置された。設置の根拠は，「内閣府設置法」第49条第3項並びに，「消費者庁及び消費者委員会設置法」第1条および第2条である。なお，「特定保健用食品」は，からだの生理学的機能などに影響を与える保健効能成分（関与成分）を含み，その摂取により，特定の保健の目的が期待できる旨の表示である。 3. 誤り。「公正取引委員会」を「内閣総理大臣」とすると正しい記述になる。消費者安全法は，消費生活にお

ける被害の防止，安全を確保，内閣総理大臣による基本方針の策定，都道府県及び市町村による消費生活相談等の事務の実施及び消費生活センターの設置，消費者事故等に関する情報の集約等について定めた法律であり，2009（平成21）年に施行された。なお，公正取引委員会は，独占禁止法等を執行する行政機関であり，国民生活に影響の大きい価格カルテルや談合，中小事業者等に不当に不利益をもたらす優越的地位の濫用などに対処する。　4．誤り。「契約者双方の合意に基づき」の部分を「無条件で」とすると正しい記述になる。なお，クーリング・オフについて定めているのは，特定商取引法である。　5．誤り。「特定商取引法」を「消費者契約法」とすると正しい記述になる。消費者契約法において，事業者の一定の行為により消費者が誤認し，又は困惑した場合について契約の申込み又はその承諾の意思表示を取り消すことができることが定められている。また，事業者の損害賠償の責任を免除する条項など，消費者の利益を不当に害することとなる条項の全部又は一部を無効とすることについても定められている。

33 2

解説 1．誤り。選択肢の記述は，垂直的公平についての記述である。水平的公平とは，同じ経済力を持つ者に等しい税負担をかすべきであるという考え方である。　2．正しい。どのような税を負担するかを国民の代表である議会が決定すべきであるとする原則が租税法律主義である。　3．誤り。1949年から1950年にかけて示されたシャウプ勧告は，直接税中心の税制を提言する内容を柱としていた。　4．誤り。相続税は，獲得する財産が大きくなるほど負担率が上昇するので，累進課税に分類される。　5．誤り。消費税は，同一の財やサービスの購入について，所得に関わらず同率の税を負担するため，逆進性を持つ。

34 2

解説 1．誤り。2018年にロシアで行われた大統領選挙において，現職のプーチン大統領は史上最高の得票率で勝利した。　2．正しい。ロシアの大統領のポストは連続2期までという上限があった。この制度の下，プーチン氏は2期務めた後に一旦首相となり，その後に再び選挙を経て大統領になった。2018年から連続2期・通算4期目に入っているプーチン氏は2024

年に退任を余儀なくされていた。一方，2020年に改正された憲法では，1期あたり6年の大統領任期の上限が「連続2期」から「通算2期」とされるとともに，現職大統領と大統領経験者の任期数をゼロとみなす条項が追加された。よって，今回の改正により，プーチン氏は2024年以降も2期12年にわたり大統領にとどまることが可能となる。　3．誤り。2014年，ウクライナのクリミア自治共和国ならびにセヴァストポリ特別市において，ロシア連邦への編入の是非を問う住民投票が行われた。投票の結果，ロシアへの編入に賛成する票が全体の9割以上を占め，ロシアは編入を宣言した。しかしながら，住民投票の際，付近でのロシア軍の展開を含む様々な圧力があり，日本やアメリカを含む各国はその正当性を認めていない。　4．誤り。2022年にロシアはウクライナに侵攻したが，アメリカをはじめとしたNATO（北大西洋条約機構）の加盟国が直接的な軍事行動に踏み切ることはなく，ロシアへの経済制裁や，軍事物資を含むウクライナへの支援を行った。　5．誤り。2019年に大統領に就任したゼレンスキー氏がNATO（北大西洋条約機構）とEU（欧州連合）への加盟申請書に署名するなど，手続を本格化させたのは侵攻された年の2022年である。

35 3

解説 1．誤り。イギリスにおいて，ベバリッジ報告により，包括的な社会保障が提唱されたのは1942年であり，日本の恤救（じゅっきゅう）規則の制定は1874年である。また，恤救規則による救済の対象は極めて限定されていたため，それが包括的な福祉制度とはいえない。　2．誤り。マクロ経済スライドは，2004年度に導入された年金の支給額についての方式である。　3．正しい。選択肢の文章は，1972年に施行された児童手当法に定められた目的を踏まえた記述である。　4．誤り。介護保険の給付に関する分類は，要支援2段階，要介護5段階，合わせて7段階である。　5．誤り。障害者自立支援法と障害者総合支援法を入れ替えると正しい記述となる。なお，障害者総合支援法の正式名称は，「障害者の日常生活および社会生活を総合的に支援するための法律」である。

36 4

解説 1．自然増減と社会増減についての記述が逆である。　2．日本の人口は，2050年頃に1億人を割り込むと推計されている。　3．総務省の推計によれば，2014年時点の外国人を含む日本の人口は1億2708万人余りであり，2013年と比較すると21万人以上減少している。　4．正しい。人口減少の割合が多い県の上位は，秋田県，青森県，山形県，高知県などである。　5．2015年に空き家対策特別措置法が施行され，倒壊の恐れがある場合などには，市町村は，所有者に撤去等の措置を講ずることを命令できるようになった。

37 2

解説 1．気候変動枠組み条約で採択された議定書は，京都議定書であり，温室効果ガスの削減数値目標を定めたものである。　2．正しい。　3．地球温暖化は，メタンや，かつてスプレーなどに使用されていたフロンのほか，石油や石炭などを燃やしたときに発生するCO_2，また温室効果ガスを吸収する森林の減少など，さまざまな要因が絡み合っている。　4．地球温暖化対策推進法は，気候変動枠組み条約で採択された京都議定書を受けて，国，地方公共団体，事業者，国民の責務，役割を明らかにしたものである。　5．大気汚染物質である硫黄酸化物や窒素酸化物などが酸として降水に取り込まれている現象が酸性雨であり，ダイオキシンは自然界で発生するほか，ごみの焼却による燃焼工程等，さまざまなところで発生する物質である。

38 2

解説 1．誤り。少年法の少年の定義は，「20歳に満たない者」のままである。ただし，18歳・19歳の少年は特定少年といい，17歳以下とは区別されている。　2．正しい。女性の婚姻年齢は16歳から18歳に引き上げられ，男女の婚姻開始年齢が統一された。なお，婚姻開始年齢が成年年齢と同じになったため，婚姻に関して親の同意は不要となった。　3．誤り。女性の再婚禁止期間は，平成28年の改正で6か月から100日に短縮されたが，令和4年12月10日に成立した改正法により再婚禁止期間は廃止され，令和6年4月1日に施行される。　4．誤り。配偶者居住権は，その他の相続人の負担付き所有権分を差し引いたものとして評価され，法定相続分に占める建物の資産価値の

割合を軽減するものである。　5．誤り。未成年者取消権は，成年年齢の引き下げにより，18歳以上の者は行使することができなくなった。

39 2

解説 1．誤り。政治分野における男女共同参画推進法により，各政党などに立候補者の男女均等化に自主的に取り組むように求められているものの，罰則などの規定はない。　2．正しい。間接差別の例として，身長，体重，全国転勤の可否などを要件とすることが挙げられる。　3．誤り。民間企業については，令和4年4月1日より，常用労働者301人以上の民間企業等から，101人以上の民間企業等に対象が拡大された。　4．誤り。クオータ制は，積極的改善措置（ポジティブ・アクション）の1つであり，性別に基づき一定の比率を割り当てる制度であるが，労働基準法によって禁じられているとする記述は誤りである。　5．誤り。男女共同参画第4次基本計画には，農山漁村における女性の参画拡充が盛り込まれている。

40 2

解説 1．誤り。労働三法は，労働基準法，労働組合法，労働関係調整法の3つである。また，斡旋，調停，仲裁などについて定めているのは労働関係調整法である。　2．正しい。2018年度の完全失業率は2.4％であった。3．誤り。有効求人倍率についての説明は正しいが，その数値は，ハローワークにおける求人，求職，就職の状況をベースにして求められる。　4．誤り。最低賃金は，都道府県ごとに定められている。また，東京都や神奈川県においては最低時給が1000円を超えているものの，すべての都道府県に当てはまるわけではない。　5．誤り。労働組合の推定組織率は低下傾向にあり，18％を割り込んだ状況が続いている。

41 3

解説 1．誤り。選択肢の記述は，クーリングオフに関する記述であるが，この際理由は問われず，一定期間内であれば，無条件で，書面により申し込みを撤回できる。　2．誤り。2001年，訪問販売法にかわって特定商取引法が施行された。これにより，消費者保護のための制度が強化された。なお，電話勧誘，通信販売などもこの法律による規制の対象とされている。　3．正

しい。消費者問題への対応が複数の省庁にまたがったことが対応の遅れにつながったことから，これらの一元化などをめざし，2009年に消費者庁が設置された。　4．誤り。消費生活センターは，都道府県や市町村に設置された機関であり，国の機関として設置されたのは，国民生活センターである。なお，国民生活センターは，2002年に独立行政法人となった。　5．誤り。製造物責任法（PL法）では，無過失責任の原則により，被害者側がメーカーの過失を立証する必要はなく，製品の欠陥を立証すれば賠償を受けることができる。

42 4

解説　1．誤り。働き方改革関連法の成立に伴い，時間外労働の上限規制が実施された。　2．誤り。働き方改革関連法による時間外労働の上限規制や，年5日の年次有給休暇の確実な取得が進んだこと等の要因により，2019年から2020年にかけて労働時間は減少した。　3．誤り。同一労働同一賃金の原則を含む法律の施行の影響などにより，感染拡大の影響があったにもかかわらず，パートタイム労働者の特別給与は増加した。　4．正しい。2021年度版の労働経済白書の記述によれば，新型コロナウイルスの感染拡大防止のための経済活動の抑制により，2020年4月には就業者数，雇用者数が約100万人減少した。その後，雇用者数は回復したものの，同年中にもとの水準に戻ることはなかった。　5．誤り。「5％」を「3％」とすると正しい記述になる。なお，2020年における完全失業率のピークは，10月の3.1％であった。

43 1

解説　1．正しい。わが国を防衛するため必要最小限度の実力を行使できる地理的範囲が具体的にどこまで及ぶかは，個々の状況に応じて異なるので，一概には言えないが，他国の領土・領海・領空に派遣するいわゆる海外派兵は，一般に，自衛のための必要最小限度を超えるものであり，憲法上許されないと考えられている。　2．誤り。わが国が自衛権の行使として相手国兵力の殺傷と破壊を行う場合，外見上は同じ殺傷と破壊であっても，それは交戦権の行使とは別の観念のものであるとされている。　3．誤り。非核三原則とは，核兵器を持たず，作らず，持ち込ませずという原則を指す。　4．誤り。わが国は，国会が，自衛官の定数，主要組織などを法律・予算の形で議決し，

また，防衛出動などの承認を行う等，文民統制の制度は整備されている。
5．誤り。外交政策及び防衛政策を中心とした国家安全保障の基本方針として策定されているのは国家安全保障戦略であり，防衛大綱は，国家安全保障戦略を踏まえて策定され，今後のわが国の防衛の基本方針，防衛力の役割，自衛隊の具体的な体制の目標水準などを示している。

44 2

解説 1．誤り。クラウドサービスを一部でも利用している企業の割合は2021年時点で70.4％である。 2．正しい。2020年の我が国の民間企業による情報化投資は，種類別では，ソフトウェアが8.9兆円となり，全体の6割近くを占めている。 3．誤り。2020年のICT財の輸入超過額は3.5兆円（前年比16.6％増），ICTサービスの輸入超過額は2.7兆円（前年比20.0％減）となっており，ICT財で輸入超過の拡大が顕著である。 4．誤り。2021年の端末別のインターネット利用率（個人）は，「スマートフォン」（68.5％）が「パソコン」（48.1％）を20.4ポイント上回っている。 5．誤り。日本の半導体の出荷額は，2018年から減少していたものの，2021年は7,412億円（前年比29.6％増）と増加に転じた。

45 3

解説 1．誤り。2021年の外国人旅行者受入数は，日本は25万人でランキング外となり，2020年の世界21位（アジアで5位）から順位を下げた。
2．誤り。2021年国際観光収入は，日本は47億ドルで29位（アジアで6位）となり，2020年の15位（アジアで4位）から順位を下げた。 3．正しい。2022年の出国日本人数は，前年から増加し，277.2万人となった（2019年比では86.2％減）。 4．誤り。2022年の日本人の国内宿泊旅行者数は延べ2億3,247万人，国内日帰り旅行者数は延べ1億8,539万人で，国内宿泊旅行者数が国内日帰り旅行者数を上回った。 5．誤り。2022年の日本国内のホテル，旅館等における延べ宿泊者数全体に占める外国人の割合は3.7％であった。

社会科学　歴史

|||||||||||||||||||||||||||||||||||| **POINT** ||||||||||||||||||||||||||||||||||||

日本史：日本史の対策としては以下の3点が挙げられる。

　まず，高校時代に使用した日本史の教科書を何度も読み返すことが必要となってくる。その際，各時代の特色や歴史の流れを大まかにつかむようにする。その上で，枝葉にあたる部分へと学習を進めていってもらいたい。なぜなら，時代の特色や時代の流れを理解することで，それぞれの歴史事象における，重要性の軽重を判断できるようになるからである。闇雲に全てを暗記しようと思っても，なかなか思うようにはいかないのが実情であろう。

　次に，テーマ別に整理し直すという学習をすすめる。高校時代の教科書はある時代について政治・社会・文化などを一通り記述した後に，次の時代に移るという構成になっている。そこで各時代のあるテーマだけを順にみてその流れを整理することで，分野別にみた歴史の変化をとらえやすくなる。そうすることで，分野別に焦点化した歴史理解が可能となろう。

　最後に，出題形式からみて，空欄補充や記述問題にきちんと答えられるようになってもらいたい。空欄補充問題や記述問題に答えられるようになっていれば，選択問題に答えることが容易となる。難易度の高い問題形式に慣れていくためにも，まずは土台となる基礎用語の理解が不可欠となってくる。

世界史：世界の歴史の流れを理解し，歴史的な考え方を身につけることが「世界史」を学習する上で最も重要となってくる。しかし，広範囲にわたる個々ばらばらの細かい歴史的事項を学習するだけでは，「世界史」が理解できたとは言えない。それぞれの歴史的事項が，どのような背景や原因で起こり，どのような結果や影響を与え，また他地域との結びつきはどうだったのかなど，世界の歴史の大まかな流れと全体のメカニズムについて理解するよう努めたい。そうすることが，世界史の試験対策となる。

　特に，日本と世界の結びつきについては，各々の時代背景を比較しながら理解することが必要である。また，近現代が重視されるのは，現代

の社会の形成に直接的に影響を与えているからである。その観点から考えると，近現代の出来事を理解するとともにその影響についても考察し，現在の社会といかなるかかわりを持つのか，把握することも必要となってこよう。

👉 狙われやすい！ 重要事項

☑江戸時代の幕藩体制〜現代までの日本の変遷
☑産業革命
☑市民革命
☑第一次世界大戦〜現代までの世界の変遷
☑中国王朝の変遷

≪ 演 習 問 題 ≫

[1] **平安時代の歴史に関する記述として，妥当なものはどれか。**

1 平安時代は，平安京に都が置かれ，天皇や貴族が権力を持った時代である。平安京への遷都は，光仁天皇によって行われた。

2 平安時代の貴族の勢力は，どれほどの荘園を支配下に置いていたかによって影響を受けた。なお，荘園の起源は，開墾した土地の永久の私有を認める三世一身の法の制定に遡る。

3 母方の親戚を外戚という。藤原氏は，娘を后妃とし，生まれた皇子を天皇に立て，外戚として摂政・関白の地位を独占した。

4 摂政の地位は，平安時代に大きく変質した。特に，藤原良房は，それまでの人臣摂政を廃止し，実質的に権力を握った。

5 9世紀末に菅原道真の進言により遣隋使が廃止されてから，日本風の文化が発達した。貴族文化や浄土教の影響を強く受けたこの文化は，国風文化と呼ばれた。

2 **日本の古代史に関する記述として，妥当なものはどれか。**

1　厩戸王（うまやどのおう）は，崇俊天皇が即位すると摂政となり，仏教や儒教の思想に基づき，豪族に官僚としての心構えを説き，集権的官僚国家を準備した。

2　蘇我蝦夷は，天皇を中心とする中央集権国家の樹立をめざした政治改革を推し進め，改新の詔で公地公民の方針を示した。

3　聖武天皇の時代に制定された大宝律令では，天皇が国家の集権的な支配を行う律令制を具体化し，神祇官と太政官が同列に置かれ，神祇官は祭祀を，太政官は一般政務を司った。

4　天智天皇は，唐と新羅の連合軍側に味方して大軍を派遣し，百済に対抗し，唐の勢力拡大に貢献した。

5　天武天皇の時代に始められた国史編纂事業は，奈良時代に日本最古の書物『古事記』および，日本最古の官撰正史『日本書紀』の完成として結実した。

3 **日本の各時代の文化に関する記述として，妥当なものはどれか。**

1　飛鳥文化は，大和国飛鳥地方を中心とした文化である。代表的な寺院に東大寺や興福寺などが挙げられる。中国の南北朝や朝鮮，ペルシアやギリシアの影響を受けた国際的な文化である。

2　天平文化は，奈良の都である平城京を中心とした文化である。代表的な寺院には法隆寺や飛鳥寺が挙げられる。密教の影響が極めて強い仏教文化である。

3　北山文化は，室町時代に足利義政によって主導された文化である。代表的な建築物には慈照寺銀閣が挙げられる。「わび」「さび」などの精神性が強くみられる文化である。

4　桃山文化は，織豊時代に発展した文化である。代表的な建築物には安土城や伏見城，大坂城が挙げられる。豪商の経済力やキリシタンの影響が強く現れた文化である。

5　元禄文化は，江戸時代の徳川綱吉が将軍であった時期に，江戸を中心として栄えた文化である。担い手が町人であることが大きな特徴であり，錦絵や川柳，滑稽本などが多く世に出た。

4 **大化の改新に関する記述として，妥当なものはどれか。**

1　大化の改新のきっかけとなったのは，蘇我入鹿が聖徳太子による施策を妨害したことについて，宮中において不満が高まったことであった。

2　大化の改新の翌年に，公地公民制が正式に導入された。

3　改新の詔には，中央集権を戒める文言が含まれていた。

4　この時期に，自ら開墾した土地の私有を認める制度が導入された。

5　この時期に，蘇我氏が作成した戸籍や計帳が破棄された。

5　日本における仏教の展開に関する記述として，妥当なものはどれか。

1　日本において，仏教が定着する上で大きな役割を果たしたのが聖徳太子であった。十七条の憲法には，日本古来の清明心，儒教の徳目とともに，仏教思想が反映している。

2　日本における受戒制度に大きな役割を果たしたのは，渡来僧の鑑真であった。彼は，従来の戒を小乗的であるとして批判し，大乗菩薩戒を導入した。

3　比叡山延暦寺を開き，日本における天台宗の発展をもたらしたのが空海であった。彼は，法華経の一乗思想に基づく平等思想を説いた。

4　平安時代末期には，戦乱や災害を背景にした末法思想の影響を受け，阿弥陀如来への信仰が広がった。源信は，他の修業を捨てて称名念仏に専念することによる救いを説いた。

5　鎌倉時代には，中国の影響を受けた禅宗が大きな広がりを見せた。はじめに，道元が臨済宗を伝え，続いて，栄西が曹洞宗を日本にもたらした。

6　江戸時代の幕藩体制と幕府の機構に関する記述として，妥当なものはどれか。

1　江戸時代の大名のうち，関ケ原の戦い以前から徳川氏に臣従していた大名は親藩と呼ばれ，その中で，将軍を出すことができるのは，尾張と紀伊に限られていた。

2　寛永令は，徳川家康が，当時の将軍であった秀忠の名で公表した法であり，大名が守るべき規範などが定められていた。

3　幕府直轄の領地は天領と呼ばれ，江戸やその周辺にとどまらず，全国各地におよんでいた。

4　江戸幕府において，政務を統括した常置の最高職は大老であった。

5　江戸幕府において，大名の監察にあたったのは若年寄であり，旗本や御家人を監督したのは大目付であった。

7　自由民権運動から帝国議会開催にいたる時代に関する記述として，妥当なものはどれか。

1　征韓論にやぶれて下野した板垣退助，大隈重信らは，1874年，民撰議院設立の建白書を提出し，自由民権運動の嚆矢となった。

2　自由民権運動の高まりで，政府は1881年，「漸次立憲政体樹立の詔」を出して，10年後の国会開設を約束した。

3　国会開設に備え，1885年，内閣制度が制定され，初代伊藤博文内閣が発足したが，閣僚はすべて薩長土肥の官軍側でしめられた。

4　1889年，大日本帝国憲法が発布され，第2章「臣民権利義務」で，「法律ノ範囲内」という制限はあるものの，国民の権利が明記された。

5　1890年，第1回衆議院議員総選挙が実施されたが，政府が激しい選挙干渉をしたため，民党は勢力を伸ばせなかった。

8　20世紀前半における日本の情勢に関する記述として，妥当なものはどれか。

1　関東軍は，1931年に西安事件を起こし，満州で軍事行動を開始した翌年には，満州の主要地域を占領し，清朝の溥儀を執政として，満州国を建国するに至った。

2　1929年に発生した世界恐慌の影響を受けた日本も深刻な恐慌に陥ったため，松方正義蔵相は金輸出解禁を実施し，この恐慌の短期間の収拾を図った。

3　日本は1915年に中国の袁世凱政府に対する外交交渉において，二十一か条の要求をつきつけ，南満州での権益強化などを含む要求の大部分を承認させた。

4　1925年，第二次護憲運動の主導者であった原敬が内閣総理大臣となり，普通選挙法を成立させた。これにより，満25歳以上の男女全員に選挙権が付与された。

5　1936年におきた連続血盟団事件では，井上日召の思想に共鳴した青年将校らによって，犬養毅首相や高橋是清蔵相ら数人の閣僚が暗殺された。

9 織豊期・江戸時代の対外貿易に関する記述として，妥当なものはどれか。

1　織田信長は，キリスト教を弾圧したため，南蛮諸国との貿易は停滞した。そのため，彼は，朝鮮や中国との貿易を望み，積極的に大陸への進出を目指した。

2　豊臣秀吉によるバテレン追放令は，南蛮諸国との貿易の停滞をもたらした。一方，中国や東南アジアとの貿易の拡大がはかられ，奉書船貿易を本格化させた。

3　徳川家康は，ウイリアム＝アダムスやヤン＝ヨーステンを外交顧問に迎えるなど，積極的な対外貿易を進めようとした。そのことを背景に，周辺諸国との貿易も活発化した。

4　江戸幕府は徳川秀忠・家光の時代から対外貿易を制限し始めた。それゆえ，通商関係を維持したオランダや清，朝鮮については，出島でのみ貿易を行った。

5　ペリーが来航すると，江戸幕府は鎖国の方針を改め，開国和親政策へと転換した。日米和親条約により，アメリカとの自由貿易が始められた。

10 アメリカ合衆国の歴史に関する記述として，妥当なものはどれか。

1　1775年に始まったアメリカ独立戦争において，ヨーロッパ諸国が一致してイギリス側を支持したため，当初は植民地側が苦戦を強いられた。

2　フランスの貴族であったラ・ファイエットは，啓蒙思想の影響の下，アメリカ独立戦争において義勇兵としてイギリス側として参戦した。

3　1823年当時の大統領が発したモンロー宣言は，ウィーン体制の影響下にあった諸国からの干渉を排除することを目的としており，ヨーロッパ諸国との相互不干渉の方針を中心的な内容としていた。

4　1861年，政治的な立場の違いから当時のアメリカ合衆国を脱退した11州によって成立したアメリカ連合国は，翌々年に発せられた奴隷解放宣言に先立ち，奴隷制の廃止を盛り込んだ憲法を制定した。

5　第一次世界大戦後に発足した国際連盟において，アメリカ合衆国は主導的な役割を果たし，発足と同時に理事国としての地位を得た。

11 **中世ヨーロッパの歴史に関する記述として，妥当なものはどれか。**

1　フランク王国では，クローヴィスにより，ローマ教皇の支持を得た上で
　カロリング朝が開かれた。

2　セルジューク・トルコによる占領から聖地を奪還することを目的として，
　十字軍遠征が決められたのは，クレルモン公会議であった。

3　ローマ教皇グレゴリウス7世のときに教皇の権限が最も大きくなり，彼
　により，イギリスのジョン王が破門された。

4　オスマン帝国のメフメト2世はビザンツ帝国との友好関係を重視し，そ
　れが後ろ盾となり，同帝国は最盛期を迎えた。

5　ユグノー戦争は，フランスで起こった旧教と新教の対立によって勃発し
　た戦争であり，最終的には，旧教派が勝利した。

12 **第二次世界大戦後の世界状況に関する次の記述ア～オのうち，下線部
に誤りのあるものの組み合わせとして，妥当なものはどれか。**

ア　全欧州に対する経済援助を目的として，マーシャルプランが策定され
　た。

イ　加盟国への短期資金の融資等を目的としてIMFが結成され，本部がワ
　シントンに置かれた。

ウ　東南アジアにおける社会主義の勢力の拡大を防ぐことを意図したアメ
　リカの支援などを背景に，ASEANが結成され，本部がジャカルタに置
　かれた。

エ　資源ナショナリズムの高まりから，OAPECがクウェート，サウジアラ
　ビア，イランにより結成された。

オ　ベトナムは，イギリスからの独立を目指していたが，それを阻止しよ
　うとする動きがインドシナ戦争の勃発につながった。

　　1　アとイ　　2　イとウ　　3　ウとエ　　4　エとオ　　5　イとオ

13 アジア各国において展開された植民地政策に関する記述として，妥当なものはどれか。

1 タイは，東南アジアにおいて，欧米諸国から最も過酷な植民地政策にさらされた国であり，特にラーマ5世のときには，列強によって分割された。

2 イギリスは，ミャンマーの南部で水田の開発を行うとともに，アヘンをインドにおいて生産し，それを中国に輸出した。

3 ドイツは，マレー半島のペナン，マラッカ，シンガポールを手に入れ，直轄植民地とした。

4 インドネシアのバダヴィアは，フランスによるアジア進出の拠点とされた。

5 清仏戦争を経て結ばれた天津条約により，清はベトナムの宗主権を手に入れたものの，日清戦争後の国力の衰退を背景として，その地位をフランスに奪われた。

14 中国の歴史に関する記述として，妥当なものはどれか。

1 中国史上最初の大規模な農民の反乱は，陳勝・呉広の乱であった。これに呼応して挙兵した劉邦は，漢王朝の創始者となった。

2 元では，中央政府の要職と地方長官をモンゴル人と漢民族で分け合った。この人事政策により，元は，安定的な政権運営を行うことができた。

3 秦は，長期に渡る分裂期の後，隋に代わる長期統一王朝であった。律令制度を完成させ，日本や朝鮮に大きな影響を及ぼした。

4 明は，漢民族の排斥を唱える諸民族が連合して成立させた王朝であった。その統治の特徴として，君主による独裁体制を完成させたことが挙げられる。

5 今日の中国領の基礎を築いたのは，清であった。ただし，モンゴル，チベット，新疆ウイグルなどの諸地域については，支配下に置くことができなかった。

15 **フランス革命前後に関する記述として，妥当なものはどれか。**

1　1799年に第2回対仏同盟が結成され，フランスが危機に陥ったのを勝機とみたナポレオンは，ブリュメール18日のクーデターによって統領政府を打倒し，総裁政府を開いた。

2　ジロンド派は，土地改革によって貢租を無償で廃止し，急進的な施策を実行していく一方で，保安委員会，公安委員会，革命裁判所などを設けて，多くの人々を処刑する恐怖政治を行った。

3　フランス革命期のブルボン朝の王であるルイ16世は，王妃マリー＝アントワネットとともに，オーストリアへの援助を要請するため国外逃亡を企てたが，失敗に終わった。

4　1789年に召集された三部会は，議決方式をめぐって混乱し，第三身分は国民議会の結成を宣言したが，憲法制定を待たずに解散を余儀なくされた。

5　革命以前のフランス政治および社会体制は，アンシャン＝レジームと呼ばれ，当時のフランス国民には身分制度が設けられていたが，貴族についてはどの身分にも属さない特別な存在とされた。

16 **近代ヨーロッパにおける産業革命に関する記述として，妥当なものはどれか。**

1　産業革命は，工業分野に大きな変化をもたらしたが，産業の重点が綿織物から毛織物に移ったことも，その一つである。

2　イギリスにおける産業革命の初期には，農村部において離農が進まなかったため，都市部において深刻な人手不足がみられた。

3　スティーブンソンによる蒸気船の発明は，河川や海上における交通の利便性を飛躍的に高め，産業革命後の運輸の発展に大きく貢献した。

4　各国で産業革命が進んだことにより，家内制手工業が各地において急速な発展を遂げた。

5　イギリスが産業革命の先頭に立った要因として，同国がオランダやフランスを破って制海権を手に入れ，広大な世界市場を獲得したことが挙げられる。

17 第一次世界大戦前後の欧米に関する記述として，妥当なものはどれか。

1 イギリスでは，3B政策を推進し，アフリカや中東への進出を強めたため，ドイツやフランスと対立した。

2 ドイツでは，鉄血宰相と呼ばれたビスマルクが台頭し，いわゆるビスマルク外交により，欧州の相対的な安定期がもたらされた。

3 ロシアでは，貧富の格差の拡大などから社会主義思想が広まり，マルクスに率いられたボリシェビキが革命を起こした。

4 イタリアでは，第一次世界大戦後のヴェルサイユ体制への不満から，ムッソリーニに率いられたファシスト党が政権を獲得した。

5 アメリカは，参戦国への輸出を伸ばしたことによって債務国から債権国へと転換し，民主党の主導の下，1920年代の繁栄を迎えた。

18 大航海時代に関する記述として，妥当なものはどれか。

1 1488年にスペイン人のバルトロメウ＝ディアスが喜望峰に到達した。

2 1492年にイタリア人コロンブスが，スペイン王室の援助を得てサンサルバドル島に到達した。

3 1498年，マゼランは喜望峰を回ってインド航路を開拓した。

4 1510年にスペインはインドのゴアを占領し，植民地とした。

5 1533年にポルトガル人のピサロは，インカ帝国を征服した。

《〈　解 答 ・ 解 説　〉》

1 3

解説 1．誤り。平安京への遷都は，桓武天皇によって行われた。　2．誤り。三世一身の法を墾田永年私財法に置き換えると正しい記述になる。3．正しい。摂関政治についての記述である。　4．誤り。藤原良房以降の摂政が人臣摂政である。　5．誤り。菅原道真の進言により廃止されたのは，遣隋使ではなく，遣唐使である。

2 5

解説 1．厩戸王（聖徳太子）は，推古天皇が即位した際に摂政となった。2．唐にならい天皇を中心とする中央集権国家の樹立をめざしたのは，中大兄皇子や中臣鎌足らである。　3．大宝律令が制定されたのは，文武天皇の時代である。後半の記述に関しては正しい。　4．日本は，百済側の味方として大軍を派遣したものの，白村江の戦いで日本側は大敗した。　5．正しい。『古事記』は，「帝紀」，「旧辞」を史実に沿うように正し，稗田阿礼に詠み習わせ，元明天皇が太安万侶にこの内容を撰録させたものである。『日本書紀』は，元正天皇の命により，天武天皇の第3皇子の舎人親王を中心に編纂されたものである。

3 4

解説 1．飛鳥文化を代表する寺院は東大寺や興福寺ではなく，法隆寺である。　2．天平文化の時代には，密教の影響はない。密教の影響が強まったのは，平安時代の桓武天皇の時代以降である。　3．北山文化は，足利義満によって創設された鹿苑寺金閣によって代表される。一方，東山文化は，足利義政によって造営された山荘東山殿を起原とする慈照寺銀閣に代表される文化である。　4．正しい。室町（戦国）時代の末期に訪れたポルトガルの影響や，戦国時代末期に力を蓄えた豪商の影響が大きい。　5．元禄文化の中心は江戸ではなくて上方である。また，江戸中心の文化は化政文化であった。

4 2

解説 1．聖徳太子がなくなった後，蘇我馬子の子蝦夷とその孫の入鹿が専制的に権力を振るった。645年，中大兄皇子・中臣鎌足らが蘇我入鹿を暗

殺し，蝦夷は自害に追い込まれた。蘇我氏の滅亡と新しい体制の確立を大化の改新と呼ぶ。　2．正しい。改新の詔には，公地公民が含まれていた。3．大化の改新の翌年には，改新の詔が発せられた。それには，公地公民制や中央集権体制の確立が含まれていた。　4．自ら開墾した土地の私有を認める墾田永年私財法が制定されたのは743年である。　5．戸籍・計帳を作成し，班田収授法が定められた。

5　1

解説　1．正しい。役人の心構えを示した十七条の憲法には，「篤く三宝を敬え」との文言が含まれている。三宝とは，仏・法・僧である。　2．誤り。第1文は正しいが，第2文については，最澄についての記述である。彼は，鑑真による戒を小乗的であると批判し，大乗菩薩戒による国立戒壇の設立を提唱し，死後に実現した。　3．誤り。選択肢の文章は，最澄についてのものである。空海は，高野山に金剛峯寺を開き，日本における真言宗の発展に貢献した。　4．誤り。第1文は正しいが，第2文については，浄土宗の開祖である法然についての記述である。源信は，称名念仏とともに，観想念仏を説いた。　5．誤り。道元と栄西の記述が逆である。

6　3

解説　1．誤り。関ケ原の戦い以前から徳川氏に臣従していた大名は譜代大名であり，徳川氏の一門が親藩である。また，将軍を出すことができた三家には，水戸も含まれる。　2．誤り。選択肢の文章は，元和令についてのものである。寛永令は，徳川家光によって発布された。　3．正しい。天領・幕領は約400万石であった。　4．誤り。政務を担当する職のうち，大老は非常時の最高職であり，常置の最高職は老中であった。　5．誤り。若年寄と大目付が逆になっている。

7　4

解説　1．大隈重信は加わっていない。大隈が下野するのは，明治14年の政変によってである。板垣退助のほかに，民撰議院設立の建白書提出に加わっていたのは，後藤象二郎，江藤新平などである。　2．「漸次立憲政体樹立の詔」ではなく，「国会開設の勅諭」。「漸次立憲政体樹立の詔」は，民撰議院設立の

建白に対し，政府が板垣らと妥協を図るため，徐々に立憲政体を樹立すること
を宣言したもので，1875年に出された。　3. 旧幕臣で，戊辰戦争では最後ま
で新政府に抵抗した榎本武揚が，逓信大臣として入閣している。ほかの閣僚は
薩長土肥の出身。　4. 正しい。　5. 第1回の総選挙は政府の干渉はなく，民
党が圧勝した。政府による激しい選挙干渉があったのは第2回の総選挙である。

8 3

解説 1. 選択肢は，柳条湖事件についての記述である。また，西安事件
とは，1936年に中国の西安で起きた，張学良・楊虎城らによる蔣介石拉致監
禁事件のことである。　2. 1929年に発生した世界恐慌と浜口雄幸内閣の金
輸出解禁が重なり，日本にも恐慌が波及した。また，翌年，犬養毅によって
再び金輸出禁止の経済政策がとられることになった。　3. 正しい。二十一か
条の要求には，他に，ドイツが山東省に持っていた権益を日本が継承するこ
となども含まれていた。　4. 1925年に普通選挙法を成立させたのは加藤高
明首相である。また，この選挙法の成立により，満25歳以上の男性に選挙権
が付与されたが，女性には選挙権がなかった。　5. 犬養毅首相が暗殺された
のは1932年5月15日（五・一五事件）であり，また，高橋是清蔵相らが暗殺
されたのは，1936年2月26日（二・二六事件）である。

9 3

解説 1. 織田信長はキリスト教を保護しており，南蛮貿易も活発化した。
2. 豊臣秀吉が始めた貿易は朱印船貿易。　3. 正しい。鎖国を行ったのは家
康の時代ではなく，その後の時代。キリスト教の禁止と勘違いしないように
したい。　4. 出島で貿易を行った拠点はオランダであり，中国とは，唐人屋
敷において貿易を行った。　5. アメリカとの貿易が始まったのは，日米修好
通商条約による。

10 3

解説 1. 誤り。アメリカ独立戦争において植民地側が当初苦戦を強いられ
たのは事実であるが，ヨーロッパ諸国において植民地側への支持が広がって
いたので，「ヨーロッパ諸国が一致してイギリス側を支持した」との記述は誤
りである。独立戦争における態度の違いによりイギリスは孤立し，このことは

戦況を植民地側に有利にした。これにより1783年のパリ条約を経て，植民地側が独立を果たした。　2．誤り。ラ・ファイエットはフランスの自由主義的な貴族であり，フランス人権宣言の起草者としても知られる。アメリカ独立戦争の際には，義勇兵として植民地側として参戦した。　3．正しい。ヨーロッパ諸国との相互不干渉を中心とした外交政策はモンロー主義と呼ばれ，19世紀のアメリカの外交政策に大きな影響を及ぼした。なお，ウィーン体制とはナポレオン戦争の戦後処理によって成立した支配体制であり，オーストリアの宰相であったメッテルニヒによって主導された体制である。　4．誤り。1861年，リンカーンの大統領当選後にアメリカ合衆国を脱退した南部の11州によって成立したアメリカ連合国は，州が持つ諸権利の維持や奴隷制を維持・擁護する内容を盛り込んだ憲法を制定した。つまり，「奴隷制の廃止を盛り込んだ憲法を制定した」との記述は誤りである。なお，その後，南北戦争における敗戦を受け，いずれの州もアメリカ合衆国に復帰した。　5．誤り。国際連盟は当時の大統領であったウィルソンの提案に基づいた国際機関であったが，アメリカ合衆国はモンロー主義の影響が強かった上院の反対により，加盟することができなかった。

11 2

解説　1．誤り。クローヴィスをピピンとすると，正しい記述になる。クローヴィスによって開かれたのはメロヴィング朝である。　2．正しい。第1回の十字軍遠征により，聖地は奪回され，イェルサレム王国が建国された。ただし，その後の遠征は失敗が相次いだ。　3．誤り。ローマ教皇の権限が最も大きかったのは，インノケンティウス3世のときであった。ジョン王の破門も，彼によるものであった。グレゴリウス7世は，神聖ローマ皇帝ハインリヒ4世を破門した。　4．誤り。ビザンツ帝国は，オスマン帝国のメフメト2世によって滅ぼされた。　5．誤り。ユグノー戦争で勝利したのは，新教・ユグノーの側であった。

12 4

解説　アは正しい。マーシャルプランは大戦で疲弊した全欧州への経済援助プランであったが，結果的にプランを受け入れたのは西欧諸国であった。イは正しい。IMFは国連の専門機関の一つであり，本部はワシントンに置か

れている。ウは正しい。ベトナムや北朝鮮，中国といった社会主義の勢力拡大を阻止しようという意図が背景にあった。なお，ベトナムは，現在ASEANの正式な加盟国である。エは誤りである。OAPECにイランは含まれない。Aはアラブの意味であり，イランはアラブ人を中心とした国ではなく，ペルシア人を中心とした国である。オは誤りである。ベトナムは，イギリスではなく，フランスの植民地であった。以上より正解は4である。

13 2

解説 1. 誤り。タイは植民地支配を受けなかった。 2. 正しい。イギリスによるアヘンの生産と輸出はアヘン戦争の原因となった。 3. 誤り。ドイツではなく，イギリスについての記述である。 4. 誤り。インドネシアのバタヴィアは，オランダの拠点であった。なお，バタヴィアはジャワ島にあった都市であり，現在のジャカルタにあたる。 5. 誤り。清仏戦争において清は敗北し，天津条約によって宗主権が放棄された。

14 1

解説 1. 正しい。漢王朝は，中国最初の長期統一王朝であった。 2. 誤り。元では，モンゴル第一主義の下，中央政府の要職と地方長官をモンゴル人が独占した。 3. 誤り。秦を唐に置き換えると正しい記述になる。 4. 誤り。明は，漢民族の復興を唱え，それ以外の民族による支配を打破して成立した王朝であった。 5. 誤り。清は，モンゴル，チベット，新疆ウイグルなどの諸地域まで領土を拡大した。

15 3

解説 1. ナポレオンは，ブリュメール18日のクーデターで総裁政府を打倒し，統領政府を開いた。 2. 選択肢はジャコバン派についての説明である。ジロンド派は，商工業者を地盤とする，穏和な共和主義を主張したことで知られている。 3. 正しい。ヴァレンヌ逃亡事件に関する記述である。王妃の母国であるオーストリアへの援助を要請するため国外逃亡を企てたが，捕らえられてパリに連行された。 4. 選択肢は，球戯場の誓いについての記述であるが，これはフランス革命勃発の直前，第三身分がヴェルサイユ宮殿の球戯場に集まって，憲法制定まで解散しないことを誓ったものである。 5. 前

半は正しいが，国民の身分は，第一身分は聖職者，第二身分は貴族，第三身分は平民，これら三つに大別されていた。

[16] 5

解説 1．誤り。産業革命の初期において，毛織物から綿織物に重点を移行した。 2．誤り。第2次囲い込みによって土地を失った農民が都市部に流入し，豊富な労働力をもたらした。 3．誤り。スティーブンソンが発明したのは蒸気機関車であり，蒸気船を発明したのはフルトンである。 4．誤り。産業革命の進展に合わせ，工場制機械工業が発達したことにより，家内制手工業は急速に衰退した。 5．正しい。イギリスは，17世紀にオランダを破り，それに続いて18世紀にフランスに勝利した。

[17] 4

解説 1．イギリスが推進した政策は3C政策。 2．第一次世界大戦以前の1890年代にビスマルクは引退している。第一次世界大戦の直前期は，ヴィルヘルム二世による親政が進められた時代であった。 3．ロシア革命の直接の指導者はマルクスではなく，レーニンであった。 4．正しい。イタリアは大恐慌以前から，つまりドイツよりも先にファシズムが浸透した。 5．1920年代において，アメリカの政治は共和党による政権が担っていた。

[18] 2

解説 1．誤り。バルトロメウ＝ディアスは，ポルトガル人である。 2．正しい。イタリア人コロンブスは，スペイン女王イザベルⅠ世の援助を得て，カリブ海のサンサルバドル島に到達した。 3．誤り。喜望峰を回ってインド航路を開拓したのは，ヴァスコ＝ダ＝ガマである。マゼランは，大西洋を横断してマゼラン海峡を発見し，太平洋に出て，1521年にフィリピン諸島に到達した。 4．誤り。インドのゴアを占領したのは，ポルトガルである。 5．誤り。インカ帝国を征服したピサロは，スペイン人のコンキスタドール（征服者）である。

社会科学　　地理

```
|||||||||||||||||||||||||||||| POINT ||||||||||||||||||||||||||||||
```

地図と地形図：地理において地図と地形図は，頻出事項の分野である。まず地図の図法は，用途と特徴を確実に把握し，地形図は，土地利用や距離などを読み取ることができるようになる必要がある。

世界の地形：地形に関する問題は，かなり多く取り上げられる。地形の特色・土地利用・その代表例は押さえておきたい。また，大地形・沈水海岸・海岸地形なども，よく理解しておくこと。試験対策としては，地形図と関連させながら，農業・工業とのかかわりを整理しておくとよい。

世界の気候：気候に関しては，ケッペンの気候区分が最頻出問題となる。次いで農業とのかかわりで，土壌や植生の問題も出題される。気候区の特徴とその位置は明確に把握しておこう。気候区とあわせて土壌・植生なども確認しておくことも大切である。

世界の地域：アメリカ合衆国は，最大の工業国・農業国であり，南米やカナダとのかかわりを問う問題も多い。また東南アジア，特にASEAN諸国での工業・鉱物資源などは広範に出題される。EU主要国に関しては，できるだけ広く深く学習しておく必要がある。資源・農業・工業・交通・貿易など総合的に見ておこう。

日本の自然：地形・気候を中心とした自然環境は頻出である。地形や山地・平野などの特徴は理解しておきたい。

日本の現状：農業・工業などに関する問題は，今日本が抱えている問題を中心に整理するとよい。農産物の自由化が進み，労働生産性の低い日本の農業は，苦しい状況に追い込まれている。工業においては，競争力を維持していく手段を選んでいかざるを得ない状況に陥っている。環境問題も大きな課題である。このような時事的な繋がりのある問題を取り上げた出題にも対処する必要がある。

狙われやすい! 重要事項

☑地図・地形
☑土壌・環境・気候
☑人種・民族
☑人口・交通
☑アジア・オセアニア
☑ヨーロッパ
☑南北アメリカ
☑アフリカ

《 演 習 問 題 》

1 **世界の人口に関する記述として，正しいものはどれか。**

1 人口の国際移動は，経済的，宗教的，政治的要因によって発生するが，中国の華僑は主に宗教的要因によって国際移動したと見られている。

2 出生率が高く人口の自然増加が多い国の人口ピラミッドは，富士山型（ピラミッド型）となり，逆に出生率の低下した先進国などは，つり鐘型になる。

3 産業別人口構成では，先進国は第一次産業人口の割合が高く，発展途上国では第二次，第三次産業人口の割合が高い。

4 現在，世界で成長センターとなっているアジアだが，経済的要因から出稼ぎ労働者の移動が多い。しかし各国はこれを規制し，数ヶ月程度のごく短期間に限って出稼ぎ労働を認めている。

5 現在，世界の人口は約70億人で，人口の多い国の順位は，1位中国，2位アメリカ，3位インドである。

2 **世界の水産資源に関する記述として，正しいものはどれか。**

1　漁獲量が多い国は，中国，インドネシア，アメリカなどがある。いずれの国も広大な領海内での漁業が中心となっている。

2　日本の漁業は，漁業部門別では遠洋漁業の割合が最も高い。特に，焼津や釧路などが遠洋漁業の基地として非常に発展している。

3　南米のペルーやチリでは，アンチョビの漁獲量が多い。それを支えているのは，各国において行われているアンチョビの大規模な養殖である。

4　東南アジアでは，エビの漁獲高が大きく，その多くは，日本に輸出されている。これは，各国においてマングローブ畑をエビの養殖地に転換し，産出を増やしたことによる。

5　全世界的に捕鯨の禁止が広まっている。これは乱獲による資源の枯渇の側面もあるが，欧州には，そもそも鯨を捕る文化がないことが原因である。

3 **世界各国の農牧業に関する記述として，妥当なものはどれか。**

1　原始的農牧業の一種である焼畑農業は，畑が数年で放棄され，地球温暖化との関連も指摘されているが，雑草や害虫がほとんど発生しないため，土地生産性は極めて高い。

2　遊牧は，水や草を求めて，家畜とともに地域を移動しながら営まれる牧畜であるが，それが行われてきた範囲は，温帯の地域に限られる。

3　アジア式稲作農業は，水田を中心に稲作を行うことによって成り立ち，他の農業に比べて，その経営規模は極めて大きい。

4　ヨーロッパにおいて行われている地中海式農業は，乾燥性の強い樹木作物と自給用の穀物を栽培することによって営まれている。

5　企業的穀物農業は，主としてトウモロコシの生産で導入が進められているが，機械化の遅れた地域で営まれているため，労働生産性は他の農業に比べて低い。

4 世界の河川に関する記述として，妥当なものはどれか。

1 世界的に大きな河川は，日本の河川に比べて，流れは緩やかで，流域面積も広い。最も大きな流域面積を持つのはアマゾン川であり，ナイル川がそれに続く。

2 主に川を堰き止めることによって建設されるダムは，生活用水，工業用水の確保や発電などに役立てられる。世界のダムの中で，最大の貯水量を誇るのは，ガーナのアコソンボである。

3 中国には，流域面積で世界の30位以内に入る河川が複数ある。そのうち，同国，及び東アジアにおいて最大の流域面積を持つのは，黄河である。

4 モンスーンの雨季には，多くの降水により，河川が増水し，洪水が度々起こる地域がある。この地域では，河川の増水に伴い急速に茎を伸ばす浮き稲を栽培し，船による収穫を行っている。

5 アメリカ合衆国のニューヨーク州東部を流れる川が，ミシシッピ川である。ニューヨークステートバージ運河とつながっているため，海運が盛んである。

5 世界の山脈と関係する国家の組み合わせとして，妥当なものはどれか。

〈山脈〉	〈関係する国家〉
1 スカンディナビア山脈	ノルウェー
2 ドラケンスバーグ山脈	スペイン
3 グレートディバイディング山脈	南アフリカ
4 アパラチア山脈	オーストラリア
5 ピレネー山脈	アメリカ

6　下の表は，2020年における各国の主要輸出品の上位5位を示している。
A～Eに入る国名の組み合わせとして，妥当なものはどれか。

国	A	B	C	D	E
1位	機械類	機械類	機械類	鉄鉱石	原油
2位	医薬品	自動車	自動車	石炭	鉄鋼
3位	自動車	医薬品	精密機械	金（非貨幣用）	天然ガス
4位	衣類	航空機	石油製品	肉類	銅
5位	金属製品	化学品	医薬品	機械類	天然ウラン

（帝国書院　『地理データファイル2022年度版』より作成）

	A	B	C	D	E
1	フランス	イタリア	アメリカ合衆国	カザフスタン	オーストラリア
2	アメリカ合衆国	オーストラリア	イタリア	カザフスタン	フランス
3	フランス	イタリア	オーストラリア	カザフスタン	アメリカ合衆国
4	オーストラリア	フランス	イタリア	アメリカ合衆国	カザフスタン
5	イタリア	フランス	アメリカ合衆国	オーストラリア	カザフスタン

7　南アメリカに関する記述として，妥当なものはどれか。

1　南アメリカ大陸全体の約半分を占めるブラジルは，典型的な農業国であ
り，耐久消費財を周辺諸国からの輸入に依存していることが同国経済の弱
点である。

2　南アメリカ大陸の中央にあるボリビアは，領土に沿岸地域を持たない内
陸国であり，錫（すず）の生産などで知られる。

3　チリの国土は，多くの部分が大西洋に接する沿岸地域であり，銅の生産
や輸出が同国経済の中で大きな比重を占める。

4　ペルーは，太平洋に臨む国であり，鉱産資源に乏しいため，アンチョビ
などの漁業と，加工した水産物の輸出が経済を支えている。

5　カリブ海に臨むベネズエラは，19世紀にオランダからの独立を果たした
国であり，石油の生産と輸出が同国経済を支えている。

⑧ 東南アジアに関する記述として，妥当なものはどれか。

1 　東南アジアは，ヨーロッパ諸国の植民地とされた国が多い。植民地支配
　が典型的であった時期にイギリスとフランスの緩衝地帯として機能したタ
　イは，この地域において唯一の独立国であった。

2 　東南アジア諸国連合（ASEAN）は，近年の高い経済成長により，その
　地位や機能を高めつつある。新規の加盟については，社会主義を掲げる国
　や，軍事政権下にある国を排除する方針を明確にした。

3 　東南アジアの植民地支配は，この地域の農業に変革をもたらした。旧来
　よりプランテーション型の農業が営まれた地域において，これを廃止した
　のはその典型であった。

4 　シンガポールは，旧イギリス領であったため，他の地域のような宗教の
　混在がみられない。イギリスの影響を強く受けたことにより，キリスト教
　の教会が各地に散在している。

5 　東南アジアは，他の地域に比べて，地震や火山の活動が少ない。これは，
　アルプス造山帯と環太平洋造山帯の影響を受けにくい特性による。

9　次のハイサーグラフA～Dとそれに対応する気候区分の組み合わせのうち，妥当なもののみをすべて挙げているのはどれか。

A　ステップ気候　　　B　地中海性気候
C　亜寒帯湿潤気候　　D　西岸海洋性気候

　1　A，B　　2　A，C　　3　B，C　　4　B，D　　5　C，D

10 世界の土壌に関する記述として，妥当なものはどれか。

1 赤褐色の間帯土壌であるテラロッサは，石灰岩の風化によって生成され，中国華北地方を中心に分布する。

2 玄武岩の風化によって生成されるテラローシャは，暗紫色の間帯土壌であり，コーヒーの栽培に適している。

3 ポドゾルは，強いアルカリ性の灰白色の土壌であり，その性質上，林業には不適である。

4 プレーリー土は，北アメリカに分布する黒色の土壌であるが，養分が極めて少ないため，栽培できる作物が限られている。

5 気候や植生などの影響を受けて生成された土壌が成帯土壌であり，デカン高原に分布するレグール土はその代表的な例である。

11 世界の鉱産資源に関する記述として，妥当なものはどれか。

1 世界の石炭の約70％は古期造山帯に集中しており，その中でもロッキー炭田は，アメリカ最大量の石炭を産出している。

2 ブラジルは，鉄鉱石の産出量，埋蔵量共に世界最大の地位を占め，鉱産資源の取引自由化を進めた後も，最先端技術などを取り入れ，工業は安定的に成長している。

3 オーストラリアは，ボーキサイトの産出量が世界第1位であり，金や鉄鉱石も豊富に産出され，また，アルミニウム精錬や高度加工製品の製造が盛んである。

4 チリは，銅鉱の産出が世界第1位であり，主にビンガムやモレンシーといった銅鉱山などで産出されている。

5 東南アジアでは，ルソン島周辺に油田が多く分布しており，特にフィリピンやタイが主な産油国となっている。

12 **ヨーロッパの工業に関する記述として，妥当なものはどれか。**

1　ユーロポートは，ヨーロッパの玄関として発達したドイツの港湾地区であり，鉄鋼や石油化学工業などが発達している。

2　プラハには，旧ソビエト連邦の影響の下で工業の近代化が遅れた影響が残されており，食品工業などの軽工業が工業生産のほとんどを占めている。

3　ルール工業地帯は，ヨーロッパ最大の工業地域であり，油田や陸運がその発展を支えてきた。

4　フランス北西部のルアーヴルは，セーヌ川の河口付近に位置する港湾都市として発展を遂げ，近年では，原子力発電所が林立し，ヨーロッパの工業をエネルギーの面から支えている。

5　バルセロナ，フランス南部，イタリア北部にかけて，航空機産業やエレクトロニクス産業などの先端技術を柱とする産業が連なり，これらは，ヨーロッパのサンベルトと呼ばれる。

13 **気候区分に関する記述として，妥当なものはどれか。**

1　熱帯サバナ気候は，赤道付近に分布しており，一年を通して高温多雨である。また，その地域ではスコールが降り，密林が茂っている。

2　やや高緯度の大陸西岸では，地中海性気候がみられる。偏西風と暖流の影響を受け，夏は涼しく冬は温暖であり，一年を通した降雨も特徴的の一つである。

3　温暖湿潤気候は，中緯度の大陸東岸でみられる。季節風の影響を受けることから，その緯度とは関係なく冬は低温少雨，夏は高温多雨である。

4　雨季と乾季がはっきり分かれる砂漠気候では，乾季に植物が育つことはほとんどないが，雨季ではステップとよばれる短草草原が広がる。

5　西岸海洋性気候は，高気圧の影響から夏は高温で乾燥し，冬は比較的寒く少雨がみられる。

14 **世界の言語に関する記述として，妥当なものはどれか。**

1　言語の分類については諸説あるが，世界には，数百の言語があるとされている。そのうち，数億人が用いる大言語は，中国語，ヒンドゥー語，英語，スペイン語などである。

2　国家が公に使用することを定めている言語を公用語という。1国ごとに1言語が一般的であるが，複数が定められることもある。

3　旧植民地を支配した人々の言語と，先住民などの言語が混合して独特の言語が形成された場合，それは，混成語と呼ばれる。スワヒリ語は，その典型である。

4　方言の差が激しい言語の場合，全地域に通じるように整備された語が求められる。そのような言語は，特に母語と呼ばれる。

5　言語学上，共通の祖語を持つなど，関係の深い諸言語を語派という。また，語派の中で，特に親近性が強い言語のまとまりが語族である。

《 解 答 ・ 解 説 》

1 2

解説 1．華僑（海外で暮らす中国系住民のうち中国の国籍をもっているもの）は，鉱山やプランテーションの労働者など経済的要因が一因となり，東南アジアなどに移動した人々である。　2．正しい。　3．先進国では第二次産業（製造・建設業など），第三次産業（サービス・商業・運輸通信業など），発展途上国では第一次産業（農林・水産業）の人口の割合が高い。　4．アジア各国では移民（出稼ぎ）労働者規制をしている国は少なくないが，「数ヶ月程度のごく短期間」に限られているわけではない。　5．人口の多い国（2017年）は1位中国（約13.9億人），2位インド（約13.4億人），3位アメリカ（約3.3億人）である。

2 4

解説 1．中国は周辺に多くの国があり，領海での漁獲量は必ずしも多くない。　2．日本では，1970年代以降，遠洋漁業の割合はきわめて低く，現在は沖合漁業が中心である。　3．アンチョビは養殖では作らない。　4．正しい。マングローブは熱帯地域で育つ樹種である。海岸に存在し，水質の浄化にも役に立つ。　5．欧州にもノルウェーやアイスランドなどの捕鯨国は存在する。

3 4

解説 1. 誤り。焼畑農業による畑には，雑草や害虫が発生するため，土地生産性は低い。　2. 誤り。北極圏において，トナカイを主要な家畜とする遊牧がみられる。　3. 誤り。他の農業に比べ，アジア式稲作農業の経営規模は小さい。　4. 正しい。地中海農業は，夏の乾燥と冬の温暖さなど，地中海性気候の特性を生かして営まれている農業である。　5. 誤り。企業的穀物農業は，機械化を進めつつ，小麦などの穀物を大規模に営む農業であり，労働生産性は高い。

4 4

解説 1. 誤り。第1文は正しいが，アマゾン川に次いで大きな流域面積を持つのは，コンゴ川であり，ミシシッピ川，ラプラタ川がそれに続く。なお，世界で最も長い川はナイル川である。　2. 誤り。世界最大の貯水量を持つダムは，ウガンダのナルバーレである。なお，有効貯水量の多くはヴィクトリア湖によるものであるため，ジンバブエとザンビアのカリバを1位としている統計もある。　3. 誤り。中国及び東アジアにおいて最大の流域面積を持つのは長江である。　4. 正しい。チャオプラヤ川，エヤワディ川，メコン川などの流域において，浮き稲を利用した稲作が行われている。　5. 誤り。選択肢の文章は，ハドソン川についてのものである。ミシシッピ川は，アメリカ合衆国の中央部を南流する川である。

5 1

解説 1. 正しい。スカンディナビア山脈は多くの西欧北欧の山地と同じく古期造山帯になる。　2. 古期造山帯のドラケンスバーグ山脈は南アフリカにある。　3. 古期造山帯のグレートディバイディング山脈はオーストラリアにある。　4. 古期造山帯のアパラチア山脈はアメリカにある。　5. 新期造山帯のピレネー山脈はフランスとスペインにまたがっている。

6 5

解説 選択肢に示されたそれぞれの国について，特徴的な輸出品目をヒントにすることが大切である。例えば，イタリアの衣類，フランスの航空機，アメリカの精密機械，オーストラリアの鉄鉱石や石炭，肉類，カザフスタン

の原油や天然ガス，天然ウランが特徴的な輸出品目に該当する。　Aは，イタリアである。ファッションを発信する国の1つであり，衣類が上位に入っている点から判断できる。北部においては工業が発展し，南部には農村地域が広がっていたが，近年では先端技術や情報化の発達がみられる。　Bは，フランスである。航空機が上位に入っている点から判断できる。ヨーロッパにおいて穀物や酪農品を供給してきたが，各地に工業基地を造成し，工業国としての発展がみられる。　Cは，アメリカ合衆国である。自動車などに加え，精密機械や医薬品が上位に入っている点から判断できる。航空宇宙産業や，エレクトロニクス分野などの面で最先端を誇る工業国である。表中には登場しないが穀物の世界最大の輸出国でもある。　Dは，オーストラリアである。石炭，鉄鉱石，肉類が上位に入っている点から判断できる。鉱物資源の開発が進み，これらを日本を含む各国に供給するとともに，肉類などの輸出も盛んである。　Eは，カザフスタンである。原油，天然ガス，天然ウランが上位に入っている点から判断できる。主要な産業は鉱物資源である。
以上より，正解は5。

7 　2

解説　1．誤り。ブラジルは，ラテンアメリカ最大の工業生産力を誇り，耐久消費財のほとんどを自給している。　2．正しい。ボリビアは，19世紀に独立を果たしたものの，チリとの戦いに敗れて沿岸地域の領土を失った。3．誤り。大西洋を太平洋とすると正しい文になる。　4．誤り。ペルーは，銅，鉄鉱石，銀などの資源に恵まれている。　5．誤り。「オランダから独立を果たした国」という部分が誤りである。ベネズエラは，19世紀にスペインによる支配を脱し，その後，グラン・コロンビア共和国から分離・独立を果たした。

8 　1

解説　1．正しい。東南アジア諸国の多くが独立したのは，第二次世界大戦後のことであった。　2．誤り。軍事政権下のミャンマーや，社会主義のベトナムも加盟した。　3．誤り。プランテーションは，ヨーロッパ人が東南アジアに持ち込んだものである。　4．誤り。かつてイギリス領であったことや，華僑や印僑の移住の影響により，キリスト教，ヒンドゥー教，道教，イスラ

ム教，仏教など多様な宗教がみられる。そのため，各地に多様な寺院がみられる。　5．誤り。東南アジアは，アルプス造山帯と環太平洋造山帯が合流する場であるため，火山や地震の活動は激しい。

9　4

解説　Aは誤り。Aのグラフはインドのカルカッタのものであり，ステップ気候ではなくサバナ気候に属する。ステップ気候は，砂漠周辺に分布する乾燥気候であり，降水量が少ない。サバナ気候は，雨季と乾季の区別が明瞭な熱帯気候であり，気温の年較差が大きい。　Bは正しい。Bのグラフは，チリのサンティアゴのものである。地中海性気候は，夏に乾燥すること，冬に降水が多くなることによって特徴付けられる温帯の気候である。温帯冬雨気候ともよばれる。　Cは誤り。Cのグラフはアメリカ合衆国・アラスカのバローのものであり，亜寒帯湿潤気候ではなく，ツンドラ気候に属する。亜寒帯湿潤気候は，一年を通じて比較的降水が確保され，また，冬には多量の降雪がみられる気候である。ツンドラ気候は，短い夏の間だけ，永久凍土の表層が溶ける程度の気候である。　Dは正しい。Dのグラフは，イギリスのロンドンのものである。西岸海洋性気候は，偏西風と暖流の影響を受けるため，気温の年較差が小さい。また，降雨も年間を通じて安定している。以上より，正解は4である。

10　2

解説　1．誤り。テラロッサが分布するのは，主に，地中海沿岸である。2．正しい。テラローシャは，ブラジル高原などに分布する。　3．誤り。ポドゾルは，強酸性の土壌であり，それが分布する地域には，林業地域が広がっている。　4．誤り。プレーリー土は肥沃であり，小麦などが栽培されている。　5．誤り。成帯土壌についての説明は正しいが，レグール土は間帯土壌である。

11　3

解説　1．アメリカの炭田で産出量が最大なのは，アパラチア炭田である。ロッキー炭田は埋蔵量がアメリカ最大である。　2．鉄鉱石の埋蔵量が世界第1位なのはオーストラリアである。　3．正しい。オーストラリアの主な鉄鉱

石の採掘場は，ハマーズリー山脈付近のマウントホエールバックである。

4. チリは，銅鉱の産出が世界第1位であることは正しいが，その主な銅鉱山はチュキカマタやエルテニエンテなどである。選択肢に示されているのは，アメリカの代表的な銅鉱山である。　5. 東南アジアの油田は，ボルネオのカリマンタン島や，スマトラ島に分布しており，インドネシアやブルネイが主な産油国である。

12　5

解説　1. 誤り。ユーロポートが位置しているのはドイツではなくオランダである。　2. 誤り。プラハでは，自動車，航空機，機械工業，繊維，ガラス，印刷などの工業が発展している。　3. 誤り。ルール工業地帯の発展を支えてきたのは，炭田やライン川の水運などである。陸運もある程度整備されてきたが，比較的古くから活用されてきたのは水運であった。　4. 誤り。ルアーヴルにおいて発達している工業は，造船，自動車，食品などである。5. 正しい。ヨーロッパにおいて，複数の国にまたがる工業が盛んな地域の呼称として，選択肢に示したヨーロッパのサンベルトとともに，イギリス南東部からイタリア北部にかけて広がるブルーバナナが挙げられる。

13　3

解説　1. 選択肢は，熱帯雨林気候についての記述である。熱帯サバナ気候は，年中高温で，雨季と乾季の区別が明瞭であり，サバナと呼ばれる熱帯草原が広がるといった特徴をもつ。　2. 西岸海洋性気候の説明である。低気圧が頻繁に通過することから，年中小雨で冬と夏の気温差が比較的小さい。3. 正しい。また，季節風の影響から，四季の変化が最も明瞭であることも覚えておきたい。　4. 砂漠気候は，年間を通し降水量が極端に少なく，雨季と乾季の区別はない。なお，ステップが広がる地域はステップ気候である。　5. 地中海性気候についての記述である。

14　2

解説　1. 誤り。世界の言語の数については，3000とする説，6000を超えているという説などがあるが，数百というのは誤りである。第2文については正しい。　2. 正しい。カナダ，スイスなどは，複数の公用語を持つ。　3. 誤

り。スワヒリ語は，混成語ではない。混成語の例としては，クレオール語が挙げられる。　4．誤り。第1文は，共通語，または標準語についてのものである。母語は，人が最初に身に付ける言語である。　5．誤り。語派と語族を入れ替えると，正しい記述になる。

第3部

教養試験
自然科学

- 数　学
- 物　理
- 化　学
- 生　物
- 地　学

自然科学　　　　数　学

||||||||||||||||||||||||||||||| P O I N T |||||||||||||||||||||||||||||||

　数学の分野では，高校までの学習内容が出題される。教科書に出てくる公式を覚えるだけではなく，応用問題への対応が必要となる。以下に示す単元ごとの最重要事項を確実に押さえ，本書でその利用法を習得しよう。

　「数と式」の内容では，一見何をしたらよいか分かりづらい問題が出てくるが，「因数分解」，「因数定理」，「剰余の定理」，「相加平均・相乗平均の関係」などを用いることが多い。その他にも，「分母の有理化」や根号，絶対値の扱い方などをしっかり確認しておこう。

　「方程式と不等式」の内容では，特に二次方程式や二次不等式を扱う問題が頻出である。「二次方程式の解と係数の関係」，「解の公式」，「判別式」を用いた実数解や虚数解の数を求める問題は確実にできるようにしたい。また，「二次不等式の解」，「連立不等式の解の範囲」については，不等号の向きを間違えないように注意しよう。余裕があれば，「三次方程式の解と係数の関係」や「円の方程式」なども知っておきたい。

　「関数」の内容でも，中心となるのは二次関数である。「二次関数のグラフの頂点」，「最大値と最小値」，「x軸との共有点」は確実に求められるようにしよう。また，グラフを「対称移動」や「平行移動」させたときの式の変形もできるようにしたい。その他にも，「点と直線の距離」，「三角関数」の基本的な公式なども知っておきたい。

　「数の性質」の内容では，「倍数と約数」，「剰余系」，「n進法」などの問題が出題される。これらについては，とにかく多くの問題を解いてパターンを覚えることが重要である。

　「微分・積分」の内容では，グラフのある点における「接線の方程式」，グラフに囲まれた「面積」が求められるようになっておきたい。

　「場合の数と確率」の内容では，まずは順列・組合せと確率計算が正しくできなければならない。その際，場合の数が多かったり抽象的であったりして考えにくいようであれば，樹形図の活用や問題の具体的な内容を書き出すことで，一般的な規則性が見つかり解法が分かることがある。余事象を利用することで，容易に解ける問題もある。「同じものを含む順列」，「円順列」など

もできるようにしたい。

　「数列」の内容では，等差数列，等比数列，階差数列の一般項や和の公式を覚えよう。余裕があれば，群数列にも慣れておこう。

　「図形」の内容では，三角形の合同条件・相似条件，平行線と角に関する性質，三角形・四角形・円などの基本的性質や，面積の計算方法などは必ずと言ってよいほど必要となるので，しっかりと整理しておくこと。

　数学の知識は「判断推理」や「数的推理」の問題を解く際にも必要となるため，これらと並行して取り組むようにしたい。

狙われやすい！ 重要事項

☑**二次方程式・不等式**
☑**二次関数の最大値・最小値**
☑**平面図形の面積**

《 演 習 問 題 》

1　ある数 x から3引いて2乗した数が，x を2倍して3引いた数に等しくなった。この場合，ある数 x として正しいものの組み合わせはどれか。
　　1　1, 3　　　　2　1, 5　　　　3　2, 3　　　　4　2, 6　　　　5　2, 9

2　1個のさいころを続けて3回投げるとき，目の和が偶数になるような場合は何通りあるか。正しいものを選べ。
　　1　106通り　　　2　108通り　　　3　110通り
　　4　112通り　　　5　115通り

3　右図のような一辺の長さが5の正四面体O-ABCにおいて，辺OB上の点P，辺OC上の点QがOP＝1，OQ＝4を満たすとき，PQの長さを求めよ。

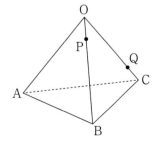

　　1　$\sqrt{13}$　　　2　$2\sqrt{13}$　　　3　4
　　4　$\sqrt{15}$　　　5　$2\sqrt{15}$

4 $x^2-8x+14=0$ の2つの解を α, β とするとき, $\alpha^2+\beta^2$ と $\alpha^3+\beta^3$ の値の組み合わせとして妥当なものはどれか。

	$\alpha^2+\beta^2$	$\alpha^3+\beta^3$
1	24	-88
2	24	88
3	36	-176
4	36	176
5	48	176

5 次の2つの式で示される直線と x 軸, y 軸により, 次の図のように, 全体はA～Jの10領域に分かれる。

$y=2x+4$ …①

$y=-x-2$ …②

①, ②の2つの式を以下③, ④のような不等式に変えた場合, これらの条件をすべて満たす領域として正しいものはどれか。

$y>2x+4$ …③

$y<-x-2$ …④

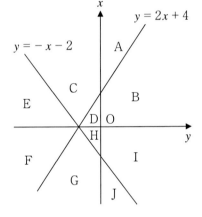

1　A, C　　2　B, D, H, I　　3　D, H　　4　E, F　　5　G, J

6 縦50m, 横60mの長方形の土地がある。この土地に, 図のような直角に交わる同じ幅の通路を作る。通路の面積を土地全体の面積の $\dfrac{1}{3}$ 以下にするには, 通路の幅を何m以下にすればよいか。

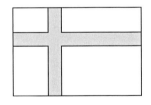

1　8m　　2　8.5m　　3　9m　　4　10m　　5　10.5m

$\boxed{7}$ xy平面上に2点A$(-2,\ 5)$，B$(6,\ 9)$がある。またx軸上に点P$(t,\ 0)$をとる。このとき，PA＝PBとなるtの値として，正しいものはどれか。

1 $\dfrac{9}{2}$ 2 $\dfrac{24}{5}$ 3 5   4 $\dfrac{11}{2}$ 5 $\dfrac{29}{5}$

$\boxed{8}$ 2次関数$y＝x^2－2bx＋4b$におけるyの最小値として，正しいものはどれか。

1 $2b^2＋2b$ 2 $2b^2－2b$ 3 $-b^2＋4b$
4 $-b^2－4b$ 5 $4b^2＋4b$

$\boxed{9}$ 平行四辺形ABCDにおいて，AB＝3，BC＝4，∠ABC＝60°のとき，2本の対角線の長さとして正しい組合せはどれか。

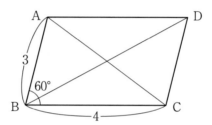

1 $\sqrt{11},\ \sqrt{35}$ 2 6, $\sqrt{35}$ 3 $\sqrt{13},\ \sqrt{37}$
4 7, $\sqrt{37}$ 5 7, $\sqrt{39}$

$\boxed{10}$ 右の図において，四角形ABCDは円に内接しており，弧BC＝弧CDである。AB，ADの延長と点Cにおけるこの円の接線との交点をそれぞれP，Qとする。AC＝4cm，CD＝2cm，DA＝3cmとするとき，△BPCと△APQの面積比として正しいものはどれか。

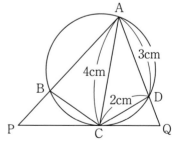

1 1：5   2 1：6   3 1：7   4 2：15   5 3：20

解 答・解 説

1　4

解説　$(x-3)^2 = 2x - 3$ より，$x^2 - 8x + 12 = 0$

$(x-2)(x-6) = 0$

∴　$x = 2, 6$

以上より，正解は4。

2　2

解説　和が偶数になるのは，3回とも偶数の場合と，偶数が1回で，残りの2回が奇数の場合である。さいころの目は，偶数と奇数はそれぞれ3個だから，

（ⅰ）3回とも偶数：$3 \times 3 \times 3 = 27$〔通り〕

（ⅱ）偶数が1回で，残りの2回が奇数

　　・偶数／奇数／奇数：$3 \times 3 \times 3 = 27$〔通り〕

　　・奇数／偶数／奇数：$3 \times 3 \times 3 = 27$〔通り〕

　　・奇数／奇数／偶数：$3 \times 3 \times 3 = 27$〔通り〕

　合計すると，$27 + (27 \times 3) = 108$〔通り〕である。

以上より，正解は2。

3　1

解説　正四面体は4つの合同な正三角形から構成される。

$\triangle$OPQにおいて，OP $= 1$，OQ $= 4$，$\angle$POQ $= 60°$ なので，余弦定理より，

$$PQ^2 = OP^2 + OQ^2 - 2 \times OP \times OQ \times \cos \angle POQ$$
$$= 1 + 16 - 2 \times 1 \times 4 \times \cos 60°$$
$$= 17 - 8 \times \frac{1}{2}$$
$$= 13$$
$$PQ = \sqrt{13}$$

以上より，正解は1。

4 4

解説 一般に，2次方程式 $ax^2 + bx + c = 0$ $(a \neq 0)$ の2つの解を α，β とすると，$\alpha + \beta = -\dfrac{b}{a}$，$\alpha\beta = \dfrac{c}{a}$ が成り立つ。

ここでは，$a = 1$，$b = -8$，$c = 14$ であるから，$\alpha + \beta = -\dfrac{-8}{1} = 8$，$\alpha\beta = \dfrac{14}{1}$ $= 14$ となる。

よって，求める値は

$\alpha^2 + \beta^2 = (\alpha + \beta)^2 - 2\alpha\beta = 8^2 - 2 \times 14 = 36$

$\alpha^3 + \beta^3 = (\alpha + \beta)^3 - 3\alpha\beta(\alpha + \beta) = 8^3 - 3 \times 14 \times 8 = 512 - 336 = 176$

以上より，正解は4。

5 4

解説 $y > 2x + 4$ に，$(0, 0)$ を代入すると，$0 > 4$ になるので不成立である。よって，該当する領域は直線 $y = 2x + 4$ に対して，原点 $(0, 0)$ の反対側にあることが分かる。つまり，A, C, E, F のいずれかである。

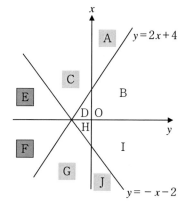

次に，$y < -x - 2$ に，$(0, 0)$ を代入すると，$0 < -2$ になるので，不成立である。よって，該当する領域は，

直線 $y = -x - 2$ に対して，原点 $(0, 0)$ の反対側にあることが分かる。つまり，E, F, G, J のいずれかであり，

求める領域は，「A, C, E, F」と「E, F, G, J」の重なった領域なので，「E, F」となる。

以上より，正解は4。

6 4

解説　通路の幅を x 〔m〕とし（$0 < x < 50$），次のように通路を左上に寄せて考える。

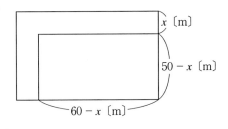

通路の面積は，

$x \times 60 + (50 - x) \times x$ 〔m²〕

土地全体の面積は，50×60

よって，

$x \times 60 + (50 - x) \times x \leqq 50 \times 60 \times \dfrac{1}{3}$

$60x + 50x - x^2 \leqq 1000$

$x^2 - 110x + 1000 \geqq 0$

$(x - 10)(x - 100) \geqq 0$

$x \leqq 10, \ 100 \leqq x$

$0 < x < 50$ より，$0 < x \leqq 10$

したがって，通路の幅を10m以下にすればよい。

以上より，正解は4。

7 4

解説　$PA = PB$ より，$PA^2 = PB^2$

$(-2 - t)^2 + 5^2 = (6 - t)^2 + 9^2$

$4 + 4t + t^2 + 25 = 36 - 12t + t^2 + 81$

$16t = 88$

$t = \dfrac{11}{2}$

以上より，正解は4。

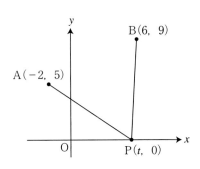

8 3

解説　$y = x^2 - 2bx + 4b$

$= (x - b)^2 - b^2 + 4b$

よって，この2次関数は，$x = b$ のとき，最小値 $-b^2 + 4b$ をとる。

以上より，正解は3。

9 3

解説 △ABCにおいて，余弦定理より，

AC² = 3² + 4² − 2・3・4cos60°

$\quad$ = 9 + 16 − 12

$\quad$ = 13

ゆえに，AC = $\sqrt{13}$

また，平行四辺形より，隣り合う角の和は180°となるので，

∠BCD = 180° − ∠ABC

$\quad$ = 180° − 60°

$\quad$ = 120°

よって，

△BCDにおいて，

BD² = 3² + 4² − 2・3・4cos120°

$\quad$ = 9 + 16 + 12

$\quad$ = 37

ゆえに，BD = $\sqrt{37}$

以上より，正解は3。

10 3

解説 四角形ABCDは円に内接しているので，向かい合う内角の和は180°となるので，

$\quad$∠ABC + ∠ADC = 180°

また，∠ABC + ∠PBC = 180°より，∠PBC = ∠ADC

さらに，接弦定理より，∠PCB = ∠BAC

円周角の定理より，∠BAC = ∠CAD

よって，2角が等しいので，△BPC∽△DCA

弧BC = 弧CDより，BC = CD = 2〔cm〕

よって，△BPCと△DCAの相似比は2：3より，

$\quad$△BPC：△DCA = 4：9…①

一方，△CQDと△AQCにおいて，∠CQD = ∠AQC，

接弦定理より，∠QCD = ∠QAC

よって，2角が等しいので，△CQD∽△AQC，

$\quad$CD = 2〔cm〕，AC = 4〔cm〕より，相似比は1：2，面積比は1：4

よって，$\triangle$DCA：$\triangle$AQC $= 3：4 = 9：12\cdots$②

①，②より，$\triangle$BPC：$\triangle$DCA：$\triangle$AQC $= 4：9：12\cdots$③

ここで，$\triangle$BPC と$\triangle$CPA について同様に考えると，

$\triangle$BPC$\infty\triangle$CPA，相似比 $1：2$，面積比は $1：4$

よって，$\triangle$BPC：$\triangle$ABC $= 1：3 = 4：12\cdots$④

③，④より，$\triangle$BPC：$\triangle$APQ $= \triangle$BPC：$(\triangle$BPC$+ \triangle$ABC$+ \triangle$AQC$)$

$\qquad\qquad\qquad\qquad\qquad = 4：(4 + 12 + 12)$

$\qquad\qquad\qquad\qquad\qquad = 4：28$

$\qquad\qquad\qquad\qquad\qquad = 1：7$

以上より，正解は 3。

自然科学　　　　　物　理

∥∥∥∥∥∥∥∥∥∥∥∥∥∥∥∥∥∥ POINT ∥∥∥∥∥∥∥∥∥∥∥∥∥∥∥∥∥∥∥

　物理の分野では，ほとんどが高校物理の内容を中心とした問題で，下記のいずれの単元からも出題される可能性がある。しかし，出題パターンは限られており，優先的に取り組むべきなのは「力学」で，「電磁気」，「波動」がこれに続く。ほとんどが計算問題であるが，正誤問題や穴埋め問題が出る場合もある。

　「力学」では，「等速直線運動」や「等加速度直線運動」が基本となり，「落体の運動」，「斜面をすべる物体の運動」などはこれらの知識を用いて解いていくことになる。また，覚えた公式をどの問題で，どういう形で利用するのか，自身で判断できるようにならなければいけない。例えば，「落体の運動」では自由落下，鉛直投げ下ろし，鉛直投げ上げ，水平投射，斜方投射といった様々な運動形態が出てくる。その他にも，「糸の張力」，「ばねの弾性力」，「浮力」といった力の種類や，「仕事とエネルギー」，「運動量」などを題材にした問題も多い。

　「熱と気体」では，「熱量の保存」に関する計算問題や，「物質の三態と状態変化」に関する正誤問題または穴埋め問題が頻出である。覚えることが少ない単元なので，しっかりと練習しておけば得点源になりやすい。

　「波動」では，まず波の基本公式を覚え，波長，振動数，速さ，周期といった物理量を用いて，式変形ができるようになっておくべきである。そして，最も重要なのが「ドップラー効果」を題材にした計算問題であり，基本公式は確実に覚えておかなければならない。そのうえで，音源と観測者が静止している場合，近づく場合，遠ざかる場合によって，基本公式の速度の符号が変わることに気を付けてほしい。実際の試験問題では，問題文からいずれの場合であるか読み取り，自身の判断で公式を立てられるようにならなければいけない。なお，この単元では波の性質（反射，屈折，回折，干渉など）やその具体例，温度と音速の関係など，基本的性質を問う正誤問題が出題されることが多いので注意しよう。

　「電磁気」では，コンデンサーや電気抵抗のある電気回路を題材にした計算

問題が非常に多い。公式としては，「オームの法則」，「合成抵抗」，「合成容量」，「抵抗率」に関するものは確実に使えるようになっておきたい。余力があれば，「キルヒホッフの法則」も覚えておこう。計算パターンは限られているが，コンデンサーや抵抗の数，および接続方法を変えた多様な問題が出題されるので注意が必要である。接続方法には「直列接続」と「並列接続」があり，実際の試験問題では，与えられた電気回路のどこが直列（または並列）接続なのか自身で判断できなければならない。

　「原子」では，まずは α 線，β 線，γ 線の基本的な性質や違いを理解しよう。そのうえで，「核分裂」や「核融合」の反応式が作れること，「放射性原子核の半減期」に関する計算問題ができるようになっておこう。この単元も，是非とも得点源にしたい。

　学習方法としては，本書の例題に限らずできるだけ多くの問題を解くことである。公式を丸暗記するより，具体的な問題を解きながら考える力を養っていこう。難問が出題されることはほとんどないので，教科書の練習問題や章末問題レベルに集中して取り組むようにしたい。

☞ **狙われやすい! 重要事項** ·······························

☑ **力のつりあい**
☑ **等加速度運動**
☑ **音波の性質**
☑ **電気回路**

《 演 習 問 題 》

1 重さが20Nの小球に，2本の軽い糸1，糸2をつけ，天井に固定する。糸1，2が鉛直方向となす角が30度，60度であったときに，糸1が小球を引く力の大きさ（N）として正しいものはどれか。ただし，$\sqrt{3}=1.7$とする。

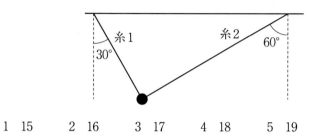

1 15　　　2 16　　　3 17　　　4 18　　　5 19

2 振動数が440Hzの音が，温度が20℃の部屋から，5℃の屋外へもれているとする。このときの音の振動数と波長の関係について正しいのはどれか。

1　振動数，波長ともに減少する。
2　振動数は変化しないが，波長は長くなる。
3　振動数は変化しないが，波長は短くなる。
4　振動数は減少するが，波長は変化しない。
5　振動数，波長ともに変化しない。

3 起電力が3Vで内部抵抗が0.4Ωの電池Eが2個と，0.3Ωの抵抗Rがある。これらを図のようにつないだら，Rを流れる電流はいくらになるか。

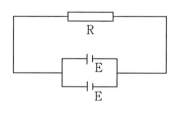

1 6A　　　2 5A　　　3 4A　　　4 3A　　　5 2A

④ 右図のような単振り子に関する記述のうち，正しいのはどれか。

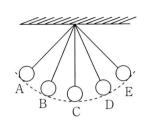

1　速度が最大になるのはB点とD点である。
2　おもりの加速度が最小であるのはA点とE点である。
3　D点での加速度の向きは，いつも等しい。
4　運動エネルギーが最小であるのはC点である。
5　位置エネルギーが最大なのはB点とD点である。

⑤ なめらかな水平面上に質量5.0kgの物体が静止している。その物体を一定の力Fで引いたところ，5.0秒後に4m/sになった。このとき，物体を引いている力Fはいくらか。

1　1.0N　　2　2.0N　　3　3.0N　　4　4.0N　　5　5.0N

⑥ 長さ15cmのつる巻ばねに50gのおもりをつるすとその長さは17cmになった。これとは異なるおもりをつるすとその長さは21cmになった。このおもりの質量はいくらになるか。

1　120g　　2　150g　　3　180g　　4　210g　　5　240g

⑦ ある物体を毎秒58.8メートルの初速度で鉛直に投げ上げたとき，最高点に達するまでの時間と，投げ上げた地点から最高点までの高さの組み合わせとして，妥当なものはどれか。但し，重力加速度を9.8〔m/s²〕とする。

	最高点に達するまでの時間〔s〕	投げ上げた地点から最高点までの高さ〔m〕
1	6	88.2
2	6	176.4
3	8	88.2
4	8	176.4
5	12	176.4

8 図のように，3Ωの抵抗を並列に4つつなぎ，さらに10Vの電源と，電流計を接続したとき，この回路全体の消費電力は何Wか。ただし，電源と電流計の抵抗を0とし，消費電力は小数第2位を四捨五入して求めるものとする。

 1　97.3W　　　2　103.7W
 3　133.3W　　4　151.9W
 5　167.7W

9 波に関する次の記述のうち，妥当なものはどれか。
 1　媒質の振動方向と波の進行方向が垂直であるような波を横波という。横波は疎密波とも呼ばれる。
 2　2つの波の山と谷が重なったところでは波は打ち消し合い，山と山，谷と谷が重なる所では強めあう。これを波の共鳴という。
 3　波が異なる媒質の境界を進むときに方向が変わる現象を回折という。
 4　波の山から山，あるいは谷から谷までの長さを波長といい，媒質が振動して1秒間に往復する回数を振動数という。波の速さは，波長を振動数で割ると求まる。
 5　媒質が1往復するのにかかる時間を波の周期という。波の周期は振動数の逆数に等しい。

《《 解 答 ・ 解 説 》》

1 3

解説 次の図のように，小球には20Nの力が作用し，その反作用力Fは，ひも1にかかる張力T_1とひも2にかかる張力T_2に分解される。これらを水平方向と鉛直方向に分解し，力のつり合いを考える。

水平方向の力のつり合より，

$$T_1 \sin 30° = T_2 \sin 60°$$

$$\frac{1}{2}T_1 = \frac{\sqrt{3}}{2}T_2$$

$$T_1 = \sqrt{3}T_2 \cdots ①$$

鉛直方向の力のつり合いより，

$$T_1 \cos 30° + T_2 \cos 60° = 20 〔N〕$$

$$\frac{\sqrt{3}}{2}T_1 + \frac{1}{2}T_2 = 20 \cdots ②$$

①②より，$\dfrac{\sqrt{3}}{2}T_1 + \dfrac{1}{2\sqrt{3}}T_1 = 20$

$$\frac{3+1}{2\sqrt{3}}T_1 = 20$$

$$T_1 = 20 \times \frac{2\sqrt{3}}{4} = 10\sqrt{3} = 17 〔N〕$$

以上より，正解は3。

2 3

解説 音波の速さV〔m/s〕は，乾燥した空気中では振動数によらず，温度t〔℃〕に依存し，$V = 331.5 + 0.6t$の関係がある。よって，温度が下がると音速は減少する。

また，音波の振動数をf〔Hz〕，波長をλ〔m〕とすると，$V = f\lambda$の関係がある。ここで，振動数は媒質が変わっても変化しないので，音速が減少すると波長が短くなることがわかる。

以上より，正解は3。

③ 1

解説 各部を流れる電流の強さをi_1〔A〕，i_2〔A〕，i_3〔A〕とすると，つながれている電池2個は同じものなので，

$$i_2 = i_3 = \frac{1}{2}i_1$$

また，閉回路A→B→C→D→Aにこの向きを正の向きとして，キルヒホッフの法則を用いると，

$$3 = 0.3i_1 + 0.4i_3 = 0.3i_1 + 0.4 \times \frac{i_1}{2} \text{より} \quad i_1 = 6 \text{〔A〕}$$

以上より，正解は1。

④ 3

解説 図のように振り子が振れているとき，おもりにはたらく力は張力と重力だけである。また，どの位置であっても，おもりの運動方向はおもりが描く円弧の接線方向，つまり張力の垂直方向なので，張力はおもりに対して仕事をしない。よって，力学的エネルギー保存の法則が成り立ち，運動エネルギーと位置エネルギーの和は一定となる。

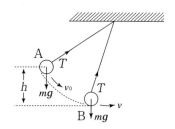

1. 誤り。運動エネルギーが最大となるのは，位置エネルギーが最小となるC点である。 2. 誤り。加速度が最小になるのはC点である。 3. 正しい。D点での加速度の向きは，図のように張力の垂直方向となる。 4. 誤り。運動エネルギーが最小になるのは，位置エネルギーが最大となるA，E点である。 5. 誤り。位置エネルギーが最大になるのは，高さが最大になるA，E点である。

[5] 4

解説 物体には一定の力が加わっているので，この物体は等加速度直線運動をしている。物体の初速度を v_0 〔m/s〕，速度を v 〔m/s〕，加速度を a 〔m/s²〕，時刻を t 〔s〕とすると，

$$v = v_0 + at$$

$$a = \frac{v - v_0}{t} = \frac{4 - 0}{5.0} = 0.8 \ \text{〔m/s}^2\text{〕}$$

したがって，物体を引く力 F は，運動方程式より，

$$F = 5.0 \times 0.8 = 4.0 \ \text{〔N〕}$$

以上より，正解は4。

[6] 2

解説 フックの法則より，ばねの自然長からの伸び x 〔m〕は，加えた力 f 〔N〕に比例する。ばね定数を k 〔N/m〕とすると，$f = kx$ と表せる。

50gのおもりをつるしたとき，ばねの自然長からの伸びは $17 - 15 = 2$ 〔cm〕

異なるおもりをつるしたとき，ばねの自然長からの伸びは $21 - 15 = 6$ 〔cm〕となったので，50gのおもりをつるしたときより3倍の大きさの力が加わったことになる。

ここで，（力）＝（質量）×（重力加速度）であり，重力加速度は一定なので，異なるおもりの質量は $50 \times 3 = 150$ 〔g〕

以上より，正解は2。

[7] 2

解説 一般に，鉛直投げ上げによる運動において，速度を v 〔m/s〕，初速度を v_0 〔m/s〕，重力加速度を g 〔m/s²〕，時間を t 〔s〕，投げ上げた地点からの高さを y 〔m〕で表すものとすると，$v = v_0 - gt$ …①，$y = v_0 t - \frac{1}{2}gt^2$ …②の2つの公式が成り立つ。

ここで，$v_0 = 58.8$，$g = 9.8$ であり，最高点では $v = 0$ となるから，

①より，$0 = 58.8 - 9.8t$ 　∴　$t = 6$ 〔s〕

また，

②より，$y = 58.8 \times 6 - \frac{1}{2} \times 9.8 \times 6^2 = 352.8 - 176.4 = 176.4$ 〔m〕

以上より，正解は2。

8 3

解説 まず，回路全体の合成抵抗を求める。並列回路の合成抵抗の逆数は，それぞれの抵抗の逆数の和に等しいから，

$$\frac{1}{合成抵抗} = \frac{1}{3} + \frac{1}{3} + \frac{1}{3} + \frac{1}{3} = \frac{4}{3} \qquad \therefore \quad 合成抵抗 = \frac{3}{4} = 0.75 〔Ω〕$$

ここで，（電力）＝（電流）×（電圧）＝$\frac{（電圧）^2}{抵抗} = \frac{10^2}{0.75} \fallingdotseq 133.3$〔W〕

以上より，正解は3。

9 5

解説 1．誤り。媒質の振動方向と波の進行方向が垂直であるような波を横波といい，媒質の振動方向と波の進行方向が同じものを縦波という。縦波は疎密波とも呼ばれる。　2．誤り。2つの波の山と谷が重なったところでは波は打ち消し合い，山と山，谷と谷が重なる所では強めあう。この現象は干渉と呼ばれる。　3．誤り。波が異なる媒質の境界を進むときに方向が変わる現象を屈折という。　4．誤り。波の速さは単位時間に進む波の距離で求まる。媒質が振動して1秒間に往復する回数が振動数であり，波長をかけると1秒間に波が進んだ距離が求まる。よって波の速さは振動数×波長で求まる。　5．正しい。媒質が振動して1秒間に往復する回数が振動数なので，振動数の逆数は波が1往復するのにかかる時間を示す。つまり，周期に相当する。

自然科学　化学

　化学の分野では，ほとんどが高校化学の内容から出題される。「理論化学」，「無機化学」，「有機化学」に大別されるが，主に「理論化学」からの出題が多い。また，「無機化学」や「有機化学」の内容は，「理論化学」の内容が分かれば理解・暗記がしやすいので，まずは「理論化学」に優先的に取り組むとよい。

　「理論化学」では，計算問題とそれ以外の問題が同じぐらいの割合で出題される。計算問題としては，化学反応式をもとにした物質の質量，体積，物質量などの計算や，与えられた原子量から化合物の式量や分子量を求めることが必須である。そのうえで，気体の状態方程式（圧力，体積，絶対温度など），混合気体の分圧や全圧，溶解度を用いた物質の析出量，熱化学方程式を用いた反応熱，中和滴定に必要な酸や塩基の体積や濃度，酸や塩基のpH，電気分解で析出する物質の質量などが求められるようになっておきたい。その他には，化学理論（分圧の法則など），物質の分離法，化学結合，物質の状態変化，化学平衡，コロイド溶液，化学電池などについてしっかり整理しておこう。

　「無機化学」では，計算問題はほとんど出題されず，大部分が物質の性質を問う正誤問題である。まずは，元素周期表の特徴をしっかりと理解し，性質の似た物質のグループがあることを把握すること。また，イオン化エネルギーや電気陰性度など，周期表と大きく関わる用語を覚えよう。無機物質は金属と非金属に大別される。金属では，1族の金属，2族の金属の他に，鉄，銅，銀，アルミニウム，チタンなどの代表的な金属の性質，化学反応，製法を覚えておくこと。非金属では，ハロゲン，希ガス，炭素やケイ素の性質，化学反応を覚えておくこと。そのうえで，代表的な気体（酸素，窒素，二酸化炭素，アンモニアなど），溶液（塩酸，硫酸，硝酸など）などについて，教科書レベルの知識を身に付けておきたい。

　「有機化学」では，計算問題としては有機化合物の元素分析の結果から分子量が求められるようになろう。その他には，教科書レベルの代表的な有機化

合物の性質や反応性を覚えること，高分子化合物については，樹脂，繊維，ゴムなどに利用される物質について整理しておこう。

　本書に限らず，できるだけ多くの公務員試験の問題に触れ，解いた問題を中心に知識を増やしていこう。出題傾向がつかめたら，大学入試センター試験や大学入学共通テストから類題を探すのもよい。

狙われやすい！重要事項

☑ **基礎的な化学理論**
☑ **物質の状態変化**
☑ **酸と塩基**
☑ **化学平衡**
☑ **無機物質の性質**

演習問題

1 トルエンを，触媒を用いて酸化すると固体物質が得られる。この物質は次のどれに属するか。

　1　アミノ酸　　　　　2　脂肪酸　　　　　3　芳香族カルボン酸
　4　カルボン酸エステル　　5　炭水化物

2 次の文は，鍾乳洞がどうしてできるかについて述べたものである。文章全体から判断すると，ア〜エの中で適切でないものがある。適切でないものすべてをあげているのはどれか。

　石灰岩地帯にCO_2を含んだ$_7$弱酸性の水が浸透すると，石灰岩中のCaが$_7CaCO_3$として水に溶けてしまう。この溶液が空洞に出ると，$_9$圧力の減少，水分の蒸発などによって$_7Ca(HCO_3)_2$の沈殿が生じて，これが鍾乳石となる。

　1　エ
　2　イ・エ
　3　ウ・エ
　4　ア・イ・ウ
　5　イ・ウ・エ

3 鉄の性質に関する次の記述のうち，誤っているものはどれか。

1　酸性域の水中においては，水素イオン濃度が高いほど腐食しやすい。

2　濃硝酸に浸すと，不動態皮膜を形成する。

3　アルカリ性のコンクリート中では，腐食が抑制される傾向がある。

4　塩分の付着したものは，腐食しやすくなる。

5　水中で鉄と銅が接触しているとき，鉄の腐食は抑制される。

4 次の記述のうち，最も妥当なものはどれか。

1　銅は金属の中で最もよく電気や熱を導く。また，この金属の化合物は感光性があるので，写真のフィルムに用いられる。

2　アルミニウムは酸化物を融解塩電解をすることで得られる金属である。この元素の単体は軽くてやわらかい金属である。空気中では表面が酸化されて，ち密な被膜を生じている。

3　水銀の単体は常温で固体である。他の金属と合金をつくりやすく，これをアマルガムという。

4　鉄は酸化物をコークスから生じる一酸化炭素で還元して得られる。この金属にクロムやニッケルを混ぜてつくった合金はジュラルミンといわれ，錆びにくいという特徴をもつ。

5　カルシウムは常温で水と激しく反応し，水素を発生させる。炎色反応で呈する色は黄色である。炭酸塩と塩酸を反応させると二酸化炭素が発生する。

5 結晶に関する記述として，最も妥当なものはどれか。

1　共有結合は結合力が強いといわれるので，氷やドライアイスなどの分子結晶は，硬度がきわめて大きい。

2　塩化ナトリウムや水晶のようなイオン結晶は，溶融した場合，電気伝導性がある。

3　ナフタレンや水素が昇華しやすいのは，分子間力が弱く，分子の熱運動により容易に分子間の結合が切れるためである。

4　氷は水よりも密度が小さい。これは，水の結晶では，分子が比較的大きなすき間をつくって配列しているからである。

5　ダイヤモンドは互いに電子を出し合って，その自由電子によって結合しているので，融点，沸点は高い。

6 次の現象のうち，化学変化とよばれるものはどれか。
 1 水が沸騰して水蒸気になる
 2 砂糖が水に溶ける
 3 紙が燃えて灰になる
 4 鉄を高温に熱すると溶ける
 5 酸素の気体に圧力を加えると体積が小さくなる

7 5.0×10^5〔Pa〕，27℃，10Lの気体を，温度を変えずに25Lになるまで膨脹させると，圧力は何Paになるか。
 1 1.0×10^5〔Pa〕 2 1.5×10^5〔Pa〕 3 2.0×10^5〔Pa〕
 4 5.0×10^5〔Pa〕 5 12.5×10^5〔Pa〕

8 ある物質25gを100gの水に溶かした。この水溶液の質量パーセント濃度はいくらになるか。
 1 20% 2 25% 3 30% 4 50% 5 125%

9 化学変化に関する記述として，妥当なものはどれか。
 1 気体が関係する化学反応において，同温かつ同圧の下で，反応する気体の体積間には簡単な整数比が成り立つ。
 2 化学反応において，正触媒を加えると，活性化エネルギーが増大することを通じて反応速度が大きくなる。
 3 可逆反応において，実際に反応が停止した状態を化学平衡といい，この状態に達した後に，濃度や圧力など条件を変えても，新たな化学変化は起こらず，不変の状態が続く。
 4 中和反応とは，酸の水素イオンと塩基の水酸化物イオンが反応して，水が生成することによってそれぞれのイオンの性質が打ち消される反応であり，物質によって，吸熱反応と発熱反応のいずれかを示す。
 5 ケン化と呼ばれる反応を利用して作られるのがセッケンであり，具体的には，油脂に酸を加えることによって製造される。

10 **有機化合物に関する次の記述のうち，妥当なものはどれか。**

1　炭素原子を含む化合物はすべて有機化合物に分類される。

2　有機化合物は導電性のないものが多く，可燃性のものが多い。

3　有機化合物を構成する元素の種類は少なく，化合物数も無機化合物に比べて少ない。

4　多くの有機化合物は，水に溶けやすく，エーテルなどの溶媒に溶けにくい。

5　有機化合物は共有結合でできているため，融点や沸点は高いものが多い。

《 解 答 ・ 解 説 》

1　3

解説 トルエン $C_6H_5CH_3$ は二酸化マンガンを触媒として酸化すると，安息香酸 C_6H_5COOH が生成する。

アミノ酸……………………酸性のカルボキシ基―COOHと塩基性のアミノ基―NH_2を含んでいる化合物。

脂肪酸……………………R―COOHという一般式で表される化合物。脂肪族カルボン酸ともいう。

芳香族カルボン酸………芳香族炭化水素（ベンゼン環を含む炭化水素）の水素原子1個またはそれ以上を，カルボキシ基―COOHで置換した化合物。

ヒドロキノン酸…………芳香族炭化水素の水素原子2個が，アルコール基―OHで置換されたもの。

カルボン酸エステル……カルボン酸とアルコールが反応して生成する化合物。

炭水化物…………………炭素の水和物として示される化合物。

2 2

解説 ア．正しい。二酸化炭素が溶けた水のpHは約5.6であり，弱酸性である。 イ．誤り。石灰岩は炭酸カルシウム$CaCO_3$が堆積したものであり，これが水に溶けると，$CaCO_3 + H_2O + CO_2 \rightarrow Ca(HCO_3)_2$という化学反応が起こり，炭酸水素カルシウム$Ca(HCO_3)_2$が生じる。 ウ．正しい。水に溶け出した$Ca(HCO_3)_2$は，水分の蒸発や圧力の減少などで，$Ca(HCO_3)_2 \rightarrow CaCO_3 + H_2O + CO_2$という反応が起こり，再び$CaCO_3$が析出する。 エ．誤り。ウの反応式で析出した$CaCO_3$が沈殿することで，鍾乳洞ができる。

したがって，イの「$CaCO_3$」とエの「$Ca(HCO_3)_2$」を入れ替えると，正しい文章となる。

以上より，正解は2。

3 5

解説 水中で鉄と銅が接触している場合，銅よりもイオン化傾向が大きな鉄の腐食が促進される。

4 2

解説 1．誤り。銀に関する記述である。 2．正しい。 3．誤り。水銀の単体は常温で液体である。 4．誤り。ジュラルミンはアルミニウムと銅を主成分とする合金である。 5．誤り。カルシウムが炎色反応で呈する色は橙赤色である。

5 3

解説 1．誤り。分子結晶は，分子内の原子の結合は共有結合であるが，分子間力による結合力が弱いため，もろくてこわれやすい。 2．誤り。水晶はイオン結晶ではなく，共有結合性結晶である。 3．正しい。 4．誤り。水ではなく氷の分子が，大きなすき間をつくって配列している。 5．誤り。ダイヤモンドではなく鉄などの金属結晶の記述である。

6 3

解説 物質そのものが新しいもの（別の化学式で表すもの）に変化することを化学変化という。1，2，4，5は物質そのものは変化していない。

7 3

解説 膨張後の気体の圧力を P〔Pa〕とすると，ボイルの法則より，

$$(5.0 \times 10^5) \times 10 = P \times 25$$

$$P = \frac{(5.0 \times 10^5) \times 10}{25} = 2.0 \times 10^5 \text{〔Pa〕}$$

以上より，正解は3。

8 1

解説 溶質の質量が25g，溶媒の質量が100gより，溶液の質量は25 + 100 = 125〔g〕となる。よって，この水溶液の質量パーセント濃度は，

$$\frac{25}{125} \times 100 = 20 \text{〔%〕}$$

以上より，正解は1。

9 1

解説 1．正しい。気体反応の法則についての記述である。　2．誤り。正触媒を加えた場合，活性化エネルギーが減少することを通じて反応速度が大きくなる。　3．誤り。化学平衡の状態では，反応は止まっているように見えるものの，実際に止まっているわけではなく，右向きの反応と左向きの反応の速度が等しくなっている。また，化学平衡に達した後も，濃度，圧力，温度の影響により反応が進み，新たな平衡状態に達する。　4．誤り。中和反応は発熱反応であり，そこで生じる熱を中和熱という。　5．誤り。セッケンは，油脂に塩基である水酸化ナトリウムを加えて加熱することによって作られる。

10 2

解説 1. 誤り。炭素を含む化合物を有機化合物に分類するが，COやCO_2，炭酸塩，シアン化物などは炭素原子を含むが無機化合物に分類される。2. 正しい。有機化合物は無極性のものが多く，イオンに電離するものも少ないため，ほとんどの化合物が導電性を持たない。有機化合物は可燃性のものが多い。　3. 誤り。有機化合物を構成する元素は，炭素。水素，酸素，窒素などが主で，他に硫黄，リンなどを含むものもあるが，構成元素の種類は少ない。しかし，同じ分子式で示される化合物でも，構造式や立体構造の違いによる異性体が存在するため化合物数は非常に多い。　4. 誤り。多くの有機物は無極性の分子であり，水和されにくく水に溶けにくい。逆にエーテルのような無極性の有機溶媒には溶けやすい。　5. 誤り。有機化合物は原子同士が共有結合で結びついている。しかし，分子性の物質で分子間には弱い分子間力が働くため，結合力が弱く融点や沸点は低い。

自然科学　生物

############## POINT ##############

　生物の分野では，高校までの内容が出題される。出題形式としては，ほとんどの問題が基本的な知識を問う正誤問題や穴埋め問題で，計算問題はごく一部である。また，教科書と同じような図表が与えられる問題が多いので，図表から必要な情報を的確に読み取れるように，教科書などをしっかり読み込んでおこう。暗記事項が多いものの，中学生物の知識だけで解ける問題もあるため，効果的な学習ができれば十分得点源となる。以下に，それぞれの単元で最重要事項をまとめるので，優先的に取り組んでほしい。

　「細胞」に関する内容として，まずは「細胞小器官」の構造やはたらきを覚え，「動物細胞と植物細胞の違い」を整理しよう。次に，「細胞分裂」について「体細胞分裂の一連の流れ」を覚え，その後「減数分裂」との違いを整理しよう。さらに，「動物細胞と植物細胞の分裂の仕組みの違い」についても理解しよう。図が与えられた問題の対策としては，「どの細胞のどの分裂のどの時期か」が判断できるようになっておきたい。なお，細胞周期や分裂細胞数の計算方法にも慣れておこう。

　「遺伝子」に関する問題として，まずは「DNA と RNA」の構造やはたらきを覚え，これらの違いを整理しよう。次に，「遺伝現象」について，「メンデルの法則に従う遺伝現象」の一連の流れや 3 つの法則，生まれてくる子の遺伝子型や表現型の分離比の計算方法を完璧に押さえること。その上で，「メンデルの法則に従わない遺伝現象」について，具体例とともに覚えよう。特に，「ABO 式血液型」で生まれてくる子の血液型のパターンを問う問題は頻出である。余裕があれば，伴性遺伝の仕組みや組み換え価の計算などに挑戦しよう。

　「代謝」に関する問題としては，まずは「酵素」について基本的な性質を覚え，「消化酵素のはたらきと分泌腺」の組合せを覚えよう。次に，「呼吸」については 3 つの過程を覚え，それぞれの反応に関与する物質や生成する ATP の数を覚えよう。また，「光合成」からは様々な論点や図表からの出題実績があるので，一連の流れを覚えるだけでなく，できるだけ多くの問

題に触れること。

　「体内環境と恒常性」に関する内容としては，「免疫反応」の体液性免疫と細胞性免疫の流れと違い，「血液凝固」の仕組み，「ホルモン」のはたらきと分泌腺，「交感神経と副交感神経」のはたらきの違い，「腎臓と肝臓」のはたらき，「ヒトの脳」の部位とはたらきの違いなどがよく出題される。ほとんどがヒトに関わる内容なので取り組みやすいが，「ホルモン」については植物ホルモンから出題される場合も多い。

　「生態系」に関する問題としては，「食物連鎖」や「物質循環」がよく出題されるので，全体の流れをしっかりと把握し，図の読み取りや穴埋め形式の問題への対応をしよう。

　本書に限らず，できるだけ多くの公務員試験の問題に触れ，解いた問題を中心に知識を増やしていこう。出題傾向がつかめたら，大学入試センター試験や大学入学共通テストから類題を探すのもよい。

狙われやすい！重要事項

☑ **細胞**
☑ **代謝**
☑ **体内環境と恒常性**
☑ **生態系**

《 演 習 問 題 》

1 遺伝の種類と具体的な例として，正しい組み合わせはどれか。

1　複対立遺伝子 —— ヒトのABO式血液型

2　致死遺伝子 ——— スイートピーの紫と白の花色

3　伴性遺伝 ———— マルバアサガオやオシロイバナの花色

4　不完全優性 —— ヒトの赤緑色覚異常

5　補足遺伝子 —— キイロハツカネズミの毛色

2 ある植物細胞を，体細胞分裂に適した環境で培養したところ，600個であった細胞が，30時間後には2400個に増加していた。この細胞の細胞周期として正しい時間はどれか。ただし整数で表すものとする。

1　5時間　　2　10時間　　3　15時間　　4　20時間　　5　25時間

3 植物の開花について，正しく記述されているのはどれか。

1　トマト，エンドウ，トウモロコシなどは，明期が長くなり，暗期が10時間以下にならないと花芽が形成されず，開花できない。

2　冬になってから温室で発芽させた秋まきコムギは，暖かい環境下の栽培により成長が促進され，初夏には出穂し，開花してしまう。

3　わが国の植物園などで温室栽培されている熱帯植物の多くは，明期が長くなる春から初夏にかけて，開花する。

4　暗期が一定時間以上になると開花する植物アサガオは，暗期の途中で，数分間程度だけなら光を当てても，花芽の形成に影響せず，開花する。

5　秋咲き植物であるキクは，葉の上半部をすべて除去しても，下半部を短日処理をすれば，茎の上部成長点に花芽が形成され，開花する。

4 人間の輸血について，正しく記述されているのはどれか。

1　A型の人からB型の人への輸血は可能である。

2　A型の人からO型の人への輸血は可能である。

3　A型の人からAB型の人への輸血は可能である。

4　B型の人からO型の人への輸血は可能である。

5　AB型の人からB型の人への輸血は可能である。

5　大脳のはたらきを述べた記述として，最も妥当なものはどれか。

1　からだの平衡を正しく保つ中枢がある。

2　感覚・感情・記憶・推理・判断の中枢がある。

3　内臓のはたらきを調節する中枢がある。

4　呼吸・心臓のはく動・かむ・飲みこむなどの中枢がある。

5　眼球運動，こう彩の中枢がある。

6　ヒトの色覚異常は劣性の遺伝病で，伴性遺伝をする。次のうちヒトの色覚異常の遺伝について，正しく記述されているのはどれか。

1　父，母とも色覚異常でなくても，色覚異常の息子が産まれることがある。

2　父，母とも色覚異常であっても，その娘が色覚異常であるとはかぎらない。

3　母が色覚異常だったら，その子供はすべて色覚異常である。

4　健康な父と，色覚異常の母では，その息子は健康で，娘は潜在色覚異常になる。

5　色覚異常の父と，健康な母では，その息子は色覚異常で，娘は潜在色覚異常になる。

7　植物体の生理に関する記述として，妥当なものはどれか。

1　緑色植物の炭酸同化作用には，光のエネルギーのほかに，体内の糖分を分解することによって得られるエネルギーも利用される。

2　ふつうの緑色植物では，大気中の遊離窒素を体内に吸収して，これを炭水化物と結合させてアミノ酸を生成する。そして最終的には，いろいろなタンパク質を合成する。

3　水分の蒸散は，主として葉の裏面にある気孔を通じて行われる。また，蒸散は，昼間より夜間のほうが盛んで，早朝に葉に水滴が残っていることがある。

4　気孔の開閉は，気孔の内側と外側の細胞の熱膨張率の違いによるものである。気孔が開くのは，外側の細胞がより膨張したときである。

5　ある種の植物は，微生物と共生することにより，栄養分に乏しい土地でも生育することができる。

8　種子の発芽に必要な条件の組み合わせとして，妥当なものはどれか。
1　水　　　温度　　　空気
2　水　　　温度　　　土
3　土　　　温度　　　肥料
4　光　　　土　　　　温度
5　水　　　光　　　　温度

9　遺伝子に関する記述として，誤っているものはどれか。
1　遺伝子はたんぱく質を生産するもとになる。
2　種を構成するのに必要な最小の遺伝子群のことをゲノムと呼ぶ。
3　遺伝子治療は遺伝性疾患やがんなどの患者に遺伝子を導入して行う治療のことである。
4　ヒトの遺伝子の本体はRNAである。
5　遺伝子は4種の遺伝暗号（塩基）が連なってできている。

10　生態系に関する記述として，妥当なものはどれか。
1　自浄できる分量を大幅に超えた汚水が海などに流入すると，ほとんどのプランクトンが瞬時に死滅する。その結果，多くの魚類が，捕食する対象を失うため，死滅に至る。
2　アンモニアは，窒素の循環において重要な役割を果たす。アンモニアは，植物の根によって吸収され，アミノ酸やタンパク質などに変えられる。
3　生態系ピラミッドは，生産者，第一次消費者，第二次消費者などによって構成される。いわゆる高次の消費者は，低次の者に比べると，個体数，エネルギー量において，大規模になる。
4　無機物から有機物を生み出す働きを持つのが生産者である。プランクトンや細菌はこれに含まれず，緑色植物が主な例として挙げられる。
5　湖沼における生態系に大きな脅威を与えているのは硫黄酸化物や窒素酸化物である。被害の最大の原因は，雨が少ない地域の湖沼において，自然界に古くから存在する化合物の濃度が上昇したことにある。

1　1

解説　1.　正しい。複対立遺伝子は3つ以上の対立遺伝子による遺伝現象
で，ヒトのABO式血液型などに見られる。　2.　誤り。致死遺伝子はキイロ
ハツカネズミの毛色の決定などに関わっている。　3.　誤り。伴性遺伝は性
染色体上に存在する遺伝子による遺伝現象で，ヒトの赤緑色覚異常などで見
られる。　4.　誤り。不完全優性はマルバアサガオやオシロイバナの花色など
で見られる。　5.　誤り。補足遺伝子はスイートピーの花の色の決定などに関
わっている。

2　3

解説　体細胞分裂では，1回の分裂で1個の細胞が2個になる。30時間で細
胞数が4倍に増えていることから，全ての細胞が分裂したと仮定すれば，2回
分裂が起きたことがわかる。全ての細胞が2回分裂するには細胞周期の2倍の
時間がかかるので，細胞周期は$\frac{30}{2} = 15$〔時間〕となる。
以上より，正解は3。

3　5

解説　1.　誤り。トマト，エンドウ，トウモロコシなどは，明暗の長さに
関係なく花芽が形成される中性植物である。　2.　誤り。秋まきコムギは，一
定期間低温条件におかれてから開花結実する。このように，低温条件で花芽
の形成を促すことを春化処理という。　3.　誤り。多くの熱帯植物は短日植物
であり，開花時期は秋〜冬である。　4.　誤り。暗期がある一定の長さ以上に
なると花芽を形成する短日植物に対して，暗期の途中に光を当てると花芽が
形成されなくなる。これを光中断という。　5.　正しい。日長刺激を受容す
るのは葉であり，葉でつくられたフロリゲンという花芽形成促進物質が芽に
移動することで，花芽が形成される。一部の葉が日長を受容すれば，その刺
激は植物全体に伝わっていく。

4 3

解説 実際の輸血の場合は，同じ血液型同士で行うが，理論上は次のようになる。

　各型の血液にはそれぞれ赤血球の中に凝集原（A，B）と，血しょうの中に凝集素（α，β）をもっている。そして輸血の際に，Aとα，Bとβが出会うと，抗原抗体反応が起こり，輸血は不可能となる。各型の凝集原，凝集素を表すと，

A型……A，β	B型……B，α
AB型……AとB，凝集素はナシ	O型……凝集原はナシ，αとβ

となる。つまり，輸血をして供血者と受血者のAとα，Bとβが共存しなければ輸血可能となる。

5 2

解説 1. 誤り。これは小脳のはたらきに関する記述である。　2. 正しい。3. 誤り。これは間脳に関する記述である。　4. 誤り。これは延髄に関する記述である。　5. これは中脳に関する記述である。

6 1

解説 ヒトの色覚異常に関する遺伝子は，X染色体上に存在する。健康な男性の性染色体をXY，健康な女性の性染色体をXXとし，色覚異常をもたらすX染色体をX′と表すと，色覚異常の男性はX′Y，色覚異常の女性はX′X′である。また症状は出ていないものの，X′染色体を1つもつ女性X′Xを潜在色覚異常とする。以上を組み合わせて産まれる可能性のある子どもは次の表のようになる。

	両　　親		子　　　供	
	父	母	息　子	娘
ア	X Y	X X	X Y	X X
イ	X Y	X′ X	X Y, X′ Y	X X, X′ X
ウ	X Y	X′ X′	X′ Y	X′ X
エ	X′ Y	X X	X Y	X′ X
オ	X′ Y	X′ X	X Y, X′ Y	X′ X′, X′ X
カ	X′ Y	X′ X′	X′ Y	X′ X′

1.　正しい。イより，健康な父XYと潜在色覚異常の母X′Xの間には，色覚異常の息子X′Yが産まれる可能性がある。　2.　誤り。カより，色覚異常の父X′Yと母X′X′の間には，色覚異常の娘X′X′が産まれる可能性がある。3.　誤り。ウより，色覚異常の母X′X′と健康な父XYの間には，潜在色覚異常の娘X′Xが産まれる可能性がある。　4.　誤り。ウより，健康な父XYと色覚異常の母X′X′との間には，色覚異常の息子X′Yが産まれる。　5.　誤り。エより，色覚異常の父X′Yと，健康な母XXの間には，健康な息子XYが産まれる。

7　5

解説　1.　誤り。緑色植物の炭酸同化作用とは光合成のことであり，吸収した光エネルギーを用いて合成した化学エネルギー（ATP）が利用される。2.　誤り。一般的な植物は，空気中の窒素を直接利用することはできず，根を通して地中に含まれている硝酸イオンやアンモニウムイオンの形で吸収している。　3.　誤り。気孔は日中に開き，夜間閉じているため，水の蒸散は日中に多く，夜間は少ない。　4.　誤り。気孔の開閉は，孔辺細胞の膨圧の変化によるもので，孔辺細胞が吸水による膨圧でふくれると，気孔は開く。　5.　正しい。これはマメ科植物と根粒菌の相利共生の例である。

8　1

解説　一般に，種子の発芽に必要な条件は温度，水，空気であり，光，土，養分（肥料）は当てはまらない。

9 4

解説 1. 正しい。DNAの塩基配列がRNAに写し取られ，これをもとに
アミノ酸配列がつくられ，たんぱく質が合成される。遺伝子とは，DNAの塩
基配列のうちたんぱく質合成に関与する部分である。　2. 正しい。ゲノムと
はすべての遺伝情報のことである。ヒトの場合，ゲノムは約20500個の遺伝
子からなる。　3. 正しい。遺伝子治療とは，患者に遺伝子を導入することで
遺伝子を組み換え，病気を治療する方法である。　4. 誤り。ヒトの遺伝子の
本体はDNAである。　5. 正しい。DNAを構成する塩基配列には4種類の塩
基があり，その組み合わせが遺伝暗号となり，合成するアミノ酸配列を指定
する。

10 2

解説 1. 誤り。汚水の流入は，特定のプランクトンの異常な発生や増加
をもたらす。その結果，酸素が不足することにより，魚類などの大量死に至
る。　2. 正しい。植物の根から吸収されたアンモニアは，その植物の中で，
アミノ酸，タンパク質などの有機窒素化合物の合成に利用される。　3. 誤
り。低次の消費者は，高次の者に比べると，個体数，エネルギー量，生体量
のいずれも大きくなる。　4. 誤り。植物プランクトンや光合成細菌は，生産
者に含まれる。　5. 誤り。酸性雨と富栄養化の説明が混同されている。酸性
雨が湖沼にもたらす影響は，硫黄酸化物や窒素酸化物が溶け込んだ雨により
湖沼が酸性化し，魚などが減少することである。一方，富栄養化が湖沼にも
たらす影響は，生活排水が大量に流入することで，湖沼に元から存在する栄
養塩類の濃度が増加し，プランクトンなどが異常発生することである。

自然科学　　　地 学

　地学の分野では，高校までの内容が出題される。出題形式としては，ほとんどの問題が基本的な知識を問う正誤問題や穴埋め問題で，計算問題はごく一部である。中学の学習内容が最も役に立つ分野といえるので，高校地学の勉強が困難な場合は，中学地学から取り組むのもよい。以下に，それぞれの単元の最重要事項をまとめるので，優先的に取り組んでほしい。

　「地球の外観と活動」に関する内容として，まずは地殻や境界面の種類や特徴をしっかり覚えること。そのうえで，プレートやマントルなど，「地震」や「火山活動」につながる仕組みについて理解しよう。その他にも，ジオイドや重力の定義の理解，扁平率の計算などが出題されやすい。「地震」では，P波とS波の違いや震度とマグニチュードの違いについて理解するとともに，地震波の速度・震源からの距離・地震発生時刻の計算ができるようにしたい。「火山活動」を理解するためには，まずは「火成岩の分類」を完璧に覚える必要がある。鉱物組成の違いがマグマの粘度の差となって現れ，火山の形や活動様式の違いにつながっていく。

　「地球の歴史」に関する問題としては，地質年代を代表する生物の名称，大量絶滅などの出来事について，時系列で整理しておこう。また，示相化石や示準化石についても狙われやすい。

　「大気と海洋」については，「大気」に関する内容に優先的に取り組もう。日本の季節，前線の種類と特徴，台風の定義などは頻出である。また，フェーン現象を題材とした乾燥断熱減率・湿潤断熱減率を使った温度計算や，相対湿度の計算をできるようにしよう。その他にも，風の種類や大気圏の層構造について問われることがある。「海洋」については，エルニーニョ現象が起こる仕組みが頻出である。

　「宇宙」に関する問題としては，まずは地球から見て恒星・惑星・月・星座などがどのように見えるかを完璧に覚えよう。また，南中高度の計算もできるようにしておくこと。次に，「太陽や太陽系の惑星」について，それぞれの特徴を押さえよう。特に，地球型惑星と木星型惑星の違い，金星の見え方な

どが頻出である。会合周期の計算もできるようにしておきたい。さらに，「太陽系外の宇宙の構造」として，HR図を使った恒星の性質の理解，恒星までの距離と明るさの関係などを知っておこう。

　本書に限らず，できるだけ多くの公務員試験の問題に触れ，解いた問題を中心に知識を増やしていこう。出題傾向がつかめたら，大学入試センター試験や大学入学共通テストから類題を探すのもよい。

👉 狙われやすい! 重要事項 ⋯⋯⋯⋯⋯⋯⋯⋯⋯⋯⋯⋯

☑太陽系
☑地球の運動
☑大気と海洋
☑地球の内部構造
☑地震

《 演 習 問 題 》

1 岩石に関する記述として，誤っているものはどれか。

1　大地を形成する岩石は，火成岩，堆積岩，変成岩に大別される。このうち，火成岩はその生成過程により，火山岩，深成岩に分類される。

2　火成岩のうち，マグマが地殻の深部でゆっくり冷えて固まってできた岩石を深成岩とよび，カコウ岩やセンリョク岩などがある。

3　火山岩と深成岩の組織を比べると，火山岩が等粒状であるのに対し，深成岩は斑状になっている。

4　岩石を，化学組成により分類した場合，それぞれのSiO_2を含む割合によって，その多い順に酸性岩，中性岩，塩基性岩などに分類することができる。

5　酸性岩は白っぽく見えるが，塩基性岩は黒っぽい。

2 太陽系における地球型惑星（地球，水星，金星，火星）と木星型惑星（木星，土星，天王星，海王星）を比べたとき，正しいのはどれか。

1 各々の半径および質量は，木星型惑星より地球型惑星のほうが小さいが，平均密度は地球型惑星のほうが大きい。

2 各々の質量は，地球型惑星が太陽に近いものほど，木星型惑星が太陽から遠いものほど小さくなる。

3 各々の自転周期は，木星型惑星より地球型惑星のほうが短い。

4 各々の軌道平均速度は，地球型惑星が太陽に近いものほど，木星型惑星が太陽から遠いものほど小さくなる。

5 各々の扁平率（（赤道半径－極半径）÷赤道半径）は，木星型惑星より地球型惑星のほうが大きい。

3 地震に関する以下の記述で，正しいものの組み合わせを選べ。

A 震度は各地での地震の揺れの大きさを表すが，震度は0から7までの10段階に分かれている。

B 地殻とマントルでは地震波の進む速度はマントルの方が速い。

C 地震波にはP波，S波，表面波があるがP波が最も速く，S波が最も遅い。

D 地震のエネルギーを表すマグニチュードは1大きくなると約32倍のエネルギーとなり，2大きくなると約64倍のエネルギーとなる。

1 A・B　　2 A・C　　3 A・D　　4 B・C　　5 B・D

4 寒冷前線が気温に与える影響について，最も妥当な記述はどれか。

1 寒冷前線が近づくと気温は下がり，通過後，また元の気温にもどる。

2 寒冷前線は，温暖前線のような変化はなく，気温の変化はほとんどない。

3 寒冷前線が近づくと気温は下がり，通過後もその気温は変わらない。

4 寒冷前線が近づくと気温は上がり，通過後気温は下がる。

5 寒冷前線が通過すると，気温が激しく変化し，上昇するとも下降するとも一概には言えない。

5　太陽に関する記述として，最も適当な記述はどれか。

1　太陽をおおう大気の最外層を彩層とよび，弱い光を発して，黒点の多い時期にはほぼ円形になり，少ない時期には楕円形になっている。

2　太陽面上の暗い斑点状の点を黒点とよび，温度は，その周辺に比べると低く，平均して約11年を周期として増減している。

3　太陽のまわりでは，絶えず赤い炎が高く吹き上げられたり下降したりしている。この部分をプロミネンス（紅炎）とよび，組成成分は水素，ヘリウム，カルシウムなどの軽い元素のみである。

4　太陽の大気の最下層部分をコロナとよび，太陽表面から非常に速く飛び出す赤く輝くガスの集合である。

5　太陽をおおっている大気を含めた全体を光球とよび，中心部が暗く，周辺部は明るい。

6　大気圏に関する記述として，最も妥当なものはどれか。

1　大気圏は地表から1000km以上の高空まで広がっており，下から順に，対流圏，電離圏，中間層，成層圏に分けられる。

2　対流圏では，雲，雨，台風，前線活動，雷などの天気現象が見られる。しかしながら，これは対流圏特有の現象ではない。

3　約10kmから約50kmの成層圏には，太陽からの紫外線を吸収するオゾン（O_3）を多く含むオゾン層がある。

4　中間圏の気温は，上層になるに従って上がり高度90kmでは摂氏約80度になる。

5　熱圏には，電子密度が極小となるいくつかの電離層が存在する。

7　日本上空の気団と気候に関する記述として，最も妥当なものはどれか。

1　小笠原気団は，夏に到来する気団であり，気団の発達によって，高温で乾燥した季節風が日本列島に吹く。

2　揚子江気団は，移動性低気圧，温帯低気圧を発達させ，日本に高温多湿な気候をもたらす気団である。

3　オホーツク海気団は，主に春・秋に日本に到来する低温で乾燥した気団であり，停滞前線となって，日本上空に停滞することがある。

4　シベリア気団は，主に冬に日本へ到来する低温で乾燥した気団であり，「西高東低」の気圧配置をとることが多い。

5 赤道気団は，主に夏になると日本に到来し，高温で乾燥した気候をもたらす気団である。

⑧ 火山活動に関する記述として，最も妥当なものはどれか。
1 火山は，全て地下の粘性の小さいマグマが地表に噴出したものである。
2 火山噴火によって，火山地域には必ず陥没地形（カルデラ）が生ずる。
3 火山の噴火は，大陸地域には起こらない。
4 盾状火山をつくるマグマは，玄武岩質である。
5 火砕流は，流紋岩質マグマより玄武岩質マグマの活動に多い。

⑨ 月はいつも同じ面を地球に向けている。このことを説明する事象として，正しいものはどれか。
1 月の公転周期が地球の自転周期に一致する
2 月は自転も公転もしていない
3 月の自転周期と月の公転周期が一致する
4 月の自転周期が地球の自転周期に一致する
5 月の公転周期が地球の公転周期に一致する

《《 解 答・解 説 》》

[1] 3

解説 3.は「火山岩」と「深成岩」の説明が逆である。火山岩は斑状組織，深成岩は等粒状組織をもっている。

[2] 1

解説 1. 正しい。木星型惑星は主に気体でできているが，地球型惑星の表面は固体である。この違いが，大きさや密度の違いに関わっている。　2. 誤り。惑星を太陽から近い順に並べると，水星，金星，地球，火星，木星，土星，天王星，海王星となるが，最も大きいのは木星であり，土星，天王星，海王星，地球，金星，火星，水星と続く。よって，地球型惑星については，太陽からの距離と大きさの間には規則性はない。　3. 誤り。自転周期は，木星型惑星のほうが短い。　4. 誤り。いずれの型の惑星でも，軌道平均速度は太陽からの距離が遠いほど小さい。　5. 誤り。扁平率は，地球型惑星より木星型惑星のほうが大きい。

[3] 1

解説 A. 正しい。震度5と6には強と弱があり計10段階である。　B. 正しい。マントルは圧力などの要因により地殻に比べて岩石どうしが密着しており，弾性定数が大きく，硬いので，地震波が伝わりやすく速度が速くなる。C. 誤り。P波が最も速く，次いでS波，表面波は最も遅い。　D. 誤り。マグニチュードが1大きくなると約32倍になることは正しいが，2大きくなると$32 \times 32 \fallingdotseq 1000$倍になる。

[4] 4

解説 ある地点を温帯低気圧が通過する際には，先に温暖前線が近づき，これが通過することで気温は上がる。このとき，その地点には後からくる寒冷前線が近づいており，寒冷前線が通過するとその地点の気温は下がる。以上より，正解は4。

5 2

解説 1. 誤り。彩層の外側にはコロナという真珠色の層がある。 2. 正しい。太陽の表面温度は約6000Kであるが，黒点では1500～2000Kほど低温である。 3. 誤り。プロミネンスとは，太陽表面から飛び出す赤いガスであり，カルシウムは含んでいない。 4. 誤り。コロナより彩層の方が下層である。 5. 誤り。太陽は中心部が最も明るく，周辺部ほど暗い。また，光球とは光を出している厚さ約500kmの層のことである。

6 3

解説 1. 誤り。大気圏は下から，対流圏，成層圏，中間圏，熱圏の順である。 2. 誤り。天気の変化は，対流圏で起きる現象である。 3. 正しい。オゾン層が太陽からの紫外線を吸収することにより，成層圏は高度が高くなるほど気温が上昇する。 4. 誤り。中間圏の気温は，高度が高くなるほど下降する。 5. 誤り。熱圏にある電離層は，電子密度が高い層である。

7 4

解説 1. 誤り。小笠原気団は，海洋性の高温湿潤な気団であり，この気団により日本の天気は，高温で湿度が高い日が続くことが多くなる。 2. 誤り。揚子江気団は，直接日本に到来するのではなく，気団の一部が偏西風に乗せられて日本列島を西から東へと代わる代わる横断し，天気を周期的に変化させる。 3. 誤り。オホーツク海気団は海洋性なので多湿な気団である。また，オホーツク海気団と小笠原気団の勢力がつり合った状態になることで，停滞前線が作られ日本列島に梅雨をもたらす。 4. 正しい。シベリア気団の影響により，日本では冷たい北西風が吹き，これにより日本海側では雪が多くなる。 5. 誤り。赤道気団は海洋性なので多湿である。また，主に台風の時期に日本に到来する。

8 4

解説 1. 誤り。粘性の大きなマグマが地表に噴出してできた火山もある。 2. 誤り。カルデラが生ずるのは，粘性の大きなマグマが噴出する火山地域である。 3. 誤り。火山の噴火は，大陸でも海底でも起こっている。 4. 正しい。玄武岩質マグマは粘性が小さく，盾状火山をつくる。 5. 誤り。火

砕流は，粘性が非常に大きな流紋岩質マグマの活動により多く発生する。

9　3

解説 月は地球の周りを1回公転するごとに，1回自転しており，月の公転周期と月の自転周期が一致している。その自転周期は27.3日で，地球より長い。

第4部

文章理解

- 現代文
- 英　文

文章理解　現代文

||||||||||||||||||||||||||||||||||| **P O I N T** |||||||||||||||||||||||||||||||||

　長文・短文にかかわらず大意や要旨を問う問題は，公務員試験においても毎年出題される。短い時間のなかで正解を得るためには，次のような点に注意するのがコツである。

① 全文を，引用などに惑わされず，まず構成を考えながら通読してみること。

② 何が文章の中心テーマになっているかを確実に把握すること。

③ 引続き選択肢も通読してしまうこと。

④ 選択肢には，正解と似通った紛らわしいものが混ざっているので，注意すること。

⑤ 一般に本文中にも，選択肢と対応した紛らわしい要素が混ざっているので，これを消去すること。

　こうすると，5肢選択といっても，実際には二者択一程度になるので，後は慌てさえしなければ，それほど難しいものではない。

<< **演 習 問 題** >>

1 次の文章の内容と一致するものとして，適当なものはどれか。

　西欧のブルジョワ家族はその子供を外社会から隔離することによって，近代的自我を培養したのである。ところが日本の近代社会では，家族のなかにおいてではなく，家族に反逆することによって近代的自我が成長したのだ。それは日本の家族が密室ではなかったからである，というほかはない。日本の家屋が外界の風や気温の侵入を防ぐのに適していないように，世間の世論や権力の支配は自由に〈家〉のなかにはいってくる。家族は他の家族と避けがたい連帯の組織の中に織り込まれている。家族間にはプライバシーを相互に保障しあう黙契が十分に制度化されなかった。

1 近代的な自我の成長の有無が，西欧人と日本人を隔てる特質であった。

2 日本の家屋には，外の気候による害悪を防ぐのに適した工夫が施されていた。

 3 　西欧における近代的自我の成長は，その家族がブルジョワに属するか否
　　かにより，異なっていた。
 4 　親が子の自主性を尊重する姿勢こそが，望ましい自我の成長に不可欠の
　　要素であった。
 5 　日本における近代的自我は，西欧とは異なり，家族に反逆することに
　　よって成長した。

2 　次の文章の要旨として，最も適当なものはどれか。
　人間は，常に行為しなければ，生きてゆくことができませんが，このさい
重要なのは，人間がみずからの自由によってその行為を選択しなければなら
ないということです。人間は行為を選択する自由をもっています。われわれ
は，ひまさえあれば寝て暮らすこともできます。また，寸暇を惜しんで，勉
強したり，仕事に打ち込んだりすることもできます。われわれは，日常行っ
ている一つ一つの行為を，すべてみずからの自由によって決断し，選択して
いるのです。
　この点に，おそらく，他の動物と人間とのあいだの本質的な相異があると
いえましょう。人間以外の動物は，ただ本能によって行動しているだけで，
自由によってその行動を選択しているわけではありません。どうして人間だ
けがこのように行為をみずから選択する自由をもっているのかということは，
おそらく，もはや人間の解きえない問題であるといわなければならないでしょ
う。しかし，とにかく，人間が自由をもっており，それによって行為を選択
しているということは，否定することのできない事実だといわなければなりま
せん。
 1 　人間にとって大切なことは，無為に日々を過ごすことなく，勉強や仕事
　　などの有益な活動に時間を費やすことである。
 2 　自由や選択といった人間の本質を探究する上で重要なことは，人間と動
　　物はともに本能の主体であるという共通点を見出すことである。
 3 　人間の本質の探究において，解きえないという問題を設定してはならな
　　い。
 4 　自由そのものの価値を再検討するために，選択の基準についての探求を
　　怠ってはならない。
 5 　人間は，他の動物と異なり，自ら行動を選択する自由を持ち，その決断
　　によって行為し，生きている。

3 **次の文章の内容と一致するものとして，適当なものはどれか。**

　今の日本に生きる私たちは楽しむことに事欠かないように見える。楽しむことはおおっぴらに奨励され，楽しむための技術はさまざまに工夫され，それは人生の唯一の目的であるかのようにも装われている。それが単に楽しみを売る商業主義の結果だけでないことは，反体制的な若者たちもまた，物質に頼らぬ質素な生活の楽しさを求めてさまよっているのを見ても分かるだろう。

　だがその同じ私たちが，一篇の詩を本当に楽しんでいるかどうかは疑わしい。詩に限らず，文学，芸術に関する限り，私たちは楽しさよりも先ず，何かしら〈ためになること〉を追うようだ。楽しむための文学を，たとえば中間小説，大衆小説などと呼んで区別するところにも，自らの手で楽しむことを卑小化する傾向が見られはしまいか。感覚の楽しみが精神の豊かさにつながっていないから，楽しさの究極の評価とし得ないのだ。

　1　日本において，感覚の楽しみと精神の豊かさの間には，断絶が存在する。
　2　日本において，楽しむことに重きを置いた文学は，最も崇高な地位が与えられている。
　3　楽しむことができる人生をもたらしたものは，急速な経済成長である。
　4　物質に頼らぬ質素な生活の楽しさを求める生き方は，古い時代に固有のものである。
　5　中間小説や大衆小説は，日本古来の文学と本質的な差異のないものである。

4 **次の文章の内容と一致するものとして，最も適当なものはどれか。**

　ヘシオドスは，歴史に名前が残っている最古の個人の一人である。ホメロスはもう少し古いが，なかば伝説上の人物で，その具体的な姿はさだかでない。また，5000年前の王の名前が残っていても，それを個人の名前と同列に考えるわけにはいかない。詩人や哲学者の名前が出てくるのはやはりギリシアが最も早く，中国で孔子，墨子などが出てくるのはさらに2,300年後のことである。こうした個人の活躍は，ギリシアのポリスのような都市国家が成立し，市場経済と交易のネットワークが広がり，そこで市民が個人として活躍するようになったことと関係がありそうである。

　『仕事と日々』の中で，ヘシオドスはこういっている。人間は安楽と平安を求める。太古の時代にはそれがあったのに，今はなくなっており，人間は労苦と悲しみから逃れることができない。それはなぜか。神々がケチで，人間から生活の手段を隠し，簡単には手に入らないようにしたからである。

1　ヘシオドスによれば，人間が労苦と悲しみから逃れることができないのは，各自がぜいたくを求めるようになったからである。

2　人間が安楽と平安を求めるのは，人間が堕落したことの表れである。

3　市場経済と交易のネットワークの発展は，社会の中に個人を埋没させてしまった。

4　中国の思想家と西洋の哲学者を比較すると，明らかに後者の方が優れていた。

5　ホメロスが半ば伝説上の人物である一方，ヘシオドスは，歴史上に名前が残っている最古の個人の一人である。

5　次の文章の内容と一致しているものとして，最も適当なものはどれか。

　かつて私たちの祖先は，自然の美しさに目を奪われ，自然を模倣しながら装飾することの愉しさを知り，絵画や彫刻によって創造の喜びを知ったのである。現在の抽象絵画や現代造形の原点も，とどのつまりは自然の美に在るという創造の基本理念を，忘却してしまったのではないだろうか。

　もうひとつ，自然と人間の関係が薄れた理由は，私たちが自然と接する機会が少なくなり，自然のすばらしさや美しさを実感することさえ忘れてしまったということが挙げられる。IT（情報技術）が産業界の中枢となった現代社会では，コンピュータや映像メディアが氾濫し，人々は自然との直接体験よりも，プリント・メディアや映像メディアを通した二次元的な情報選択との接点が圧倒的に多くなり，また，こうした情報収集で満足してしまうのである。さらにテレビゲーム，コンピュータ・グラフィックス，インターネットの映像情報が，現実との境界を曖昧にしてしまった映像のバーチャル化が，人々に自然を受け入れる余裕さえ，見失わせてしまったのである。

1　現代における映像情報や，そのあり様の変化などは，人々が自然を受け入れる余裕を失わせてしまった。

2　二次元的な情報収集が一般化すると，人々は直接体験を渇望するようになる。

3　自然を模倣することは，新たな創造には繋がらず，単なるコピー文化を生み出すのみである。

4　情報産業が発達した今日でも，日本における産業の中心は，モノづくりをはじめとした製造業である。

5　誰でもいる場所に関わらず，容易に情報にアクセスできるユビキタス社会の進展は，デジタル・デバイドと呼ばれる情報格差を縮小させつつある。

6 次の文章の内容と一致しているものとして，最も適当なものはどれか。

恵まれすぎた環境にいるとそれに慣れてしまい，住んでいる人がその「豊穣」なるものに感覚的に気がつかない，という現象を生む。

水循環に恵まれ，世界でも稀な「水飢饉」の心配が殆どない国という「しあわせ」は，おしよせてくる世界規模の「水飢饉」に対して，危機感のないぶん「脆弱」である。

何ひとつ不足や不満のない生活をしている人が，ひとたび飢餓に追いやられたときの衝撃が大きいように，当面の「水問題」を考えると，いま日本はそういう「間抜けな裕福」から「深刻な危機」に否応なしにじわじわ追い詰められている状態にあるといっていいかもしれない。

国の政策により川がさまざまな理由でダムや堤防の建設や流路のショートカット，河口付近の干拓などの人工化を強いられている。そうした問題が数々露呈してきて，都市や地方など住む地域を問わず，この国に住む人々がようやく問題の深刻さに気づき始めた。

1 豊かに作物が実るような環境に身を置いている人々は，豊穣という感覚に敏感になる。

2 ダム，堤防，干拓など川や河口に手を加えず放置する政策が，水に関する問題を複雑化する要因となっている。

3 日本では，あらゆる地域に住む人々が，水に関する問題の深刻さに気づかざるを得ない状況が進行している。

4 諸問題に対する危機感は，危機にさらされ続けることによって減退せざるを得ない。

5 日本人は，様々な知恵や力を結集することによって，危機的な状況から，裕福感を感じることができる環境に変化させてきた。

7 次の文章の内容と一致するものとして，最も適当なものはどれか。

　少子高齢化が問題なのは，人間社会だけではないらしい。森林も少子高齢化が進むという。

　戦後に植林され成長した多くの木々が山に残り，高齢化した。伐採が滞って，その跡に新たな木が植えられないから若木は少ない。放置された豊かな森林資源の有効活用が日本の大きな課題だ。

　こんな話を耳にしたのは，学童保育施設に関する勉強会だった。多くの施設が小学校の敷地などにプレハブで建てられてきた。勉強会は，施設の木造化を進めようと話し合う。岡山県学童保育連絡協議会の糸山智栄会長らが8月末から月2回，オンラインで開催し，全国の学童保育や建築，木材関係者らが参加する。

　一般的に公共施設がプレハブで新設されることはないだろう。だが，学童保育施設はおおむね仮設的な位置づけのままだった。「『仮設』なのに20，30年も使っている」との皮肉も聞かれる。

　岡山県内では，新築や建て替えの数が多い岡山市が2年前にプレハブから切り替えるなど，木造施設が広がり始めた。「夏は涼しく，冬は暖かい」「子どもが落ち着く」などと好評だ。

　子育てや少子化対策が重視され，学童保育は自治体の中核的施策になってきた。山で出番を待つ木々の活用と保育の質の向上。縦割り行政を超えて両者をマッチさせたい。二つの少子高齢化問題に同時に応えることでもある。

1　戦後に植林され成長した木々の多くは，急テンポで伐採されてしまい，森林資源の枯渇をもたらした。

2　8月末から，月2回のペースで，学童保育の関係者が一堂に会して，学童保育施設に関する勉強会が開かれている。

3　予算不足の中，多くの公共施設がプレハブで新設されることが増えた。

4　学童保育の重要性は，幼稚園と保育園の機能を一体化する幼保一元化の流れの中で議論されている。

5　学童保育施設は，仮設的な位置づけが続いたことから，プレハブで建てられたものが多かった。

8 次の文章の内容と一致するものとして，最も適当なものはどれか。

　サンマはかつて「下賤（げせん）な魚」として相手にされなかった。広く親しまれるようになったのは江戸中期あたりからのようだ。戦後は集魚灯を使う漁法が中心となり水揚げがぐんと増えた。気軽に味わえる「秋の味覚」。それがサンマだった。

　ところが近年は不漁が深刻化。昨年の漁獲量はピークの1割に満たない。本来の漁場である日本近海は地球温暖化もあって海面水温が高く，遠く離れた公海に漁場ができている。だが燃料代と時間をかけ漁に出ても水揚げは少ない。昨秋は船の転覆事故も起きた。「遠くに出るのがおっかなくなった」と漁場の近いイワシ漁に替えた船長もいた。

　温暖化で今世紀中，1次産業に深刻な影響が出るとの国の報告書がある。漁場が遠くなったサンマは小ぶりになる。サケ・マス類も日本周辺の生息域が縮小。2040年代は1等米も減り経済的損失が大きくなる。

　舌に残ったワタの苦味のように何とも苦い予測だ。皿の上で骨だけになった姿に，サンマを味わえるこの秋の幸せを思う。

1　サンマは古来より，日本を代表する高貴な魚として珍重されてきた。

2　イワシ漁と比較すると，サンマの漁場は大幅に港に近い場所にある。

3　サンマの本来の漁場は日本近海であったが，その海域における海水温の急激な低下によって，漁に適さない状況が続いている。

4　温暖化の影響により，一部の魚の日本周辺の生息域の縮小，米の質の低下などが予想されている。

5　海洋資源の枯渇のリスクから，国際機関は日本に対してサンマ漁を控えるように勧告している。

9 次の文の内容と一致するものとして，最も適当なものはどれか。

　ソクラテスは，アテナイの広場に出かけていき，そこで出会った市民をはしから挑発的な問答に引き込んだ。ソクラテスは，自分自身を，市民一人一人について回る虻に喩えている。まさしく不法侵入者である。ただし，ソクラテスの問答は，非常に変わったものだった。彼は，自分の見解，真理についての自分自身の見解を説いたりはしなかった。ソクラテスが行ったこと，それは，まず相手の命題を全面的に肯定した上で，その相手とのやりとりを通じて相手に考えさせ，結果として，相手をして，もともと彼が提示した命題を否定する反対命題を引き出させることだった。こうした問答を通じて，ソクラテスの対話の相手は，自分が最初に真理であると見なしていた命題が真理ではなかったことを納得する。

　しかし，ソクラテスは，なぜ，いきなり真理を説かずに，こんな方法を用いたのか。ソクラテス自身も，何が真理かを知らなかったからである。彼が，他の人より優っていたのは，ただ，自分も真理を知らないということを知っていたということに尽きる。この方法は，対話相手の思考を簡単には終わらせない。ソクラテスがもし真理を知っているのならば，相手は，その真理に到達した時点で，思考を終結させることができるが，ソクラテス自身も真理を知らないとなると，ソクラテスの域に達しても，探究は終わらない。ソクラテスは，相手の思考の触媒であることに徹している。だから彼は，自分の問答法を産婆術に喩えた。結局，対話相手は自分で自分の誤りの自覚に達しているのだから，放置しておけば彼が自然と同じ結論に達したかといえば，そんなことは絶対にないはずだ。ソクラテスという不法侵入者＝産婆が不可欠だったのである。

1　ソクラテスが，自分の見解，真理についての自分自身の見解を説かないので，常に論争は平行線に終わっていた。
2　不法侵入者ソクラテスの挑発的問答によって，相手は真理に到達することができた。
3　ソクラテスは触媒の役割に徹することによって，相手の思考を継続させた。
4　ソクラテスは，自分が真理を知らないことを，相手に悟らせなかった。
5　ソクラテスは，何が真理かを知らなかったが，相手を挑発的な問答に引き込むことで，真理に到達した。

[10] 次の文章の内容と一致するものとして，最も適当なものはどれか。

　皮肉な話だが，「知識」が「専門化」すればするほど，同時に人間は急速に「平均化」しつつあるといえる。人間が細分化され，人間性が失われて行くのと，並行して，他方ではそれを回復すると称して，空疎な政治スローガンがわれわれを偽りの常識に誘惑する。

　だが，文明の常識というものは，ほんらい人間にとって，ひとつの暗黙の了解のようなものではなかっただろうか。自然の感じかた，起居動作の作法，基本的なモラルの感情など，いずれも言葉に出して教えられぬものが文明の根底にある。それはあらゆる専門知識のまえにあり，それどころか，人間が常識的に行うすべての行為の以前にある。人間をほんとうに根底から支配するものは，けっきょくは知識に過ぎないものの足し算ではなかったはずである。

1　知識の専門化と，人間の平均化は，同時並行で進むものではない。

2　人間性の回復を掲げる政治スローガンは，いずれも傾聴に値するものであり，新しい常識の構築のために不可欠である。

3　哲学や宗教への探究を怠ってきた近現代の人類にとって，人間の平均化は不可避なものである。

4　言葉に出して教えられないものが文明の根底にあり，文明の常識は，暗黙の了解のようなものである。

5　様々な議論はあるが，人間を根底から支配するものは，結局，知識の総和である。

[11] 次の文章について，空所（　A　）に共通して入る語句はどれか。

　他人という日本語は不思議な言葉である。それは文字通りには，他の人ということであるが，しかし実際に自分以外の他の人を意味するためには他者という新しい言葉がつくられていて，それとは違う特殊な意味合いが他人という言葉には含まれている。他人という言葉を辞引きで引いてみると，第一に「（　A　）のない人」とあり，第二に「無関係な人」と出ている。すなわち他人の本質は第一に（　A　）がないということであり，まさしくその意味で親子は他人ではない。しかし夫婦や兄弟のように親子関係を媒介としての連なりは，「夫婦も元は他人」とか「兄弟は他人の始まり」といわれるように，他人としての性格を潜在的にそなえていることになる。

いいかえれば夫婦は今は関係があるが，元は無関係であったから，元は他人なのであり，兄弟もその中に無関係となるかもしれないので，他人の始まりなのである。これに反して親子が他人となれないのは，両者の絆が分かちがたいからだろう。

　1　地縁　　2　良縁　　3　血縁　　4　因縁　　5　因果

《　解　答　・　解　説　》

1　5

解説 作田啓一『恥の文化再考』より。　1．誤り。第1文において西欧人の近代的自我の培養について述べられ，第2文において日本人の近代的自我の成長について述べられていることから，「有無」を前提にした選択肢の記述は誤りである。　2．誤り。「日本の家屋が外界の風や気温の侵入を防ぐのに適していない」と述べられている。　3．誤り。西欧のブルジョワ家族については述べられているものの，西欧におけるブルジョワに属さない家族については触れられていない。　4．誤り。「親が子の自主性を尊重する姿勢」については触れられていない。　5．正しい。第2文の内容と一致している。

2　5

解説 岩崎武雄『哲学のすすめ』より。　1．仕事や勉強については，選択の一例として示されているものの，選択肢のような価値判断はしていない。2．本文では，むしろ，人間と他の動物の違いが強調されている。　3．人間がなぜ選択する自由を持つのかという問題は，解きえない問題であるとされている。　4．選択肢の内容は，本文で触れられていない。　5．正しい。書き出しの部分，強調されている部分，結論部分において，人間の自由な行動の選択について述べられている。

3　1

解説 谷川俊太郎『楽しむということ』より。　1．正しい。最後の文の内容と一致している。　2．誤り。筆者は，楽しむための文学を区別することについて，「楽しむことを卑小化する傾向」と結びつけて論じており，「崇高な

地位が与えられている」とはいえない。　3．誤り。急速な経済成長については，本文において触れられていない。　4．誤り。物質に頼らぬ質素な生活の楽しさを求めることについて，筆者は，古い時代に固有なものとは評価しておらず，反体制的な若者たちを例に挙げ，今日でもみられるとしている。5．誤り。本文において，「日本古来の文学」については触れられていない。

4　5

解説　竹内靖雄『経済思想の巨人たち』より。　1．誤り。ヘシオドスによれば，人間が労苦と悲しみから逃れることができないのは，神々が生活の手段を隠したからである。　2．誤り。人間が安楽と平安を求めることについて，否定的にとらえたり，「堕落」としたりしている記述はない。　3．誤り。本文では，むしろ，市場経済と交易のネットワークの広がりと，個人としての活躍との関連性が論じられている。　4．誤り。哲学者や思想家について論じた内容は含まれていない。　5．正しい。本文の冒頭の内容と一致する。

5　1

解説　三井秀樹『形の美とは何か』より。　1．正しい。文章の最後の一文の内容と一致している。　2．人々は映像メディアを通じた二次元的な情報収集で満足してしまうと述べられている。　3．自然の模倣については肯定的に述べられており，装飾や創造の原点とされている。　4．産業界の中枢は，IT（情報技術）が中心であると述べられている。　5．ユビキタス社会やデジタル・デバイドについては本文で触れられていない。

6　3

解説　椎名誠『水惑星の旅』より。　1．作物については書かれておらず，また，恵まれた環境に慣れると，豊穣なるものに気づかないと述べられている。　2．最終段落で，人工化が強いられていることと，それに伴う問題点について述べられており，手を加えずに放置されているわけではない。　3．正しい。課題文の最後の方と内容が一致している。　4．第2段落では，危機感がないとその対策が脆弱にならざるを得ない旨が述べられている。　5．間抜けな裕福から深刻な危機に追い詰められていると述べられている。

7 5

解説 山陽新聞『滴一滴』2020年10月19日より。　1．誤り。第2段落のはじめに，戦後に植林され成長した多くの木々が山に残ったこと，放置された豊かな森林資源の活用が課題となっていることが述べられている。　2．誤り。第3段落によれば，勉強会はオンラインで開かれている。　3．誤り。第3段落において，「一般的に公共施設がプレハブで新設されることはないだろう」との記述があるので，選択肢の内容は誤りである。　4．誤り。幼保一元化については触れられていない。　5．正しい。第4段落にプレハブで建てられた理由として，仮設的な位置づけが続いたことが挙げられている。

8 4

解説 秋田魁新報『北斗星』2020年10月19日より。　1．誤り。第1段落において，サンマがかつて「下賤な魚」として相手にされなかった旨が述べられているので，選択肢の「高貴な魚として珍重」との記述は誤りである。　2．誤り。第2段落の最後の部分から，イワシ漁の漁場の方がサンマ漁の漁場よりも近いことが読み取れる。　3．誤り。第2段落において，日本近海の海水温の高さもあり，遠く離れた公海に漁場ができている旨が述べられている。　4．正しい。第3段落に書かれている内容と一致する。　5．誤り。海洋資源の枯渇のリスクや，国際機関の動きについては，本文中において触れられていない。

9 3

解説 大澤真幸『思想の不法侵入者』より。　1・5．本文に合う記述はない。よって誤り。　2．本文に記述がないが，第1段落最終文に反するので誤り。　4．「悟らせなかった」かは本文からは読み取れない。よって，正解は3。

10 4

解説 山崎正和『混沌からの表現』より。　1．誤り。本文では，知識が専門化するほど，人間が平均化しつつあると述べられている。　2．誤り。筆者は，人間性を回復すると称する政治スローガンについて，空疎なもの，偽りの常識に誘惑するものなどと評価している。　3．誤り。哲学や宗教への探求

については本文中において触れられていない。　4．正しい。第2段落の内容と一致している。　5．誤り。最後の文の内容と一致しない。

11 3

解説 土屋健郎『「甘え」の構造』より。他人についての定義について述べられているが，その後に，「親子」「兄弟」を例に挙げながら考察されているため，「血縁」が最も適切である。その土地における古くからの縁である「地縁」，好ましい縁を表す「良縁」，事物の原因と結果などを意味する「因縁」や「因果」は，いずれにしても不適切である。以上より，正解は3である。

文章理解　英 文

||||||||||||||||||||||||||||| P O I N T |||||||||||||||||||||||||||||

　英文解釈は，公務員試験における英語の中心となるものである。書かれて
ある英文の内容を正しく理解するためには，主語，述語，目的語，補語とい
う英文の要素をしっかりおさえるとよい。

　「主語＋述語動詞」に注目しよう。どれほど修飾語句で飾られた文でも，ま
たどれほど難語，難句でかためられた文でも，裸にすれば，主語と述語動詞
の2つが残る。だから英文を読む時には，まずその主語をつきとめ，次にその
主語に対する述語動詞をさがし出すことである。そして自分の持つ関連知識
と常識力を総動員して全体を理解するよう努めることである。つねに「主語
＋述語動詞」を考えながら読もう。

《 　演 習 問 題 　》

1 次の英文の内容と一致するものはどれか。

　I have a friend who jogs deep into the night before he goes to bed.
I would not recommend this to anyone but he swears by it as the surest
way to keep his weight down.

　Be that as it may, he is a typical night owl, and he goes out for his jog at
around 1 or 2 a.m. His route takes him through a residential neighborhood
in Tokyo. Which is dark and silent at such an hour. When I told him it
must be rather boring to be on dark and deserted streets, he came back
with an unexpected reply. He said there are all sorts of smells, suddenly
wafting out of the darkness, that never fail to fascinate him.

　Just a while ago, he explained, it was the sweet fragrance of booming
kinmokusei (fragrant olive) flowers. And to his surprise and delight, he
would encounter the smell at various points along his route.

1　寝る直前や起きた直後にジョギングをすることは，最も効果的なダイエットである。

2　夜間のジョギングは，昼間の感覚とは違う形で芳香を感じることができる。

3　夜間にジョギングしてみると，東京の住宅街は午前1時から2時頃になっても眠らない街となっていることが感じられる。

4　風景が良く見えないコースを走ることは，面白みに欠けるものである。

5　キンモクセイの植生は，限定されているためその匂いに出合えることは稀である。

2　次の英文の内容と一致するものはどれか。

Our education system is predicated on the idea of academic ability. And there's a reason. Around the world, there were no public systems of education, really, before the 19th century. They all came into being to meet the needs of industrialism. So the hierarchy is rooted on two ideas.

Number one, that the most useful subjects for work are at the top. So you were probably steered benignly away from things at school when you were a kid, things you liked, on the grounds that you would never get a job doing that. Is that right? Don't do music, you're not going to be a musician; don't do art, you won't be an artist. Benign advice -- now, profoundly mistaken. The whole world is engulfed in a revolution.

And the second is academic ability, which has really come to dominate our view of intelligence, because the universities designed the system in their image. If you think of it, the whole system of public education around the world is a protracted process of university entrance. And the consequence is that many highly-talented, brilliant, creative people think they're not, because the thing they were good at at school wasn't valued, or was actually stigmatized. And I think we can't afford to go on that way.

1　学校教育において重要なことは，幼少期から個人の才能を伸ばすような教育プログラムを組むことである。

2　世界中に広がる現在の学校教育制度は，大学に入るためだけではなく，個人の才能を開花させるために制度化された。

3　現代の教育制度において，科目の優劣は2つの学術的な要請から判断されている。

4　制度全体が作り上げられた19世紀以前にも，世界中の様々な場所で公教育が行われていた。

5　現代の教育制度は，学者を育てるために作られているようなものである。

3 次の英文の内容と一致するものはどれか。

The Sino-Japanese word *buke*[1] or *bushi*[2] came into common use in Japan. The words mean "fighting knights[3]," who were a privileged class. Originally they must have been a rough breed whose work was fighting. They were selected in a natural way. Only the strongest survived over periods of constant war. To borrow Emerson's phrase, they were "a rude race, all masculine, with brutish strength." They had many advantages, great honor and heavy responsibility. Soon they felt the need of a common standard of behavior, especially since they were always fighting and belonged to different clans. They were in need of some measure by which to be judged such as fair play in fight, a primitive sense of childhood morality. Is this not the root of all military and civic virtue? The British boy had two ideals: 1) never bully a smaller boy and 2) never run away from a bigger one. This is the basis on which very strong morals can be built. This is the basis on which the greatness of England was built. The same was true of Bushido.

[1] 武家　　[2] 武士　　[3] 戦う騎士

1　イギリスが育んだ強い道徳心をつくる原則は，武士道とは異なるものであった。

2　特権階級に選抜された者達は，名誉や責任感が欠如していた。

3　イギリスの少年に求められる規範のうちの一つは，どんなことがあっても争いをしてはならないということである。

4　「戦う騎士」とは，特権階級に属する者を指し，元々は戦いを仕事とする粗野な生まれの者たちを指す言葉である。

5　「武家」や「武士」という言葉は，日本から中国へと伝わり，広く使われるようになった。

4 次の英文の空所ア～ウに入る語句の組み合わせとして適切なものはどれか。

Bushido made the sword its symbol of power and bravery in battle. Very early the samurai boy （　ア　） to use it. For him it was a thrilling moment when, at the age of 5, he put on samurai dress and was given a real sword in place of the toy he had been playing with. From that time, whenever he went outside of his father's gates, he would wear it or a wooden one covered with gold as a symbol of his status. （　イ　） a few years he always wore the real sword but not a sharp one. Soon after that he was given the real, sharp swords. He would happily go out to try their blade edges on wood and stone. When he （　ウ　） a man at the age of 15, his actions were free from control and he carried swords sharp enough for any work. Just having the swords gave him the feeling and appearance of self-respect and responsibility.

	ア	イ	ウ
1	had	After	change
2	had	By	change
3	had	By	became
4	learned	After	became
5	learned	By	became

5 次の英文の内容と一致するものはどれか。

Japanese restaurant owners are frustrated by foreign tourists who make reservations and then don't show up.

The operator of a leading online dining website has come up with what it hopes is a solution.

Gurunavi will require overseas visitors to use their credit cards to make advance deposits when they book a table.

It will introduce the system in cooperation with two tour companies in China and Taiwan.

Gurunavi says the deposits are not refundable even if customers cancel their reservations in advance.

A restaurateur in Tokyo's Ginza district that's listed on the website says foreign tourists who make reservations online are sometimes no-shows.

"Cancellation without notice will cause food waste. We also have to save the seats for the reservations, when we could serve other customers."

Many tourists are expected during the Chinese Lunar New Year holidays starting later this month.

1 飲食店大手ウェブサイトの運営者は，テーブルを予約する際，クレジットカードによる前金の支払を必要とするシステムを考案した。

2 新しいシステムによれば，予約がキャンセルされた場合であっても，キャンセル料は発生せず，前金の支払があった場合には全額が払い戻される。

3 予約をしておきながら姿を見せない外国人旅行客の多くは，中国や台湾からの旅行客である。

4 外国人を受け入れる店の多くは，実際に来店してから料理を作り始めるシステムに変更した。

5 決済にあたってクレジットカードを用いる際に懸念されたのは，他人のクレジットカードを用いるなどの不正利用の増加であった。

6 次の英文の内容と一致するものはどれか。

On a given day, studies show that you may be lied to anywhere from 10 to 200 times. Now granted, many of those are white lies. But in another study, it showed that strangers lied three times within the first 10 minutes of meeting each other.

Now when we first hear this data, we recoil. We can't believe how prevalent lying is. We're essentially against lying. But if you look more closely, the plot actually thickens. We lie more to strangers than we lie to coworkers. Extroverts lie more than introverts. Men lie eight times more about themselves than they do other people. Women lie more to protect other people. If you're an average married couple, you're going to lie to your spouse in one out of every 10 interactions. Now, you may think that's bad. If you're unmarried, that number drops to three.

Lying's complex. It's woven into the fabric of our daily and our business lives. We're deeply ambivalent about the truth. We parse it out on an as-needed basis, sometimes for very good reasons, other times just because we don't understand the gaps in our lives.

1 研究によると，人々は，毎日10回から100回ほど周りの人に嘘をついている。

2 研究によると，性格が内向型の人は外向型の人よりもより嘘をつくことが判明した。

3 男女で比較した場合，男性は女性に比べ，他の人を守るためにより嘘をつく。

4 一般的に人は，見知らぬ人よりも職場の同僚など身近な人物によく嘘をつく。

5 初めて会う人同士は最初の10分で3回嘘をつくという研究結果もある。

7 次の英文の内容に合致しないものはどれか。

"This felt like an area where there might actually be a chance to make a difference. We're not an advocacy group, so we're not proscribing specific solutions. Our job as journalists is to hold the system accountable for doing its job," he said.

Since its launch in November 2014, The Marshall Project has published over 400 stories in partnership with around 60 news organizations.

It has brought readers inside New York's Rikers Island prison, confronted President Barack Obama about his record on pardons and commutations and shed light on how "implicit bias" affects the amount of time public defenders spend with their black clients.

1 記事中のジャーナリストの仕事は，その（刑事司法）制度について報道責任を果たすということである。

2 2014年の立ち上げ以来，マーシャル・プロジェクトは，約60のニュース配信団体と提携し，400以上の記事を発表してきた。

3 記事中のジャーナリストは，権利擁護団体での立場を利用し，特定の法律を排斥する運動をしている。

4 ニューヨーク市にあるライカーズ刑務所では，多数の受刑者が大統領の恩赦を受けた。

5 「潜在的な偏見」は，公選弁護士が黒人の被告に費やす時間に影響を与えるという事実がある。

8 次の英文の内容と一致するものはどれか。

The Gushiken family was poor. His mother was a fish peddler, and Gushiken himself during his senior high school days boarded in a bathhouse in Naha City and polished floors. Since he became champion, he has built a house for his parents and has been taking care of his younger brother, but he himself continues to live a very simple life. It is said that he is telling himself, "I can enjoy myself and be extravagant after I retire. But while I am a boxer, I must devote myself completely to boxing."

The charm of this 24-year-old young man lies in his natural, child-like simplicity. Even today, when he is called "The Star of Okinawa," he says, "Just before a fight, I feel scared. I'm scared, really scared!" His ability to bare his real face without embarrassment to dare to take chances may be Gushiken's strength.

1　具志堅氏がボクシングで成功したのは，指導者の教えを忠実に実行したからである。

2　具志堅氏は，チャンピオンになった後，自らのためにマイホームを新築した。

3　具志堅氏は，試合の直前に感じている恐怖感について吐露することもある。

4　具志堅氏は，高校時代にふろ屋で床みがきをしたが，それは，体を鍛えるために自ら申し出たからであった。

5　具志堅一家は裕福であったが，両親は，世の中の厳しさを教えるためにあえて最小限のお金しか渡さなかった。

9 次の英文の内容について説明した記述のうち，妥当なものはどれか。

Unlike Japan, Singapore is not known for having excellent service. Recently, however, I had the privilege of enjoying some of the best service I had ever had.

I was having brunch at a local dim sum place with my friends. It wasn't a swanky restaurant. Neither was it our top choice. We had gone there because the restaurant we had wanted to go to was fully booked.

We entered the restaurant through its adjoining bakery and waited for someone to attend to us. Everyone seemed busy. Finally we caught the attention of a waitress passing by, "Table for four," I said, preempting her question.

"Follow me." She led us briskly to a table. As we sat down, she said, "You actually came in by the back entrance. Use the front entrance next time." She gestured towards the other end of the restaurant.

She did not bother with pleasantries, but it didn't feel rude.

With characteristic Singaporean efficiency, she had shown us our seats and given us solid advice.

1 シンガポールのサービスの良質さは，日本と同様，世界に知られていることである。

2 筆者らが接したウェイトレスの態度は，一般的な常識と比較すると，とても失礼なものであった。

3 筆者らがブランチを食べた店に入る際，正面入口ではなく，パン屋と隣接した裏口を使った。

4 文化圏が異なると，ジェスチャーの意味は異なるため，注意が必要である。

5 筆者らは，もともと行きたかったレストランに入ることができた。

1 2

解説 朝日新聞社『天声人語』1997.10.25より。（全訳）深夜，それも眠る直前にジョギングをする友人がいる。効果のほどはわからないからお勧めもしないが，本人はこれが最も確かなダイエット法だと信じている。

それはともかく，夜型の彼が走る時刻は，午前1時とか2時。コースにしている東京の住宅街は暗く，静まっている。周りもよく見えないし，面白みに欠けるだろうと思ったら，意外なことを教えてくれた。走っていると，さまざまなにおいの空間が暗闇から突然現れる，というのだ。

少し前は，キンモクセイの芳香がそうだった。それも数地点で現れる。ここにも咲いているのか，と気づかされる。

1. 寝る直前のジョギングについては，第1段落2文目に，効果のほどはわからないとの記述がある。また，起きた直後のジョギングについては触れられていない。　2. 第2段落最終文に，暗闇の中から突然漂ってくる匂いに心を奪われる，と述べられていることから，選択肢の内容が正しいことが読み取れる。　3. 第2段落3文目の「dark and silent at such an hour」から，「眠らない街」が誤りであるとわかる。　4. 第2段落4文目と5文目に，著者が「面白くないだろう」と言うと，友人から思いがけない返答があったと述べられている。よって，友人にとっては何か面白いことがあるとわかる。　5. キンモクセイの植生が限定されているという記述は本文中にない。また，第3段落最終文の「encounter the smell at various points」から，さまざまな場所でその香りに出合えたことがわかる。

2 5

解説 TED Talks：Sir Ken Robinson「学校教育は創造性を殺してしまっている」より。（全訳）今の教育制度は学者を育てるために作られています。そこには理由があるのです。制度全体が作り上げられた19世紀以前に，世界中どこにも公教育などはなく，教育制度は産業主義社会のニーズから生まれました。科目の優劣は2つのことから決められました。

1つは働くために有用な科目が最優先ということです。私たちが小学生の頃習ったことや好きなこと，砂場遊びとか仕事に使えないことはおそらく敬遠

されたでしょう。砂遊びでは会社で雇ってもらえませんから。音楽もいけません。音楽家になるわけじゃないのだから。アートなんてしてはいけない，アーティストになんてならないのだから。心優しいアドバイスです。でもまったくもって間違っています。世界は今，変革の時にあります。

2つ目は学力です。学校の成績だけがいまや知性だと思われています。大学側のイメージだけで教育制度を作ったからです。世界中に広がる今の学校教育が，大学に入るために敷かれた長い道のりなのです。その結果，無数の天才的で創造性溢れる人たちが「自分は才能がない」と感じています。学校は彼らの才能を評価しないどころか，ダメだと烙印を押してしまうからです。しかし，そんなことをしている余裕はないのです。

1．誤り。本文中には記述されていない。また，筆者は現在の教育制度は，学生の才能を的確に評価できていないという欠点を指摘している。　2．誤り。第3段落1文目と2文目より，現代の教育制度は大学に入学するために作られたことがわかる。　3．誤り。第2段落1文目と第3段落1文目に，科目の優劣は，産業主義社会のニーズと学術的な要請の2つから判断されると示されている。　4．誤り。第1段落3文目に，19世紀以前には世界中どこにも公教育などはなかったと述べられている。　5．正しい。第1段落の冒頭で述べられている内容と一致する。

3　4

解説　新渡戸稲造『武士道』より。（全訳）中国語に由来する言葉の「武家」，「武士」は日本で広く使われるようになった。どちらも，「戦う騎士」を意味し，特権階級に属する者を指したが，元々は戦いを仕事とする粗野な生まれの者たちであった。この特権階級は自然な形で選抜されていった。一番強いものだけが戦乱の世を生き延びたのだ。思想家エマソンの言葉を借りれば，「荒っぽい人種で，みな力強く，獣のような強さ」を持つ者たちである。名誉もあれば責任も重く，さまざまな点で優位な立場にあった。まもなく彼らは共通の行動規範が必要だと感じるようになった。それというのもいつも戦っていた上，氏族もそれぞれ違ったからである。戦いにおけるフェアプレー精神，幼少期の素朴な道徳観のような何らかの基準を定める必要があった。これは武士も一般の民衆も含めたすべての人々の美徳の根ざすものではないだろうか？　イギリスの少年には2つの規範があった。(1) 自分より小さい子を絶対にいじめない。

(2) 自分より大きい子から絶対に逃げ出さない。これは強い道徳心をつくる原則だ。偉大なイギリスが生んだ原則である。武士道にも同じことが言える。

1. 最後の2文から，イギリスの生んだ原則が，武士道にも当てはまるということが読み取れる。 2. 7文目に「great honor and heavy responsibility」を持っていたと述べられているので，誤り。 3. 誤り。イギリスの少年の2つの規範は，「自分より小さい子を絶対にいじめない」，「自分より大きい子から絶対に逃げ出さない」の2つである。 4. 正しい。「"fighting knights," who were a privileged class. Originally they must have been a rough breed whose work was fighting.」より，選択肢の内容が読み取れる。 5. 冒頭の文に，「日本から中国」ではなく，「中国から日本」へと伝わり，広まったと述べられている。

4 4

解説 新渡戸稲造『武士道』より。（全訳）武士道においては刀こそは武勇の象徴とされた。侍の子はごく幼い頃から刀の扱いを習った。彼が五歳になり，侍の装束をまとい，それまでもて遊んでいたおもちゃの短刀の代わりに本物の刀を与えられた時はわくわくする瞬間だった。

この資格取得の儀式を終えた後は，もはやこの身分の証しを帯びずに門を出ることはならなかった，ふだんは金箔貼りの木刀で代用したにせよ。さらに何年もたたないうちに刃先は鋭くないものの本物の刀を常に差すようになり，その後すぐに本物の鋭い鋼の刀を与えられた。新たに手にした武器に喜びいっぱいに外へ飛び出し，木や石に向かって試し斬りをしてみる。そして十五歳で元服し，一人前の行動を認められてからは，どんな働きにでも応じられるよう十分に鋭い武器を身につけていることを誇りとするのだ。

アはlearned。本文中では「学んだことを使う」という意味に使われている。イはAfter。「After a few years」で「数年後には」という意味になる。ウはbecame。「When he became～」で「彼が～になった時に」と訳される。

5 1

解説 『NHKニュースで英会話』2017年4月号より。（全訳）日本のレストラン経営者らは，予約をしておきながら姿を見せない外国人旅行者にいらだっています。

　飲食店情報の大手ウェブサイトの運営者が，解決策になるのではと期待する案を考え出しました。

　「ぐるなび」は海外からの訪問客に，テーブルを予約する際にクレジットカードを使用し，前金で支払うことを求めるようになります。

　「ぐるなび」は中国と台湾の旅行会社2社と協力して，この方式を導入します。

　「ぐるなび」によると，前払い金は客が前もって予約をキャンセルした場合にも払い戻しはされません。

　このサイトに掲載されている東京・銀座の料理店主は，オンラインで予約する海外からの旅行客の中には，ときどき店に現れない人たちがいると言います。

　「連絡のないキャンセルは，食品を捨てることにつながります。さらに，予約分の席を取っておかないといけません。そうでなければ，ほかのお客さんを入れられるのですが」

　今月始まる中国の旧正月の休暇中には，多くの旅行者が見込まれています。

　1．正しい。第2段落と第3段落に示されている文の内容と一致する。　2．誤り。キャンセル料については述べられていないが，前払い金は返金されない。3．誤り。特定の旅行客についての記述はない。　4．誤り。「来店してから料理を作り始めるシステム」については触れられていない。　5．誤り。クレジットカードの不正利用については述べられていない。

6　5

解説 　TED Talks：Pamela Meyer「嘘の見抜き方」より。（全訳）研究によると，私たちは毎日10回から200回ほど周りの人から嘘をつかれています。確かにこうした嘘の多くは罪のないものです。別の研究によると，初めて会う人同士は最初の10分で3回嘘をつくという結果もでています。

　さて，この情報を知ると最初はたじろぎます。これほどにも嘘が溢れているとは信じられないからです。私たちは本質的に嘘を嫌います。しかし，もっと詳しく見てみると，事態はいっそう込み入っています。私たちは職場の同僚より見知らぬ人により嘘をつきます。外向型の人は内向型の人よりもより嘘をつきます。男性は他人のことより，自分のことについて8倍嘘をつきます。女性は他の人を守るためにより嘘をつきます。もしあなたが平均的な夫

婦なら，10回の会話で1回は嘘をついています。これはひどいと思われるでしょうが，独身なら3回に1回に減ります。

嘘は複雑な行為です。嘘は私たちの日々の生活やビジネスに織り込まれています。私たちは真実に対して非常に両義的です。私たちは必要にせまられて，もっともな理由があって，時には単に現実を受け入れられず嘘をつきます。

1．誤り。第1段落の冒頭で，「人々は，周囲の人から毎日10回から200回ほど嘘をつかれている」と述べられている。　2．誤り。第2段落6文目の「Extroverts lie more than introverts.」の部分に，「外向型の人は内向型の人よりもより嘘をつく」という内容が記述されている。　3．誤り。第2段落8文目に，「女性は他の人を守るためにより嘘をつく」という内容が述べられている。　4．誤り。第2段落5文目から，私たちは身近な人より知らない人に対して，より嘘をつくことがわかる。　5．正しい。第1段落3文目の「it showed that strangers lied three times within the first 10 minutes of meeting each other.」の部分から選択肢の内容が読み取れる。

7 3

解説 『THE BIG ISSUE VOL.293 2016 Aug.16』より。（全訳）あるジャーナリストは語る。「私は，この分野なら何らかの変化を起こすことができるのではないかと思いました。私たちは権利擁護団体ではないので，特定の法律を排斥したりはしません。ジャーナリストとしての私たちの仕事は，その（刑事司法）制度について報道責任を果たすということです」

2014年11月の立ち上げ以来，マーシャル・プロジェクトは約60のニュース配信団体と提携し，400以上の記事を発表してきた。その中には，バラク・オバマ大統領の恩赦や減刑に反して，ニューヨーク市にあるライカーズ刑務所の内情や，「潜在的な偏見」は公選弁護士が黒人の被告に費やす時間にいかに影響を与えるかを明らかにした記事もある。

1．第1段落3文目「Our job as journalists is to hold the system accountable for doing its job," he said.」この部分から，選択肢に述べられた内容が正しいということを読み取ることができる。　2．第2段落に選択肢の内容が述べられている。　3．誤り。第1段落2文目「We're not an advocacy group, so we're not proscribing specific solutions.」この部分から，彼らは擁護団体ではないことと，特定の法律を排斥しないことがわかる。　4．第3段落より，

受刑者が減刑されたことがわかる。　5. 最後の文章から，選択肢で述べた内容を読み取ることができる。

8　3

解説　『天声人語　'80春の号』1980. 1. 29より。（全訳）具志堅一家は貧しかった。母は魚の行商をし，具志堅氏は高校時代，那覇のふろ屋に下宿して床みがきをした。チャンピオンになってからは，両親のために家を新築し，弟の面倒を見ているが，自分自身はつましい生活をしている。「遊んだり，ぜいたくしたりするのは引退してからでもできる。現役の時はひたすら精進しろ」と自分にいいきかせているという。

　この24歳の青年の魅力は，自然児の素朴さにある。「沖縄の星」といわれるいまでも「試合の直前はオレ，怖いよ。本当に怖いね」といったりする。平気で素顔をさらす，というところが具志堅氏の強さなのかもしれない。

　1. 誤り。「指導者の教え」について触れた記述はない。　2. 誤り。具志堅氏がチャンピオンになってから家を新築したのは，両親のためであった。　3. 正しい。第2段落2文目に示された発言の内容と一致する。　4. 誤り。ふろ屋の床みがきの目的が体を鍛えるためであったとする記述はない。　5. 誤り。冒頭の部分に，具志堅一家の貧しさについて述べられている。

9　3

解説　『Good service By Tan Ying Zhen』（http：//st.japantimes.co.jp/essay/?p=ey20140620）より。（全訳）日本とは違い，シンガポールは優れたサービスがある国としては知られていない。それでも最近，今まで受けた中で最高のサービスのいくつかを受けられる機会に恵まれた。

　ある日，私は友人と地元の点心のお店でブランチをとろうとしていた。しゃれたレストランではなかった。私たちにとって一番の選択というわけでもなかった。そこへ行ったのは，行きたかったレストランが予約でいっぱいだったからだった。

　私たちはそのレストランに，隣接したパン屋から入り，応対してくれる人を待っていた。みんな忙しそうに見えた。私たちはやっと通りかかったウェイトレスの目に留まった。私は「4人がけの席をお願いします」と，彼女の質問を先取りして言った。

「ついてきてください」と彼女は足早に私たちをテーブルに連れて行った。席に着くと，彼女は「実はお客様がお入りになったのは裏口です。次からは正面入口をお使いください」と言った。レストランの反対側の端をジェスチャーで指した。

社交辞令はなかったが，それでも失礼な感じがしなかった。

シンガポール人特有の効率の良さで，彼女は私たちを席まで案内し，的確なアドバイスをくれた。

1．誤り。冒頭の文において，シンガポールに良質のサービスがあるとは知られていない旨が述べられている。　2．誤り。第5段落において，失礼な感じを受けていないとの記述がある。　3．正しい。第3段落1文目と第4段落4文目から，選択肢の内容と一致していることがわかる。　4．誤り。文化圏とジェスチャーの関係について述べた箇所はない。　5．誤り。第2段落4文目によれば，行きたかったレストランは，予約でいっぱいであった。

第5部

数的処理

- 判断推理
- 数的推理
- 資料解釈

数的処理　　　　判断推理

　数的処理では，小学校の算数，中学高校の数学で習得した知識・能力をもとに，問題を解いていく力が試される。また，公務員採用試験の中では最も出題数が多く，合格を勝ち取るためには避けては通れない。

　判断推理では，様々なパターンの問題が出題され，大学入試など他の試験ではほとんど見かけない問題も出てくる。すべての問題を解けるようにするのは困難なので，本書を参考に，できるだけ多くの問題を解き，本番までに得意な分野を増やしていこう。

　算数や数学の学習経験が生かせる分野としては，まずは「論理と集合」が挙げられ，命題の記号化，対偶のとり方，ド・モルガンの法則，三段論法，ベン図，キャロル表を使った情報の整理法などを確実に押さえよう。また，「図形」に関する問題も多く，平面図形では正三角形，二等辺三角形，直角三角形，平行四辺形，ひし形，台形，円，扇形などの性質や面積の公式，これらを回転させたときにできる立体図形などを確実に覚えよう。立体図形では，円錐，角錐，円柱，角柱，球，正多面体などの性質や体積・表面積の公式を必ず覚えよう。

　一方，あまり見慣れない問題があれば，本書の問題を参考にして必要な知識や考え方を身に付けてほしい。例えば，「リーグ戦やトーナメント戦」といった馴染みのある題材が扱われる問題でも，試合数を計算する公式を知っておかなければ解けない場合がある。また，「カレンダー」を題材にした問題では，各月の日数やうるう年になる年などを知っておく必要がある。「順序」に関する問題では，表・樹形図・線分図・ブロック図などを使って効率よく情報を整理していく必要がある。その他にも，「暗号」，「うその発言」，「油分け算」などでは，実際に問題を解いてみなければわからない独自のルールが存在する。「図形」を題材にしたものの中には，計算を必要とせず予備知識がなくとも正解が出せる場合があるので，落ち着いて問題文を読むようにしよう。

　問題の解き方のコツとしては，設問の条件を図表にして可視化していき，行き詰まったら推論や場合分けなどをしてみることである。問題によっては

図表が完成しなくとも正解が出せる場合や，いくつかの場合が考えられても すべてで成り立つ事柄が存在するので，選択肢も定期的に見ておくとよいだ ろう。公務員採用試験では，限られた時間内で多くの問題を解くことになる が，ほとんどの問題では解法パターンが決まっているので，設問を読んだだ けで何をすればよいか見通しが立てられるぐらいまで習熟してほしい。

《 演 習 問 題 》

1 中学生100人にアンケートを行った結果を集計し表に示した。サッ カー，バスケットボールの両方ともしたことがある人が57人いるとき， サッカー，バスケットボールの両方ともしたことがない人は何人いるか。

調査項目	集計結果	
サッカーをしたことがありますか？	ある	70人
	ない	30人
バスケットボールをしたことがありますか？	ある	85人
	ない	15人

1　1人　　2　2人　　3　3人　　4　4人　　5　5人

2 長距離走で，Aは折り返し点の手前で折り返してきた先頭の5人とす れ違った。さらに，折り返し点の手前で4人を抜き，折り返してきた1人 とすれ違った。折り返した後，2人に抜かれてゴールインした。このときA の順位として，最も妥当なものはどれか。ただし，同順位はなく，全員完 走したものとする。
　1　7位　　2　8位　　3　9位　　4　10位　　5　11位

3 A～Eの5人が，自分たちの体重について次のように発言したが，1人
が嘘をついている。この時，嘘をついていないことが確実な人として最も
妥当なものはどれか。

　　A　「Dは私より体重が軽い」
　　B　「私はCより体重が重い」
　　C　「Eは私より体重が軽い」
　　D　「私はBより体重が軽い」
　　E　「私はAより体重が重い」
　　　1　A　　　　2　B　　　　3　C　　　　4　D　　　　5　E

4 A～Fの6人がゲーム大会をして，優勝者が決定された。このゲーム
大会の前に6人は，それぞれ次のように予想を述べていた。予想が当たっ
たのは2人のみで，あとの4人ははずれであった。予想が当たった2人の組
み合わせとして最も妥当なものはどれか。

　　A　「優勝者は，私かCのいずれかだろう」
　　B　「優勝者は，Aだろう」
　　C　「Eの予想は当たるだろう」
　　D　「優勝者は，Fだろう」
　　E　「優勝者は，私かFのいずれかだろう」
　　F　「Aの予想ははずれるだろう」
　　　1　A，B　　　2　A，C　　　3　B，D　　　4　C，D　　　5　D，E

5 ある会合に参加した人30人について調査したところ，傘を持っている
人，かばんを持っている人，筆記用具を持っている人の数はすべて1人以
上29人以下であり，次の事実がわかった。

　ⅰ）傘を持っていない人で，かばんを持っていない人はいない。
　ⅱ）筆記用具を持っていない人で，かばんを持っている人はいない。
　このとき，確実に言えるのは次のどれか。
　　1　かばんを持っていない人で，筆記用具を持っている人はいない。
　　2　傘を持っている人で，かばんを持っている人はいない。
　　3　筆記用具を持っている人で，傘を持っている人はいない。
　　4　傘を持っていない人で，筆記用具を持っていない人はいない。
　　5　かばんを持っている人で，傘を持っている人はいない。

6 A～Gの7人が横に1列に並び，同じ方向を向いている。次のア～エの条件の時，確実にいえることはどれか。

ア Aの右から2人目はBである。

イ Bの右から2人目はCである。

ウ Dの右から3人目はEである。

エ Fの右から4人目はGである。

1 FはAの隣である。

2 DはCの隣である。

3 EはGの隣である。

4 BはEの隣である。

5 GはBの隣である。

7 「天ぷらは日本食である」の命題が正しいとすれば，次の中で必ず正しいと言えるのはどれか。

ア 天ぷらでなければ日本食ではない。

イ 日本食であれば天ぷらである。

ウ 日本食は天ぷらである。

エ 日本食でなければ，天ぷらではない。

オ 天ぷらは，和食の1つである。

1 アだけ　　2 ウだけ　　3 エだけ　　4 アとイ　　5 ウとオ

8　次のA～Eのうち，図Ⅰの型5枚をすき間なく並べることによって作ることのできる形のみを全て挙げているのはどれか。

図Ⅰ

1　A，B，C
2　A，D
3　B，C，D
4　B，D
5　B，E

A

B

C

D

E

9 次の円錐の立体の切断面の形として，正しくないものはどれか。

1   2   3

4   5

10 図の立体は，小さい立方体を縦，横に4個ずつ置き，それをさらに4段，すき間なく積み重ねたものである。ABCを通る平面で切ったとき，切れ目が入らない立方体の数として，妥当なものはどれか。

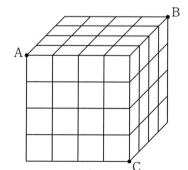

1   36個
2   38個
3   48個
4   52個
5   58個

11 「勉強しない人は公務員試験に合格できない」ことがわかっているとき，正しくいえるのはどれか。

1 勉強する人は公務員試験に合格できる。
2 公務員試験に合格できる人は勉強する。
3 勉強しなくても公務員になれるかもしれない。
4 公務員は勉強している。
5 公務員試験に合格できない人は勉強をしていない。

12 ある中学校の学生50人のなかで，テニスの経験がある者が23人，テニスとバレーボールの両方経験のある者が8人，どちらも経験のない者が15人であるとき，バレーボールのみ経験のある者は何人いるか。

1 10人　2 11人　3 12人　4 13人　5 14人

13 事務職と行政職の2つの公務員試験を受験した100人の学生のなかで，事務職に合格した者が45人，行政職に合格した者が50人，両方に合格した者が10人いたとき，学生たちの公務員試験合格率は何％か。ただし，合格者とは1つまたは2つの試験に合格した者のことである。

1 60%　2 65%　3 70%　4 80%　5 85%

14 A～Gの7人の試験の成績は，Aの得点はBより高かった。BはCより得点が低く，Dの得点より高かった。DはEより得点が低く，Fの得点より高かった。Gの得点は最も低かった。以上のことから確実にいえるのは次のうちのどれか。

1 Aは最も得点が高かった。
2 FはGの次に得点が低かった。
3 EはBよりも得点が高かった。
4 CはEよりも得点が低かった。
5 FはBよりも得点が高かった。

15 Bの弟であるAは，Dの妹Cより年上で，Fの姉であるEはCより年下である。このことから確実にいえるのはどれか。

1 AはDより年上である。
2 AはEより年下である。

3　AはFより年上である。

4　EはAより年上である。

5　DはBより年下である。

[16]　以下はA～Fの6人の兄弟姉妹がお互いの関係を述べたものである。

A　「私の上には姉が3人と兄が1人いる」

B　「私の下には弟が2人と妹が1人いる」

C　「私の下には妹が3人と弟が2人いる」

D　「私の上には1人いるだけである」

E　「私の上には3人いる」

F　「私たち兄弟姉妹では，一番下は女である」

以上のことから判断して確実にいえるのは次のどれか。

1　年齢が上の順に並べるとC－D－F－B－E－Aとなる。

2　この6人兄弟姉妹は男女とも3人ずつである。

3　Bはこの兄弟姉妹の上から3番目で長男である。

4　Eには姉，妹，弟はいるが，兄はいない。

5　Dは次女で弟が1人と妹が3人いる。

[17]　男子3人，女子2人のA～Eの5人が10kmのマラソンに参加した。5人は1分間隔で順次到着し，到着の様子は次のア～ウの通りであった。

ア　AはBより遅く到着したが，そのタイムは5人の平均より速かった。

イ　Cは男子でDより早く到着した。

ウ　2位と3位は女子であった。

以上から確実にいえることはどれか。ただし，同順位はなく全員完走したものとする。

1　Aは女子である。

2　Bは女子である。

3　Cは3位である。

4　Dは4位である。

5　Eは男子である。

[18] 12時から始まるミーティングに，BはCより12分遅く着き，Eより5分早く着いた。AはBより7分遅く着き，Dより1分早く着いた。Eが着いたとき，ミーティング開始まで4分の時間があった。Aはミーティングの始まる何分前に着いたか。

　　1　1分　　　　2　2分　　　　3　3分　　　　4　4分　　　　5　5分

[19] A～Eの5人がそれぞれ異なる種類のコインを持って集まり，皆で交換した。もらえるのは1人1個で，自分がもらった相手には渡さないものとする。次の状況がわかっているとき，正しくいえるのはどれか。

　①　DはAにコインを渡した。
　②　Bがコインを渡したのはDでない。
　③　CはEにコインを渡した。

　　1　AはBに渡した。
　　2　AはCに渡した。
　　3　BはEに渡した。
　　4　EはBに渡した。
　　5　EはCに渡した。

[20] A～Dの4人が八百屋に行き，帰り際にそれぞれの購入品の一部を交換した。4人が購入したのは，リンゴ，ナシ，バナナ，ミカンのいずれか1種類ずつである。A～Dが次のように述べたとき，正しいのはどれか。

　A　私が購入したのはBの受け取ったリンゴではない。
　B　私が購入したものをCは受け取っていない。
　C　私が受け取ったのはバナナではない。
　D　私が受け取ったのはCの購入したミカンではない。

　　1　リンゴを購入したのはDではない。
　　2　ナシを購入したのはBである。
　　3　ナシを受け取ったのはCではない。
　　4　バナナを受け取ったのはDである。
　　5　ミカンを受け取ったのはAではない。

21 表裏とも赤，表が赤で裏が白，表裏とも白のカードが合わせて100枚ある。これらを表裏かまわず重ね合わせ，上から1枚ずつ100枚見ると，赤が35枚あった。そのまま上下を逆にして同様に見ると，赤が49枚あった。表が赤で裏が白のカードの枚数は，表裏とも赤のカードの枚数の2倍であったとすると，表裏とも白のカードは何枚か。

  1　34枚　　　2　35枚　　　3　36枚　　　4　37枚　　　5　38枚

22 ある暗号で，「桜」は「10010-0-1010-10100-10001-0」，「富士」は「101-10100-1001-1000」，「梅」は「10100-1100-100」である。このとき，「1000-1101-10100」の表す動物として，正しいものはどれか。

  1　牛　　　　2　虎　　　　3　馬　　　　4　猿　　　　5　犬

23 図のような白黒の紙と，黒の紙を合計50枚重ねた。このとき，白黒の紙の縦横はそろえなかったので，ある隅には黒が40枚，別の隅には35枚となった。白黒の紙は全部で何枚か。

  1　22枚　　　2　23枚　　　3　24枚　　　4　25枚　　　5　26枚

24 「マコト」が「5-4・1-9・1-7」，「アイ」が「5-10・4-10」，「ユウキ」が「3-3・3-10・4-9」を表すとすると，「ソラトクモ」に対応する記号の組み合わせとして妥当なものはどれか。

  1　1-6・5-5・1-7・3-7・1-2
  2　1-7・5-1・1-7・3-8・1-3
  3　1-8・5-2・1-7・3-9・1-4
  4　2-9・6-3・1-7・4-10・2-5
  5　3-10・7-4・1-7・5-1・3-6

25 図のように1〜6の数字を書いた，同じ大きさのカードが10枚ある。このカードの向きを揃えずに10枚重ね，上のAのところの数（1, 2, 3, 4, 5, 6のいずれかになる）を合計したところ15になった。このとき，下のBのところの数の合計は，次のうちどれか。

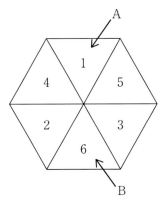

  1　51　　　2　53　　　　3　55　　　　4　57　　　　5　59

26 ブドウ狩りに行ったA〜Eの5人が狩ったブドウの数について，次のア〜エのことがわかった。
    ア　Bの数は，Cの数とEの数との和からAの数を引いた数より2房少なかった。
    イ　Dの数は，Aの数より2房多く，Cの数より7房少なかった。
    ウ　Eの数は，Aの数より多く，Dの数より少なかった。
    エ　狩ったブドウの数が同じ者はいなかった。
以上から判断して，狩ったブドウの数が2番目に多い者の数と4番目に多い者の数との差として，正しいものはどれか。
    1　4　　　　2　5　　　　3　6　　　　4　7　　　　5　8

27 次の図は暗号で数を表している。

1

5

12

18　　　　　36

このとき，以下の図の暗号が表す数として，最も妥当なものはどれか。

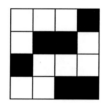

1　43　　　2　45　　　3　47　　　4　49　　　5　51

28 大きい円と小さい円が接している。まず，図1のように，小さい円を，大きい円の外側を滑らないように，同じ位置に来るまで回転させた。次に，図2のように，小さい円を移動させて，大きい円の内側を滑らないように回転させた。大きい円と小さい円の半径の比が4：1であるとき，これらの操作による小さい円の回転数の合計として，最も妥当なものはどれか。

図1　　　　　　　　　　　　　　図2

1　5回転　　　2　6回転　　　3　7回転　　　4　8回転　　　5　9回転

29 図は，各辺が1cmの正三角形を組み合せて作った正六角形である。図中にある一辺が1cmの正六角形の個数として，妥当なものはどれか。

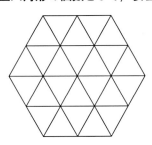

1　6個　　　2　7個　　　3　8個　　　4　9個　　　5　10個

30 図1のように一辺の長さがともに等しい正方形の左側に接した正三角形を滑らないように右側に回転させたとき，点Pが次の図2のような軌跡を描いた。このときの図形と点Pの関係として，最も妥当なものはどれか。ただし，選択肢中と図1，2中の点Xは同一のものとする。

31 正方形の紙を折り，面積が半分になるような三角形を作った後，さらに折り重ねて面積が半分になる三角形を作る作業を2回繰り返した。それに切り込みを入れ，広げたところ，図のような図形ができた。切り込みを入れた図として，最も妥当なものはどれか。

図

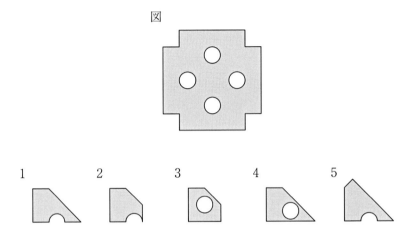

1　　　　2　　　　3　　　　4　　　　5

32 図のような立方体ABCD－EFGHがあり，それぞれの辺の長さは10cmである。また，頂点Eを出発して，右方の水平方向に5cm進んだ後，上方の垂直方向に1cmずつ動く動点がある。辺をまたがる際にも同じ動きをするとき，この点がはじめに到達する頂点として，最も妥当なものはどれか。

1　A
2　B
3　C
4　D
5　F

224

33 いくつかの立方体をすき間のないように積み重ねて立体をつくった。この立体を正面から見ると図1，真上から見ると図2の通りであった。これらから，立方体の数が最も多い場合の個数と，最も少ない場合の個数の差として，最も妥当なものはどれか。

図1　　　　　　図2

1　8個　　　2　9個　　　3　10個　　　4　11個　　　5　12個

34 図は，正十二面体の展開図であるが，これを組み立てたときの頂点の数として，最も妥当なものはどれか。

図

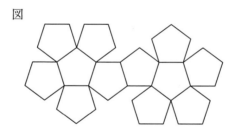

1　16個　　　2　17個　　　3　18個　　　4　19個　　　5　20個

35 それぞれの面に1～6を記したあるサイコロは，通常のものと異なり，向かい合う面の合計が3，7，11のいずれかであるという。この条件に合致する展開図として，最も妥当なものはどれか。

1

2

3

4

5

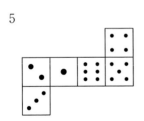

《 解 答 ・ 解 説 》

1 2

解説 設問の条件を，次のベン図にまとめる。

①は「サッカーをしたことがあるが，バスケットボールをしたことがない人数」であり，

70 − 57 = 13〔人〕

②は「サッカーをしたことはないが，バスケットボールをしたことがある人数」であり，

85 − 57 = 28〔人〕

③は「サッカーをしたことがなく，バスケットボールをしたことがない人数」であり，

100 − 13 − 57 − 28 = 2〔人〕

以上より，正解は2。

2 3

解説 Aは折り返し点までに合計6人とすれ違ったので，7位で折り返したことになる。その後，折り返してからゴールするまでに2人に抜かれたことから，最終的には9位でゴールインしたことになる。

なお，「折り返し点の手前で4人を抜いた」という情報は，結果的に解答を導くうえで必要のない情報である。

以上より，正解は3。

<u>3</u> 4

解説 まず，全員の発言を正しいと仮定して条件を整理する。（体重が重い）＞（体重が軽い）と順序関係を整理すると，5人の発言が正しいとき

Aの発言より，A＞D
Bの発言より，B＞C
Cの発言より，C＞E
Dの発言より，B＞D
Eの発言より，E＞A

これらをまとめると，B＞C＞E＞A＞D

となり，矛盾はない。

次に，嘘をついている場合，不等号の向きが逆になることに注目する。すると，条件より「1人だけ嘘をついている」ので，上記の1つの不等号の向きを変えても，他の不等号の向きや順序に影響がないことになる。反対に，不等号の向きを変えることで，他の不等号の向きや順序に影響が出てしまう発言が「嘘をついていない」ことになる。

例えば，Aの発言が嘘の場合，正しくは「D＞A」となり，全体としてはB＞C＞E＞D＞Aのままで矛盾はない。よって，Aは嘘をついている可能性がある。

同様に考えると，隣り合った2人の順序関係について発言しているB，C，Eについては，嘘をついている可能性がある。

一方，Dの発言が嘘の場合，正しくは「D＞B」となり，

B＞C＞E＞A＞D
D＞B

となるので，「A＞D」と発言したAも嘘をついたことになる。

したがって，嘘をついていないことが確実なのはDである。

以上より，正解は4。

<u>4</u> 1

解説 A～Fの発言をもとに，次の表を作成する。ただし，優勝すると予想した場合を○，それ以外を×とする。

まず，A，B，D，Eの発言をもとに，それぞれの行に○か×を入れる。次に，Cの発言より，Cの行とEの行は等しくなる。一方，Fの発言より，Fの

行はＡと真逆になる。

　ここで，Ａが優勝した場合，予想が当たったのはＡの列に〇をつけたＡとＢの２人であり，その他の４人は予想がはずれたことになる。同様に考えると，表は次のようになる。

　よって，予想が当たるのが２人となるのは，Ａが優勝した場合のみであり，このとき予想が当たったのはＡとＢである。

以上より，正解は1。

		優勝者					
		A	B	C	D	E	F
発言者	A	〇	×	〇	×	×	×
	B	〇	×	×	×	×	×
	C	×	×	×	×	〇	〇
	D	×	×	×	×	×	〇
	E	×	×	×	×	〇	〇
	F	×	〇	×	〇	〇	〇
当たった		2	1	1	1	3	4
はずれた		4	5	5	5	3	2

5 　4

解説　「傘」，「かばん」，「筆記用具」という３つの集合を考える場合，次のベン図のように全体を８つの領域に分けることができる。

①は「傘だけを持っている」，②は「かばんだけを持っている」，③は「筆記用具だけを持っている」，④は「傘とかばんだけを持っている」，⑤は「傘と筆記用具だけを持っている」，⑥は「かばんと筆記用具だけを持っている」，⑦は「3つとも持っている」，⑧は「3つとも持っていない」人が存在する領域である。

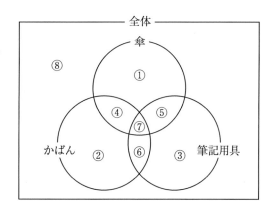

i)より，「傘を持っていない人は，全員かばんを持っている」ので，③と⑧の人はいない。

ii)より，「筆記用具を持っていない人は，全員かばんを持っていない」ので，②と④の人はいない。

よって，②③④⑧の人はおらず，①⑤⑥⑦の人はいる可能性がある。

1. 誤り。⑤の「傘と筆記用具だけ持っている人」がいる可能性がある。
2. 誤り。⑦の「3つとも持っている人」がいる可能性がある。　3. 誤り。⑤と⑦の人がいる可能性がある。　4. 正しい。②と⑧の人がいないので確実にいうことができる。　5. 誤り。⑦の人がいる可能性がある。

6 1

解説 向きに関しては，全員が同じ方向を向いているので，全員が前方を向いていると仮定して条件をまとめると，次のようになる。

アの条件	イの条件	ウの条件	エの条件
A○B	B○C	D○○E	F○○○G

アとイの条件はBが共通しているのでまとめると，

　　A○B○C

　また，この問題は条件に右○人目とあるので入れ替わりは生じず，問題では7人が一列に並ぶので，

　　○○A○B○C　　○A○B○C○　A○B○C○○

の3パターンが考えられる。

　これらにウの条件を入れると，真ん中のパターンは当てはまらないので，

　　D○AEB○C　　A○BDC○E

残ったエの条件を入れると次の通りとなる。

　　DFAEBGC　　AFBDCGE

よって，いずれの場合でもFがAの隣であるということは確実にいえる。

以上より，正解は1。

7 3

解説 ある命題が正しいとき，その対偶も正しい。「AならばBである」の対偶をとると「BでなければAではない」となる。

　よって，「天ぷらは日本食である」の対偶をとると「日本食でなければ，天ぷらではない」となる。

以上より，正解は3。

8 5

解説 図Ⅰの型を5枚すき間なく並べるので，最終的にできる図は3×5＝15〔マス〕となるはずである。この時点で，13マスからなるAは不適となる。

次に，図Ⅰの型を2つ組み合わせた2×3の図形を用いて，B～Eの図ができるかそれぞれ検討する。すると，BとEの図形しかできないことがわかる。

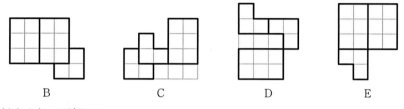

B　　　　　C　　　　　D　　　　　E

以上より，正解は5。

9 4

解説 切断面として考えられるのは，次のものである。

以上より，正解は4。

10 3

解説 与えられた図を，ABCを通るように切ると，右の図のようになる。

切断面は小さい立方体を構成する正方形の対
角線を1辺とする正三角形の組み合わせとな
り，右の図のようになる。

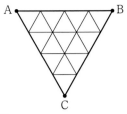

この図より，小さい立方体のうち，切れ目が
入る立方体の数は，正三角形の数に等しいか
ら，16個である。

また，小さい立方体の総数は，$4 \times 4 \times 4 = 64$〔個〕。

よって，切れ目が入らない立方体の数は，$64 - 16 = 48$〔個〕。

以上より，正解は3。

11 2

解説 「勉強しない人は公務員試験に合格できない」の対偶は「公務員試験
に合格できるならば勉強する人である」となる。

以上より，正解は2。

12 3

解説 設問の条件をもとにベン図を作成すると，次のようになる。

①は「テニスのみ経験のある者」が
存在する領域であり，① + 8 = 23が
成り立つので，

　① = 23 - 8 = 15〔人〕

②は「バレーボールのみ経験のある
者が存在する領域である。

ここで，① + ② + 8 = 50 - 15が成
り立つので，

　② = 50 - 15 - (① + 8)

　　= 35 - (15 + 8)

　　= 12〔人〕

以上より，正解は3。

13 5

解説 設問の条件をもとにベン図を作成すると，次のようになる。
①は「事務職のみ合格した者」，②は
「行政職のみ合格した者」，③は「ど
ちらも合格しなかった者」が存在す
る領域である。

　ここで，（合格者の人数）＝①＋②
＋10＝45＋50－10が成り立つので，
　（合格者の人数）＝85〔人〕
　さらに，

$$（合格率）＝\frac{合格者の人数}{全体の人数}×100　より，$$

$$（合格率）＝\frac{85}{100}×100＝85〔％〕$$

以上より，正解は5。

14 2

解説 設問の条件をもとに，左から点数の高い順に並べる。
①「Aの得点はBより高かった。」より，

A　B

②「BはCより得点が低く，Dの得点より高かった。」より，

C　B　D

③「DはEより得点が低く，Fの得点より高かった。」より，

E　　　D　F

④「Gの得点は最も低かった。」より，

　　　　　　G

①，②，③，④より

　A・B・C・E

ただし，A＞B，C＞B
よって，確実に順序がわかるのはD，F，Gだけである。
以上より，正解は2。

15 3

解説 ＼ 設問の条件をもとに，左から年齢の高い順に並べる。

①「Bの弟であるA」より，

B　A

②「AはDの妹Cより年上」より，

　　A　C

③「Dの妹C」より，

D　　　C

④「Fの姉であるE」より，

　　　　E　F

⑤「EはCより年下」より，

　　　　C　E

①，②，③，④，⑤をまとめると，

			C	E	F

　B・D・A

ただし，B＞A

よって，AとD，BとDの順序は決まらない。

以上より，正解は3。

16 4

解説 ＼ 設問の条件をもとに，左から年齢が高い順に並べる。ただし，上の
行は人物，下の行は性別を表す。

①A　「私の上には姉が3人と兄が1人いる」より，

			A	
	女3，男1			

②B　「私の下には弟が2人と妹が1人いる」より，

		B		
			男2，女1	

③C「私の下には妹が3人と弟が2人いる」より，

C					
			女3，男2		

④D 「私の上には1人いるだけである」より，

	D				

⑤E 「私の上には3人いる」より，

			E		

⑥F「私たちの兄弟姉妹では一番下は女である」より，

					女

①～⑥より，人物については左から順にC，D，B，E，A，Fとなる。
また，⑥よりFは女，②よりEとAは男，③よりDとBは女，①よりCは女
となる。
ここまでをまとめると，次のようになる。

C	D	B	E	A	F
長女	次女	三女	長男	次男	四女

以上より，正解は4。

17 1

解説 条件ア～ウをもとに，左から速く到着した者を並べる。ただし，上
の行を人物，下の行を性別で表す。
①ア「AはBより遅く到着したが，そのタイムは5人の平均より速かった。」よ
り，

B	A			

②イ「Cは男子でDより早く到着した」より，

C	D
男	

③ウ「2位と3位は女子であった。」より，

男	女	女	男	男

①～③より，次のようになる。

B	A	E	C	D
男	女	女	男	男

以上より，正解は1。

18 2

解説 問題文の条件をまとめると次のようになる。

①BはCより12分遅く着き，Eより5分早く着いた。

②AはBより7分遅く着き，Dより1分早く着いた。

③Eが着いたとき，ミーティング開始まで4分の時間があった。

これら3つの条件を数直線で表すと，次のようになる（ミ…ミーティング）。

ただし，左から早く着いた者を並べる。

3つの数直線をまとめると，次のようになる。

よって，Aはミーティングの2分前に着いたことがわかる。

以上より，正解は2。

19 1

解説 条件①〜③をもとに，次の表を作成する。ただし，渡した（または もらった）場合は〇，渡していない（またはもらっていない）場合は×とする。

①より，「DがAに渡した」ことが確定し，自分がもらった相手には渡さない ので「AがDに渡していない」ことが確定する。

②より，「BがDに渡していない」ことが確定する。

③より，「CがEに渡した」こと，および「EがCに渡していない」ことが確定 する。

ここまでをまとめると，次のようになる。

		もらう人				
		A	B	C	D	E
渡す人	A				×	×
	B	×			×	×
	C	×	×		×	○
	D	○	×	×		×
	E	×		×		

すると，Bが渡す相手はCしかおらず，Aが渡す相手はBしかおらず，Eが渡 す相手はDしかいない。よって，表は次のようになる。

		もらう人				
		A	B	C	D	E
渡す人	A		○	×	×	×
	B	×		○	×	×
	C	×	×		×	○
	D	○	×	×		×
	E	×	×	×	○	

以上より，正解は1。

20 4

解説 A～Dの発言をもとに，次の表を作成する。ただし，購入した，または受け取った場合は〇，そうではない場合は×とする。

Aより，「Aはリンゴを購入していない，AはBに渡していない，Bはリンゴを受け取った」ことが確定する。

Bより，「BはCに渡していない」ことが確定する。

Cより，「Cはバナナを受け取っていない」ことが確定する。

Dより，「Dはミカンを受け取っていない，Cはミカンを購入した，CはDに渡していない」ことが確定する。

ここまでで，表は次のようになる。

	購入した				受け取った			
	A	B	C	D	A	B	C	D
リンゴ	×		×		×	〇	×	×
ナシ			×			×		
バナナ			×			×	×	
ミカン	×	×	〇	×		×		×

渡した　B× C× D×

ここで，Cがミカンを渡した相手はAしか残っていない。すると，バナナを受け取ったのはDしかおらず，Cはナシを受け取ったことになる。

また，Bが受け取ったリンゴを購入したのはDしかおらず，BはCに送っていないのでDが受け取ったバナナを購入していることになり，Aは残ったナシを購入したことになる。よって，表は次のようになる。

	購入した				受け取った			
	A	B	C	D	A	B	C	D
リンゴ	×	×	×	〇	×	〇	×	×
ナシ	〇	×	×	×	×	×	〇	×
バナナ	×	〇	×	×	×	×	×	〇
ミカン	×	×	〇	×	〇	×	×	×

渡した　B× C× D×

以上より，正解は4。

21 **4**

解説　表裏とも赤のカードをx枚とすると，表赤・裏白のカードは$2x$枚と表せる。

ここで，表を1枚，裏を1枚と考えると，赤のカードは全部で$x \times 2 + 2x = 4x$〔枚〕ある。

すると，実際の赤のカードの枚数は$35 + 49 = 84$〔枚〕なので，

$4x = 84$

$x = 21$

よって，表裏とも赤のカードは21枚になる。

表赤・裏白のカードは$2 \times 21 = 42$〔枚〕なので，

表裏とも白のカードは$100 - 21 - 42 = 37$〔枚〕となる。

以上より，正解は4。

22 **5**

解説　文字数を見ると，「桜」は，平仮名では「さくら」の3文字であり，ローマ字では「SAKURA」の6文字である。「富士」は，平仮名では「ふじ」の2文字であり，ローマ字では「FUJI」の4文字である。「梅」は，平仮名では「うめ」の2文字であり，ローマ字では「UME」の3文字である。

暗号の数字のかたまりと対比させると，「桜」が6個，「富士」が4個，「梅」が3個だから，数字のかたまり1個はローマ字におけるアルファベット1文字に対応していると考えられる。

このとき，数字のかたまりの順番とアルファベットの順番が同じであるとして対応させてみると，「SAKURA」が「10010-0-1010-10100-10001-0」，「FUJI」が「101-10100-1001-1000」，「UME」が「10100-1100-100」となり，複数回出てくる「A」が「0」，「U」が「10100」に矛盾が生じない。

よって，数字のかたまりの順番とアルファベットの順番は同じであると考えられる。

次に，数字のかたまりの意味を考えると，0と1しか使用されていないことから2進数であると推測され，「A」が「0」，「E」が「100」，「F」が「101」であることから，アルファベット順に2進数を0から小さい順に対応させていると考えられる。

すると，対応表は以下の通りとなる。

A	B	C	D	E	F	G	H	I
0	1	10	11	100	101	110	111	1000

J	K	L	M	N	O	P	Q	R
1001	1010	1011	1100	1101	1110	1111	10000	10001

S	T	U	V	W	X	Y	Z
10010	10011	10100	10101	10110	10111	11000	11001

よって，「1000-1101-10100」は「INU」すなわち「犬」であり，正解は5。

23 4

解説 白黒の紙では，白は対角線どうし，黒も対角線どうしに配置されている。よって，ある隅で黒が40枚ならばその対角線の隅でも黒は40枚である。

白	黒
黒	白

今，白の枚数を数えると，黒が40枚の隅では50 − 40 = 10〔枚〕，

黒が35枚の隅では50 − 35 = 15〔枚〕ある。

よって，白黒の紙の合計は，10 + 15 = 25〔枚〕である。

以上より，正解は4。

黒40

黒35

黒35　　黒40

24 3

解説 「ひらがな」または「かたかな」に関する「暗号」については，「対応する文字の数」と「数字の組み合わせなどで表される記号の数」をみる。それらが一致する場合には，「ひらがな」または「かたかな」1文字と，「記号」1組が対応する。その場合，「50音表」や「イロハ順」との対応を調べることになる。この問題では，それぞれの「文字」と，「2組の数字」が対応するので，50音表における「ア～オ段」と「ア～ワ行」を調べる。

まず，段が共通する「ア」は「5-10」，「マ」は「5-4」に対応し，「コ」は

「1-9」，「ト」は「1-7」に対応するなど，それぞれ前半の数字が共通するので，前半の数字が段を表すことがわかる。また，前半の数字に着目すると，アとマが5，イキが4，ユとウが3，コとトが1であるから，ア段は5，イ段は4，ウ段は3，エ段は2，オ段は1であると考えられる。

次に，行が共通する「ア」は「5-10」，「イ」は「4-10」に対応し，「コ」は「1-9」，「キ」は「4-9」に対応するなど，それぞれ後半の数字が共通するので，後半の数字が行を表すことがわかる。また，後半の数字に着目すると，アとイとウが10，コとキが9，トが7，マが4，ユが3であるから，ア行から順に，10，9，8，7…となる。

これらから，以下の表を導くことができる。

	ア行	カ行	サ行	タ行	ナ行	ハ行	マ行	ヤ行	ラ行	ワ行
ア段	5-10 ア	5-9 カ	5-8 サ	5-7 タ	5-6 ナ	5-5 ハ	5-4 マ	5-3 ヤ	5-2 ラ	5-1 ワ
イ段	4-10 イ	4-9 キ	4-8 シ	4-7 チ	4-6 ニ	4-5 ヒ	4-4 ミ	(4-3)	4-2 リ	(4-1)
ウ段	3-10 ウ	3-9 ク	3-8 ス	3-7 ツ	3-6 ヌ	3-5 フ	3-4 ム	3-3 ユ	3-2 ル	(3-1)
エ段	2-10 エ	2-9 ケ	2-8 セ	2-7 テ	2-6 ネ	2-5 ヘ	2-4 メ	(2-3)	2-2 レ	(2-1)
オ段	1-10 オ	1-9 コ	1-8 ソ	1-7 ト	1-6 ノ	1-5 ホ	1-4 モ	1-3 ヨ	1-2 ロ	1-1 ヲ

なお，「ン」については不明であるが，この場合は，例や記号化する対象には含まれないので，問題を解くにあたり，支障はない。

この表と対応させると，「ソラトクモ」は，「1-8・5-2・1-7・3-9・1-4」となる。

以上より，正解は3。

25 3

解説 このカードはどの向きにおいても，1枚のAとBの和は7となる。

AとBの合計数は，これを10枚重ねたものなので，7×10＝70

ここで，Aの合計が15より，

Bの合計は70－15＝55。

以上より，正解は3。

26 4

解説 Aが狩ったブドウの数をx房とする。

条件イより，Dが狩ったブドウの数は$x+2$〔房〕，Cが狩ったブドウの数は$x+9$と表せる。

条件ウより，$x+2>$（Eが狩ったブドウの数）$>x$であり，条件エより狩ったブドウの数は5人とも異なるので，Eが狩ったブドウの数は$x+1$〔房〕となる。

条件アより，Bが狩ったブドウの数は，$(x+9)+(x+1)-(x+2)=x+8$〔房〕となる。

　ここまでをまとめると，狩ったブドウの数が多い順にC，B，D，E，Aとなる。よって，狩ったブドウの数が2番目に多いBと4番目に多いEの差は，

$(x+8)-(x+1)=7$〔房〕

以上より，正解は4。

27 4

解説 図の1行目が1，2行目が4，3行目が8，4行目が16を表しており，黒いマスの分だけ数を足していけばよい。

1
4
8
16

すると，

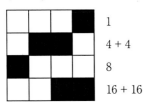

1
4 + 4
8
16 + 16

よって，$1+(4+4)+8+(16+16)=49$。

以上より，正解は4。

28 4

解説 大きい円の半径を m，小さい円の半径を n とすると，大きい円の外側を小さい円が1周するときの回転数は，$\frac{m}{n}+1$〔回転〕と表せ，$m=4$，$n=1$ とすると，$\frac{4}{1}+1=5$〔回転〕。また，大きい円の内側を小さい円が1周するときの回転数は，$\frac{m}{n}-1$〔回転〕より，$\frac{4}{1}-1=3$〔回転〕。よって，回転数の合計は，$5+3=8$〔回転〕。

以上より，正解は4。

29 2

解説 まず，次のように番号を付し順に数える。

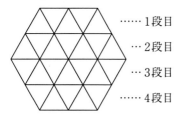

…… 1段目
… 2段目
… 3段目
…… 4段目

一辺が1cmの六角形の数は，1～2段目に2個，2～3段目に3個，3～4段目に2個ある。よって，$2+3+2=7$〔個〕。

以上より，正解は2。

30 4

解説 点Pの描く軌跡が点Xと一致することから，次図のようになる。

なお，点PはP′，P″と移動する。

以上より，正解は4。

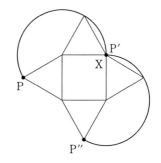

31 1

解説 折りたたんだ紙に切り込みを入れて広げると，切り取られた部分が折り目に対して線対称になることを利用する。次のように順番に考えるとよい。

①切り込みを入れて広げた図について，線対称となるような折り目を見つけ，1回だけ折りたたんだ図を作る。

②①と同様に考えて2回目の折り目を探し，もう1回折りたたんだ図をつくる

③①と同様に考えて3回目の折り目を探し，もう1回折りたたんだ図をつくる

広げた図 / 1回だけ折りたたんだ図 / 2回折りたたんだ図 / 3回折りたたんだ図

以上より，正解は1。

32 2

解説 題意より，移動する割合は，図1のように，右の水平方向に5cm，上の水平方向に1cmずつであるから，この動きの中ではじめに達する頂点は，図2より，Bとなる。

図1

1cm
5cm

図2

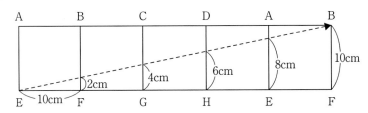

以上より，正解は2。

33 3

解説 真上から見た場合，設問の図2のように見えたことから，縦3マス，横3マスには少なくとも1個の立方体が積まれていることになる。よって，これらの合計9マスに積まれた立方体の数を考える。それぞれのマスを①〜⑨とする。

①	②	③
④	⑤	⑥
⑦	⑧	⑨

(1) 立方体の数が最小の場合

正面から見た場合に設問の図1のように見えたことから，左から4，1，3段積まれているように見えたことになる。最小の数を考える場合，見えるところはその数とし，見えないところはできるだけ小さい数とする。よって，正面から見て手前の⑦，⑧，⑨にそれぞれ4，1，3段積め

1	1	1
1	1	1
4	1	3

4　1　3

ば，①〜⑥は正面から見えないので最小の数である1段とすることができる。よって，このときの立方体の数は14個となる。

(2) 立方体の数が最大の場合

最大の数を考える場合，見えるところはその数とし，見えないところはできるだけ大きい数とする。よって，①⑦は4段，②⑤は1段，③⑥は3段まで積むことになる。よって，このときの立方体の数は24個となる。

4	1	3
4	1	3
4	1	3

4　1　3

したがって，最も多い場合の個数と最も少ない場合の個数の差は，24 − 14 = 10〔個〕。

以上より，正解は3。

34 5

解説 正十二面体を組み立てると，次の見取図
のようになる。

正十二面体は，正五角形の集合体であるから，重
複する分を含めた展開図上の頂点の数は$12 \times 5 =$
60〔個〕。また，見取図より，正十二面体上の各
頂点には，それぞれ3つの面が接しているので，展
開図上の3つの頂点が重なる。よって，求める頂
点の数は，$60 \div 3 = 20$〔個〕。

以上より，正解は5。

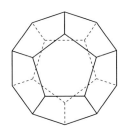

35 4

解説 それぞれの面に1～6の数が記されたサイコロにおいて，向かい合う
数の合計が3となるのは$(1，2)$の組だけであり，11になるのは$(5，6)$の組
だけなので，7になるのは$(3，4)$の組である。

また，展開図において，組み立てたとき
に向かい合う面は，①と④，②と⑥，③
と⑤である。

これらがそれぞれ，$(1，2)(3，4)(5，$
$6)$のいずれかに当てはまるものが条件に
合致する。本問では，選択肢4の図が該
当する。

以上より，正解は4。

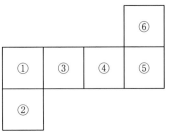

数的処理　　　　　数的推理

||||||||||||||||||||||||||||||||| P O I N T |||||||||||||||||||||||||||||||||

　数的推理は，数的処理の中では最も算数・数学の知識や能力が役に立つ分野といえる。出題形式はほとんどが文章題であり，必要な情報を読み取り，自身で方程式を立てて解いていく能力が求められる。本書の数学の内容を参考にしつつ，以下の重要事項を知っておいてほしい。

　まず知っておいてほしいのは，「速さ，距離，時間」の関係である。（速さ）$=\left(\dfrac{距離}{時間}\right)$ という基本公式をもとに，式変形をして距離や時間を求める，秒から分（または時間），kmからm（またはcm）などに単位変換する，といった操作を速く正確に行えるようになってほしい。このような力を身に付けることで，「通過算」，「旅人算」，「流水算」などの理解にもつながり，「仕事算」や「ニュートン算」といった応用問題にも対応できる。

　次に，「比と割合」といった指標の活用法を覚えよう。問題によっては具体的な数量ではなく比や割合だけが与えられる場合もある。例えば，「AとBの比が $a:b$」と出てきたら，Aは a 個，Bは b 個のように比の値をそのまま数量とする，あるいはAは ax 個，Bは bx 個といった表し方をすると考えやすくなる。また，比例配分の考え方「X 個をAとBに $a:b$ に配分すると，Aには $\dfrac{a}{a+b}\times X$〔個〕，Bには $\dfrac{b}{a+b}\times X$〔個〕配分される」もよく利用される。割合では，「百分率％で表されていたら全体を100とする」と考えやすくなる。「割引き」や「割り増し」といった言葉が出てきた場合の計算にも慣れておこう。

　学習のコツとしては，判断推理と同様に「設問を読んだだけで何をすればよいか見通しが立てられるぐらいまで取り組む」ことである。もし学習時間の確保が困難であれば，「設問から必要な情報を読み取り方程式を立てる」ステップだけでも反復練習しよう。

《 演 習 問 題 》

1 4人の姉妹がコインを持っていて，長女，二女，三女，四女のコインの枚数の比は7：5：2：1である。長女は三女と四女に同じ枚数のコインを与え，二女は三女に10枚，四女にもある枚数のコインを与えたために，4人の枚数の比は11：9：8：7になった。二女が四女に与えたコインは何枚か。

　1　10枚　　　2　15枚　　　3　20枚　　　4　30枚　　　5　45枚

2 電卓を用いて2つの数の積を求めようとしたとき，「×」を押すべきところを「＋」を押してしまったために，45が表示された。同様に，「×」ではなく「÷」を押して計算すると2が表示された。本来求めようとした積として正しいものはどれか。

　1　285　　　　2　360　　　3　415　　　4　450　　　5　475

3 次の計算式が成り立つとき，ア＋イはいくらになるか。

```
   2 5 ア 7 2
 －   8 イ □ ア
 ―――――――――
   1 イ イ 7 9
```

　1　7　　　　2　8　　　3　9　　　4　10　　　5　11

4 1から999までの整数のうちで，0を少なくとも1個含むものはいくつあるか。

　1　177個　　　2　178個　　　3　179個　　　4　180個　　　5　181個

5 4%の食塩水xgと10%の食塩水ygを加えると，8%の食塩水ができた。この8%の食塩水にさらに4%の食塩水xgを加えるとできる食塩水の濃度として，正しいものはどれか。

　1　4%　　　　2　5%　　　3　6%　　　4　7%　　　5　8%

6 72を28乗した数の一の位の数として，正しいものはどれか。

　1　0　　　　2　2　　　3　4　　　4　6　　　5　8

7 3ケタの整数のうち5で割ると2余り，7で割ると3余る数は全部でいくつあるか。

　　1　25個　　　2　26個　　　3　27個　　　4　28個　　　5　29個

8　ある果物を箱に詰めるとき，1箱に8個ずつ入れると10個が入らないので，9個ずつ入れたところ，使わない箱が5箱できた。このとき，箱の数の最小値として正しいものはどれか。

　　1　54　　　　2　55　　　　3　56　　　　4　63　　　　5　64

9　黄色が1個，赤色が4個，白色が4個の合計9個のビーズを環状につなげて，ブレスレットを作る。この時，作り方は何通りあるか。

　　1　16通り　　　2　38通り　　　3　48通り　　　4　64通り　　　5　68通り

10　次の2式を満たす自然数 x, y, z の組み合わせとして正しいものはどれか。

$$2x + y - z = 2 \cdots ①$$
$$3x - 2y + 4z = 28 \cdots ②$$

	x	y	z
1	1	6	8
2	1	6	9
3	2	7	8
4	2	7	9
5	2	8	9

11　次の図のように1辺が4cmの正方形が6個並んでいる。このとき，三角形ECFの面積として正しいものはどれか。

　　1　24cm²
　　2　28cm²
　　3　34cm²
　　4　38cm²
　　5　40cm²

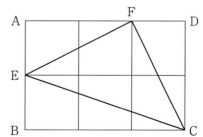

12 右図において，2直線 l, m は平行であり，A，B，C，Dは直線 l 上の異なる4点。またE，F，G，H，Iは m 上の異なる5点である。この9点A，B，C，D，E，F，G，H，Iから3点を選び，それを3頂点とする三角形をつくる。このときできる三角形の個数として正しいものは次のどれか。

1　68個　　2　70個　　3　75個　　4　80個　　5　84個

13 正の整数 a, b がある。この整数が $a < b$ であるとき，次の式を満たす a, b の組み合わせの数として，正しいものはどれか。

$$\frac{1}{a} + \frac{1}{b} = \frac{1}{10}$$

1　3組　　　2　4組　　　3　5組　　　4　6組　　　5　7組

14 あるデパートで特売品を売り始めたとき，すでに行列ができており，発売開始後も毎分10人ずつ新たに行列に加わるものとする。レジが1つのときは1時間で行列がなくなり，レジが3つのときは15分で行列がなくなる。特売品を売り始めたときに並んでいた人数はどれか。ただし，どのレジも1分間に同じ人数に対応できるものとする。

1　1200人　　2　1300人　　3　1400人　　4　1500人　　5　1600人

15 2つの高校A校とB校で入学試験を行った。A校の合格者と不合格者の比は12：7であった。A校での不合格者全員がB校を受験し，その合格者と不合格者の比は10：1であった。また，A校とB校の両校とも不合格だった者は14人であった。このとき，A校に合格した人数は何人か。ただし，B校を受験したのはA校の不合格者だけだったとする。

1　262人　　2　264人　　3　266人　　4　268人　　5　270人

16 下図のように，半径6cmの円に正六角形が内接しているとき，斜線部分の面積として正しいものはどれか。

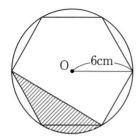

1 6π [cm²]

2 $6\sqrt{3}\pi$ [cm²]

3 9π [cm²]

4 $9\sqrt{3}\pi$ [cm²]

5 $(9-\sqrt{3})\pi$ [cm²]

17 大・中・小3個のサイコロを同時に投げるとき，2個だけ同じ目になる確率として正しいものはどれか。

1 $\dfrac{1}{12}$ 2 $\dfrac{2}{12}$ 3 $\dfrac{3}{12}$ 4 $\dfrac{4}{12}$ 5 $\dfrac{5}{12}$

18 αとβの2つの文字を最大n個組み合わせることによって，80通りの暗号を作りたい。このとき，nの最低限の値として正しいものはどれか。

1 4   2 5   3 6   4 7   5 8

19 長さ420mの道の両側に，それぞれ30mおきに街路樹を植える際，必要な本数として正しいものはどれか。

1 14本   2 15本   3 28本   4 30本   5 32本

20 下図のように棒を規則的に並べて正六角形をつくっていく。このとき，21番目まで並べる際に必要な棒の総数として，正しいものはどれか。

1番目　　　　2番目　　　　　3番目

1 170   2 171   3 172   4 173   5 174

21 Aさんはある本を3日間で読み切ろうとして，1日目の全体の$\frac{1}{3}$の
ページを読み，2日目に残りの半分のページを読んだが，3日目に残りの
$\frac{1}{3}$のページしか読めなかったので，18ページ残ってしまった。この本の
ページ数として正しいものはどれか。

 1 54ページ 2 63ページ 3 72ページ 4 81ページ

 5 90ページ

22 ミシシッピ川上流のA地点から240km川下にB地点があり，B地点を
出発して両地点間を経由地無しで往復する蒸気船が就航している。ある運
航で，往路は予定通り20時間でA地点へ到着したが，復路は途中でエン
ジンが故障して8時間川の流れのみで運航したため，B地点への到着は往
路よりも2時間余計にかかってしまった。このとき，復路の予定所要時間
として正しいものはどれか。ただし，川の流れの速さと静水時の蒸気船の
速さはともに一定であるとする。

 1 14時間 2 14時間30分 3 15時間 4 15時間30分

 5 16時間

《 解 答 ・ 解 説 》

1 4

解説 4人の姉妹のコインの総数は，15（7：5：2：1の数値の和）と35（11：9：8：7の数値の和）の最小公倍数である105の倍数なので，$105x$〔枚〕とする。

はじめに持っていたコインの数は，長女は $105x \times \dfrac{7}{7+5+2+1} = 105x \times \dfrac{7}{15}$ $= 49x$〔枚〕，二女は $105x \times \dfrac{5}{15} = 35x$〔枚〕，三女は $105x \times \dfrac{2}{15} = 14x$〔枚〕，四女は $105x \times \dfrac{1}{15} = 7x$〔枚〕となる。

コインの受け渡し後に持っていたコインの数は，長女は $105x \times \dfrac{11}{11+9+8+7}$ $= 105x \times \dfrac{11}{35} = 33x$〔枚〕，二女は $105 \times \dfrac{9}{35} = 27x$〔枚〕，三女は $105x \times \dfrac{8}{35} =$ $24x$〔枚〕，四女は $105x \times \dfrac{7}{35} = 21x$〔枚〕となる。

よって，長女が三女と四女に与えたコインの枚数の合計は $49x - 33x = 16x$〔枚〕，それぞれに与えたコインの枚数は $16x \div 2 = 8x$〔枚〕となる。

また，二女はコインの受け渡しの前後で $35x - 27x = 8x$〔枚〕減っているので，三女に10枚，四女に $8x - 10$〔枚〕与えたことになる。

すると，受け渡し後の四女が持っているコインの枚数について，

$21x = 7x + 8x + (8x - 10)$

$x = 5$

したがって，二女が四女に与えたコインの枚数は，$8 \times 5 - 10 = 30$〔枚〕。

以上より，正解は4。

2 4

解説 はじめに電卓に入力した数を x，次に入力した数を y とする。
これらを加えると45になるから，$x + y = 45$……①

割り算の結果が2なので，$\dfrac{x}{y} = 2$……②

①，②より　$x = 30, y = 15$

したがって，本来求めようとした積は，$30 \times 15 = 450$

以上より，正解は4。

3 3

解説 まず，一の位に注目すると，「72 − □ア」より，この計算結果の位置
の位の数が9になるのは，アが3の場合だけであ
る。よって，設問の図は次のようになる。

$$
\begin{array}{r}
2\ 5\ 3\ 7\ 2 \\
-\quad 8\ イ\ □\ 3 \\
\hline
1\ イ\ イ\ 7\ 9
\end{array}
$$

次に，繰り下がりがあるので，「36 − イ□ ＝
イ7」となり，この計算結果の一の位の数が7にな
るのは□に9が入る場合だけである。ここまでで，
次のようになる。

さらに，繰り下がりがあるので，「252 − 8イ ＝

$$
\begin{array}{r}
2\ 5\ 3\ 7\ 2 \\
-\quad 8\ イ\ 9\ 3 \\
\hline
1\ イ\ イ\ 7\ 9
\end{array}
$$

1イイ」となり，この計算が成り立つのはイが6の
場合だけである。
よって，ア ＋ イ ＝ 3 ＋ 6 ＝ 9となる。
以上より，正解は3。

4 4

解説 0を1個も含まないものは，

$$
\begin{cases}
1ケタの整数では……9 〔個〕 \\
2ケタの整数では……9^2 = 81 〔個〕 \\
3ケタの整数では……9^3 = 729 〔個〕
\end{cases}
$$

合計すると，9 ＋ 81 ＋ 729 ＝ 819〔個〕である。

したがって，少なくとも0が1個あるものは，(全体) − (1個も0がないもの)
＝ 999 − 819 ＝ 180〔個〕。

以上より，正解は4。

5 4

解説 (食塩水の濃度) ＝ $\dfrac{食塩の量}{食塩水の量} \times 100$ より，

(食塩の量) ＝ $\dfrac{(食塩水の量) \times (食塩水の濃度)}{100}$ と表せる。

4%の食塩水x〔g〕に含まれる食塩の量は，$\dfrac{x \times 4}{100} = \dfrac{4x}{100}$〔g〕

10%の食塩水y〔g〕に含まれる食塩の量は，$\dfrac{y \times 10}{100} = \dfrac{10y}{100}$〔g〕

これらを加えたところ8%の食塩水ができたので，

$$\frac{\dfrac{4x}{100}+\dfrac{10y}{100}}{x+y}\times 100=8$$

これを整理すると，$y=2x\cdots$①

さらに，4%の食塩水x〔g〕を加えたときの濃度は，$\dfrac{\dfrac{4x}{100}+\dfrac{10y}{100}+\dfrac{4x}{100}}{x+y+x}\times$

100〔%〕と表せ，①を代入すると，

$$\frac{\dfrac{4x}{100}+\dfrac{10y}{100}+\dfrac{4x}{100}}{x+y+x}\times 100=\frac{\dfrac{4x}{100}+\dfrac{10\times 2x}{100}+\dfrac{4x}{100}}{x+2x+x}\times 100=\frac{28x}{4x}=7〔\%〕$$

以上より，正解は4。

6 4

解説 一の位の数だけに着目すればよい。

次の数の一の位の数は，

$72^1\rightarrow 2$，$72^2\rightarrow 4$，$72^3\rightarrow 8$，$72^4\rightarrow 6$，$72^5\rightarrow 2$，$72^6\rightarrow 4\cdots$

より，一の位は，「2，4，8，6」の規則のくり返しである。

よって，72^{28}の一の位の数は$28\div 4=7$余り0より，規則の最後の数の6であることが分かる。

以上より，正解は4。

7 2

解説 求める数をNとすると，「5で割ると2余り」，「7で割ると3余る」ので，

$N=5a+2=7b+3$と表せる。（a，bは整数）

$5a=7b+1$より

$$a=\frac{7b+1}{5}=b+\frac{2b+1}{5}=b+1+\frac{2(b-2)}{5}$$

よって，$b-2$は5の倍数となり，$b-2=5t$（tは整数）とおくと，

$b=5t+2$　これを$N=7b+3$へ代入すると，

　$N=7(5t+2)+3=35t+17$

$100\leqq 35t+17\leqq 999$より，$83\leqq 35t\leqq 982$

$\therefore$　$3\leqq t\leqq 28$　よって，条件を満たすtは$28-3+1=26$〔個〕より，Nも26個となる。

以上より，正解は2。

8 2

解説 果物をx個の箱に詰めるとき，1箱に8個ずつ入れると10個が入らないので，果物の数は，$8x + 10$〔個〕

また，1箱に9個ずつ入れると，使わない箱が5箱になるので，

$\quad 9(x - 6) < 8x + 10 \leq 9(x - 5)$

$9(x - 6) < 8x + 10$より，

$\qquad x < 64$

$8x + 10 \leq 9(x - 5)$より，

$\qquad x \geq 55$

$\therefore \quad 55 \leq x < 64$

よって，箱の数の最小値は55個である。

なお，箱の数の最大値は，自然数であることに留意すると63個である。

以上より，正解は2。

9 2

解説 同じものを含む数珠順列を考える。

まず，黄色のビーズを固定させて，残りの赤色4個，白色4個の並べ方を考えると，同じものを含む順列なので，$\dfrac{8!}{4! \times 4!} = \dfrac{8 \times 7 \times 6 \times 5}{4 \times 3 \times 2 \times 1} = 70$〔通り〕。

次に，黄色を中心に左右対称になっている場合，片側に並ぶ4つのうちどの2か所に赤色が入るか決まればいいので，$_4C_2 = \dfrac{4 \times 3}{2 \times 1} = 6$〔通り〕。

よって，黄色を中心に左右対称になっていない場合は，$70 - 6 = 64$〔通り〕。

ここで，数珠順列の場合，左右対称でない並び方であれば，これをひっくり返すと同じ並び方となるものが存在するので，実際には$64 \div 2 = 32$〔通り〕となる。

よって，並べ方は$6 + 32 = 38$〔通り〕となる。

以上より，正解は2。

10 4

解説 ①×2＋②より，yを消去すると，

$7x + 2z = 32$

これを満たす (x, z) は $(2, 9)$ と $(4, 2)$

・$(x, z) = (2, 9)$ のとき，$y = 7$

・$(x, z) = (4, 2)$ のとき，$y = -4$（自然数ではないため不適）

よって，$(x, y, z) = (2, 7, 9)$

以上より，正解は4。

11 5

解説 三角形ECFの面積は，四角形ABCDの面積から3つの直角三角形の面積を引いたものとなる。

三角形EBCの面積：$12 \times 4 \div 2 = 24$〔cm²〕

三角形FAEの面積：$4 \times 8 \div 2 = 16$〔cm²〕

三角形FDCの面積：$4 \times 8 \div 2 = 16$〔cm²〕

四角形ABCDの面積：$12 \times 8 = 96$〔cm²〕

よって，三角形ECFの面積は，

$96 - (24 + 16 + 16) = 40$〔cm²〕

以上より，正解は5。

12 2

解説 できる三角形の個数は

ⅰ）l上から異なる2点を選び，m上から1点を選ぶとき

$${}_4C_2 \times 5 = \frac{4 \times 3}{2 \times 1} \times 5 = 6 \times 5 = 30 \text{〔個〕}$$

ⅱ）m上から異なる2点を選び，l上から1点を選ぶとき

$${}_5C_2 \times 4 = \frac{5 \times 4}{2 \times 1} \times 4 = 10 \times 4 = 40 \text{〔個〕}$$

ⅰ）ⅱ）より，

$30 + 40 = 70$〔個〕

以上より，正解は2。

13 2

解説 与えられた式の両辺に，$10ab$をかけて，因数分解すると，次のようになる。

$$\frac{1}{a} + \frac{1}{b} = \frac{1}{10}$$

$$10b + 10a = ab$$

$$ab - 10a - 10b + 100 = 100$$

$$(a - 10)(b - 10) = 100 \cdots ①$$

また，$a < b$より，$(a - 10) < (b - 10)$となり，a，bが正の整数なので$(a - 10)$，$(b - 10)$は整数である。

このような条件をもとに，①の式を満たす$(a - 10)$，$(b - 10)$を考えると次の4組である。

$a - 10$	$b - 10$
1	100
2	50
4	25
5	20

この4組いずれの場合でも，a，bが1組ずつ対応するので，$\frac{1}{a} + \frac{1}{b} = \frac{1}{10}$を満たす$a$，$b$も4組である。

以上より，正解は2。

14 1

解説 特売品を売り始めたときに行列に並んでいた人数をA人，レジ1つが1分間に処理する人数をa人とする。

レジが1つのとき，60分で行列がなくなったので，新たに行列に加わった人数は$10 \times 60 = 600$〔人〕，

レジが処理した人数は$a \times 1 \times 60 = 60a$となり，次式が成り立つ。

$$A + 600 = 60a \cdots ①$$

レジが3つのとき，15分で行列がなくなったので，新たに行列に加わった人数は$10 \times 15 = 150$〔人〕，

レジが処理した人数は$a \times 3 \times 15 = 45a$となり，次式が成り立つ。

$$A + 150 = 45a \cdots ②$$

①−②より，$450 = 15a$ となり，$a = 30$〔人〕となる。

これを①に代入して A について解くと，$A = 1200$〔人〕となる。

以上より，正解は1。

[15] 2

解説 （Aの合格者）：（Aの不合格者）$= 12 : 7$ より，Aの合格者 $12x$〔人〕，不合格者 $7x$〔人〕とする。

（Bの合格者）：（Bの不合格者）$= 10 : 1$ より，Bの合格者 $10y$〔人〕，不合格者 y〔人〕とする。

これらの条件を表にまとめると，次のようになる。

	合格	不合格	合計
A校	$12x$	$7x$	$19x$
B校	$10y$	y	$11y$

A校の不合格者が全員B校を受験したので，

$7x = 11y \cdots$①

A，B校ともに不合格だった者（つまりB校に不合格だった者）は14人だから，

$y = 14 \cdots$②

①，②より，$x = 22$

したがって，A校に合格した者は，$12x = 12 \times 22 = 264$〔人〕

以上より，正解は2。

[16] 1

解説 円に正六角形が内接している図は線対称な図形なので，直線ADは点Oを通り，またAD//BCとなる。よって，（△ABCの面積）=（△OBCの面積）

つまり，斜線部分の面積は扇型OBCの面積と等しくなる。正六角形は合同な6つの正三角形からなるので，△OBCは正三角形である。

よって，求める面積は，

$$6 \times 6 \times \pi \times \frac{60}{360} = 6\pi \ \text{〔cm}^2\text{〕}$$

以上より，正解は1。

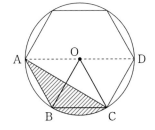

17 5

解説 起こりうるすべての場合の数は，$6 \times 6 \times 6 = 216$〔通り〕である。
この216通りの中で，2個だけ同じ目になる場合の数を考えると，
①大，中，小のうち，どのサイコロ2つで同じ目が出るか
　　$_3C_2$〔通り〕
②1〜6のうち，どの目で同じになるか
　　6通り
③1つだけ違う目は何が出るか
　　5通り
①，②，③より，
　　$_3C_2 \times 6 \times 5 = 3 \times 6 \times 5 = 90$〔通り〕
　　$\dfrac{90}{216} = \dfrac{5}{12}$
よって，求める確率は
以上より，正解は5。

18 3

解説 「2つの文字を最大n個組み合わせる」場合の数を求めるので，（1個だけ使う場合）＋（2個だけ使う場合）＋…＋（n個すべて使う場合）の合計となる。
2つの文字をn個組み合わせる場合の数は，重複順列の公式より2^n〔通り〕
2つの文字を最大n個組み合わせる場合の数は，
　　$2 + 2^2 + 2^3 + \cdots + 2^n$〔通り〕
$n = 5$のとき，$2 + 2^2 + 2^3 + 2^4 + 2^5 = 62$〔通り〕
$n = 6$のとき，$2 + 2^2 + 2^3 + 2^4 + 2^5 + 2^6 = 126$〔通り〕
よって，80通りの暗号を作るためには2つの文字を最低6個組み合わせる必要がある。
以上より，正解は3。

19 4

解説 必要な街路樹の本数は，両端を考慮すると，$\left(\dfrac{道の長さ}{木の間隔} + 1 \right)$〔本〕
となる。また，両側に植えるため，2をかける必要がある。

よって，（必要な街路樹の本数）$= \left(\dfrac{420}{30} + 1 \right) \times 2 = 30$〔本〕

以上より，正解は4。

20 2

解説 1番目から2番目，2番目から3番目と，1増えるごとに必要な棒が何本ずつ増えるかを考える。

よって，必要な棒の総数は，はじめの数が11でその後8ずつ増えていくので，初項が11，公差が8の等差数列を考えればよく，n番目の項は $11 + (n - 1) \times 8$ と表せる。

したがって，21番目に必要な棒の総数は，

$11 + (21 - 1) \times 8 = 171$〔本〕

以上より，正解は2。

21 4

解説 この本のページ数をxとおくと，

1日目に読んだページ数は $\dfrac{1}{3}x$ だから，1日目の残りは $x - \dfrac{1}{3}x = \dfrac{2}{3}x$ ページである。

2日目に読んだページ数は $\dfrac{2}{3}x \times \dfrac{1}{2} = \dfrac{1}{3}x$ だから，2日目の残りは $\dfrac{2}{3}x - \dfrac{1}{3}x = \dfrac{1}{3}x$ である。

3日目に読んだページ数は $\dfrac{1}{3}x \times \dfrac{1}{3} = \dfrac{1}{9}x$ だから，3日間で読んだページ数は $\dfrac{1}{3}x + \dfrac{1}{3}x + \dfrac{1}{9}x = \dfrac{7}{9}x$ となる。

すると，3日目で残ったページ数が18だから，

$\frac{7}{9}x + 18 = x$ を解いて，

$x = 81$

すなわち81ページとなる。

以上より，正解は4。

22 3

解説 静水時の蒸気船の速さを$x$km/h，川の流れの速さを$y$km/hとおく。
A地点への往路は川を遡るから，

$(x - y) \times 20 = 240$ より，

$x - y = 12$……①

B地点への復路は，往路よりも2時間余計にかかったから，往路の所要時間
$20 + 2 = 22$時間のうち，8時間は川の流れのみ，$22 - 8 = 14$時間はエンジン
を稼働させて川を下る。

よって，

$y \times 8 + (x + y) \times 14 = 240$ より，

$7x + 11y = 120$……②

ここで静水時の蒸気船の速さを求めると，（①$\times 11 +$②）$\div 18$より，$x = 14$

すなわち，蒸気船の速さは14km/hとなり，①に代入して，$y = 2$

すなわち，川の流れの速さは2km/hとなる。

よって，復路の予定所要時間は川を下るから，求める復路の予定所要時間は，

$240 \div (x + y) = 240 \div (14 + 2) = 15$時間である。

以上より，正解は3。

数的処理 | 資料解釈

ⅢⅢⅢⅢⅢⅢⅢⅢⅢⅢⅢⅢ P O I N T ⅢⅢⅢⅢⅢⅢⅢⅢⅢⅢⅢⅢⅢ

　資料解釈では，与えられた図表をもとに，必要なデータを早く正確に読み取る能力が試される。出題形式はほとんど選択肢の記述の正誤を問うものなので，「正誤が判断できる最低限の情報を読み取る」姿勢を身に付けてほしい。高度な計算力は必要ないが，取り扱う数量の桁数が大きかったり，見慣れない単位が使われていて，コツを掴むまでに時間がかかるかもしれないので，できるだけ早く取り組もう。

　まず，問題を解く前に与えられた図表のタイトル（ない場合もある）や単位に注目すること。次に，図表に記されたデータを見る前に選択肢を確認してほしい。その際，選択肢を順番に検討するのではなく，正誤が判断しやすいものから順に検討し，判断が難しい選択肢については消去法で対応するとよい。なお，選択肢の中には「図表からは判断できない」場合があるので，注意しよう。選択肢の検討にあたっては，次の指標を用いる場合がほとんどなので，それぞれの指標の意味や公式を覚えてしまいたい。

・割合：ある数量が，全体に対して占める分量。

　　Aに対するBが占める割合〔％〕は，$\dfrac{B}{A} \times 100$

・比率：ある数量を，他の数量と比べたときの割合。

　　Aに対するBの比率（比）は，$\dfrac{B}{A}$

・指数：基準となる数量を100としたときの，他の数量の割合。

　　Aを100としたときのBの指数は，$\dfrac{B}{A} \times 100$

・増加量（減少量）：元の数量に対するある数量の増加分（減少分），増加（減少）していればプラス（マイナス）の値になる。

　　「昨年の量」に対する「今年の量」の増加量（減少量）は，「今年の量」－「昨年の量」

・増加率（減少率）：元の数量に対するある数量の増加率（減少率），増加（減少）していればプラス（マイナス）の値になる。

「昨年の量」に対する「今年の量」の増加率（減少率）〔％〕は，

$$\frac{「今年の量」-「昨年の量」}{「昨年の量」} \times 100$$

・単位量あたりの数量：「単位面積あたり」や「1人あたり」に占める数量。

全体の量のうち，1人あたりに占める量は，$\dfrac{全体の量}{人数}$

　学習の初期段階では，本書の解説を参考に自身の手で正しく計算するよう心掛けよう。そのうえで，慣れてきたら「増加している」や「2分の1になっている」といった内容であれば計算せずに判断したり，129,176を130,000と概算して判断したりするなど，できるだけ短い時間で解答できるように練習すること。

《《 演 習 問 題 》》

1　次のグラフは，法人による農業経営について，各年における常雇い人数と雇い入れた法人経営体数，2015年における常雇いの年齢構成を示している。これらから読み取れる内容として最も妥当なものはどれか。

（『日本国勢図会2020/2021』より作成）

1　2005年と2015年を比較すると，常雇い人数は増加しており，その数は2倍を超えている。

2　2005年と2015年を比較すると，雇い入れた法人経営体数は増加しているが，その数は2倍に満たない。

3　2015年において，65歳以上の常雇いの者は，15,000人に満たない。

4　2015年において，常雇いの年齢構成について比較すると，最も少ないの

は25〜34歳の者である。

5　常雇いの年齢構成の推移をみると，65歳以上の者についての増加が進んでいる。

2　次のグラフは，日本において1年以内の間に正社員以外の雇用形態の従業員をから正社員に登用した企業の割合について，産業別と調査産業計の推移を示したものである。このグラフから読み取れる内容として，妥当なものはどれか。

（『令和4年版　経済財政白書』より作成）

1　「生活関連サービス・娯楽業」は，各年および各産業を比較して最も「登用実績あり」の率が高い年があった。

2　順位の変動を年ごとに比較すると，各年を通じ，順位が同一の産業はなかった。

3　2019年には，4つの産業において「登用実績あり」の率が5割を超えていた。

4　調査産業計の増減は，日本における失業率の変化と連動していた。

5　「建設業」は，各年および各産業を比較して最も「登用実績あり」の率が低い年があった。

3 次の表は，各国における石油製品の輸出入額（2018年）を表したものである。この表からいえることとして，最も妥当なものはどれか。

輸出 （単位　万t）

アメリカ合衆国	21943	ベルギー	3013	ノルウェー	2043
ロシア	13027	イタリア	2759	フランス	1997
サウジアラビア	11104	クウェート	2754	ギリシャ	1997
オランダ	10951	イラン	2431	（台湾）	1771
シンガポール	8304	スペイン	2295	日本	1717
韓国	6819	ドイツ	2262	カタール	1591
中国	6356	イギリス	2222	スウェーデン	1590
インド	6325	カナダ	2178	世界計	146250
アラブ首長国連邦	4186	アルジェリア	2105	うちOPEC	24740

輸入

シンガポール	11228	韓国	3913	ナイジェリア	1963
オランダ	8770	イギリス	3511	マレーシア	1908
アメリカ合衆国	7359	インド	3335	スペイン	1871
中国	6782	ベルギー	3008	アラブ首長国連邦	1809
メキシコ	5526	オーストラリア	2982	（台湾）	1658
サウジアラビア	4291	トルコ	2748	イタリア	1586
日本	4231	インドネシア	2681	パキスタン	1542
フランス	4228	ブラジル	2496	イラク	1377
ドイツ	4033	（香港）	2162	世界計	13618

（『世界国勢図会2021/2022』より作成）

1 アメリカ合衆国の石油製品の輸出額は，世界の輸出額合計のうち16％以上を占めている。

2 ロシアの石油製品の輸出額は，世界の輸出額合計のうち1割以上を占めている。

3 オランダの石油製品の輸出額は，スペインの石油製品の輸出額の5倍以上である。

4 シンガポールの石油製品の輸入額は，世界の輸入額合計のうち10％以上を占めている。

5 メキシコの石油製品の輸入額は，世界の輸入額合計のうち3％以上を占めている。

4 下のグラフは，インターネット利用率およびネット接続機器の利用率を学校種別ごとに表したものである。このグラフから読み取れる内容として妥当なものはどれか。但し，ここでいう小学生は10歳以上の小学生とする。

（内閣府「令和3年度青少年のインターネット利用環境実態調査」より作成）

1　インターネット利用率を学校種別ごとに比較すると，高い順から，中学生，高校生，小学生となる。

2　スマートフォンの利用率は，いずれの学校種においても4割を超えている。

3　機器別の利用率について，中学生と高校生を比較すると，同一の順位となる機器はない。

4　機器別の利用率について，学校種別に順位を比較すると，5種類すべてが全体の順位と一致する例はない。

5　GIGA端末の利用者数は，年齢が下がるほど多くなっている。

5　次の円グラフは，各国の国際移住者の出身国（2020年）を表したものである。この円グラフからいえることとして，最も妥当なものはどれか。

アメリカ合衆国

その他
64.8

メキシコ
21.4%

5063
万人

インド
5.4

中国
4.3

フィリピン
4.1

ドイツ

その他
59.9

ポーランド
13.6%

トルコ
11.7

ロシア
7.6

1576
万人

7.2

カザフスタン

サウジアラビア

その他
48.2

インド
18.6%

インドネシア
12.7

パキスタン
11.0

1345
万人

9.5

バングラデシュ

（『世界国勢図会2021/22』より作成）

1　アメリカ合衆国において，メキシコからの国際移住者は1100万人を越えている。

2　ドイツにおいて，ポーランドからの国際移住者は200万人未満である。

3　アメリカ合衆国におけるフィリピンからの国際移住者は，ドイツにおけるトルコからの国際移住者より少ない。

4　サウジアラビアにおいて，インドからの国際移住者は200万人を越えている。

5　サウジアラビアにおけるパキスタンからの国際移住者は，ドイツにおけるロシアからの国際移住者よりも少ない。

6 次の表は，各国における肉類の生産量（単位 千t）を表したものである。この表からいえることとして，最も妥当なものはどれか。

肉類計	2017	2018	肉類計	2017	2018
中国	86775	86463	ミャンマー	3154	3529
アメリカ合衆国	45799	46833	南アフリカ共和国	3131	3241
ブラジル	27694	29341	イラン	2994	3086
ロシア	10319	10629	オランダ	3007	2936
ドイツ	8281	8189	タイ	2920	2933
インド	7366	7454	コロンビア	2686	2829
メキシコ	6808	7051	韓国	2406	2498
スペイン	6662	7028	ウクライナ	2345	2383
アルゼンチン	5699	5930	エジプト	2149	2152
フランス	5563	5622	マレーシア	1973	2114
ベトナム	5072	5228	ペルー	1893	2016
カナダ	4773	4893	デンマーク	1814	1874
オーストラリア	4444	4659	ベルギー	1795	1825
ポーランド	4338	4463	（台湾）	1479	1531
イギリス	3957	4087	チリ	1418	1505
日本	3963	4016	ニュージーランド	1387	1453
パキスタン	3682	3870	ナイジェリア	1446	1451
トルコ	3584	3668	モロッコ	1272	1346
イタリア	3661	3668	ベネズエラ	1206	1295
フィリピン	3527	3642	ウズベキスタン	1010	1206
インドネシア	3337	3597	世界計	334837	342396

（『世界国勢図会2020/21』より作成）

1 中国とアメリカ合衆国における肉類の生産量は，2017年から2018年にかけて，どちらの国も増加している。

2 ミャンマーとオランダにおける肉類の生産量は，2017年から2018年にかけて，どちらの国も増加している。

3 2017年において，ロシアの肉類の生産量は，フランスの肉類の生産量の2倍以上である。

4 2017年において，ブラジルの肉類の生産量は，ベトナムの肉類の生産量の5倍以上である。

5 2018年において，インドの肉類の生産量は，ニュージーランドの肉類の生産量の5倍以下である。

7 次の表は2000年から2019年までの各国の漁業生産量（単位　千t）を表したものである。この表からいえることとして，最も妥当なものはどれか。

	2000年	2010年	2018年	2019年
日本	5192	4188	3341	3231
インドネシア	4159	5390	7262	7525
メキシコ	1350	1528	1699	1581
ノルウェー	2892	2838	2664	2472

（『世界国勢図会2021/22』より作成）

1　インドネシアとメキシコにおける漁業生産量は，いずれの国においても年々増加傾向にある。

2　いずれの年においても，インドネシアの漁業生産量が最も大きい値を示している。

3　いずれの年においても，日本の漁業生産量は2番目に大きい値を示している。

4　2019年におけるインドネシアの漁業生産量は，ノルウェーの漁業生産量の3倍未満である。

5　日本とノルウェーにおける漁業生産量は，いずれも年々減少傾向にある。

8 次のグラフは1960年から2019年における日本の製造品出荷等構成の推移を表したものである。ここからいえることとして，最も妥当なものはどれか。

（『日本国勢図会2022/23』より作成）

270

1　2000年における「食料品」の割合は「繊維」の割合の6倍以上である。

2　2019年における「機械」の割合は「化学」の割合の3.5倍以上である。

3　重化学工業に占める「機械」の割合は年々増加傾向にある。

4　軽工業に占める「繊維」の割合は年々減少傾向にある。

5　重化学工業に占める「金属」の割合は，常に「化学」の割合よりも高い。

9　次の図は，アメリカ，イギリス，カナダ，オーストラリアにおける
SNSサイト利用率を年齢別に示したものである。この図からいえることと
して，最も妥当なものはどれか。

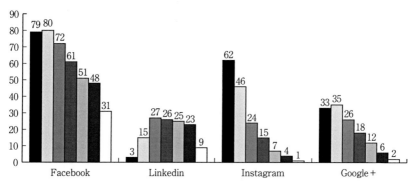

(内閣府「平成26年度アメリカ・イギリス・カナダ・オーストラリアにおける
青少年のインターネット環境整備状況等調査」より作成)

1　Linkedinの利用率が最も高いのは，12－17歳である。

2　いずれのSNSサイトにおいても，65歳以上の利用率が最も低い。

3　Fecebookの年齢別利用率とGoogle＋の年齢別利用率を大きい順から並
　べると同じ順番となっている。

4　12－17歳，18－24歳，25－34歳におけるGoogle＋の利用率は，いず
　れにおいても2番目に大きい値となっている。

5　いずれの年齢層においても，Linkedinの利用率はFacebookの利用率を
　上回っている。

[10] 次の表は，各国（地域）における原油の国内供給量（単位　万t）と自給率を表したものである。この表からいえることとして，最も妥当なものはどれか。

	国内供給量	自給率(%)		国内供給量	自給率(%)
アジア	146969	22.5	北アメリカ	89322	81.8
中国	62952	30.0	アメリカ合衆国	82334	65.8
インド	26022	13.1	カナダ	6987	269.4
韓国	15245	0.0	中東	41407	312.7
日本	14893	0.1	サウジアラビア	15214	337.9
タイ	6363	19.1	イラン	8439	208.4
シンガポール	5531	—	アラブ首長国連邦	3405	406.7
（台湾）	4644	0.0	イラク	3373	659.1
インドネシア	4557	82.4	クウェート	3682	411.3
ヨーロッパ	92619	87.5	中南アメリカ	21720	190.6
ロシア	26116	200.4	ブラジル	8609	152.7
ドイツ	8778	2.4	メキシコ	3072	309.5
スペイン	6789	0.1	アフリカ	9712	373.4
イタリア	6699	7.0	オセアニア	2518	52.6
オランダ	5494	1.6			
フランス	5395	1.4			
イギリス	5148	92.4			
ベルギー	3302	—	世界計	404267	—

（『世界国勢図会2021/22』より作成）

1　ロシアの原油の国内供給量は，ベルギーの原油の国内供給量の8倍以上である。

2　アメリカ合衆国の原油の国内供給量は，メキシコの原油の国内供給量の30倍以上である。

3　中東地域において，原油の自給率が最も高い国は，国内供給量についても最も多い。

4　アジア地域において，原油の自給率が最も高い国は，国内供給量についても最も多い。

5　インドの原油の国内供給量は，タイの原油の国内供給量の4倍以上である。

11 次の図は，食肉全体のうち，牛肉，豚肉および鶏肉の日本における輸入額合計額と，輸入元の割合を国・地域別で示したものである。この図からいえることとして妥当なものはどれか。

（農畜産業振興機構資料より作成）

1 いずれの食肉についても，米国からの輸入が上位3位以内に入っている。

2 豚肉について，台湾からの輸入額は，デンマークからの輸入額の3倍を超えている。

3 カナダからの豚肉の輸入額は，ブラジルからの鶏肉の輸入額より多い。

4 オーストラリアからの食肉すべての輸入額の合計が，タイからの食肉すべての輸入額の5倍を超えている。

5 米国からの輸入額を牛肉，豚肉について比較すると，前者の方が大きいものの，その差は3倍に満たない。

《 解 答・解 説 》

1 3

解説 1. 誤り。常雇い人数については，$\dfrac{2015年の常雇い人数}{2005年の常雇い人数} = \dfrac{104〔千人〕}{53〔千人〕}$ ≒ 1.96〔倍〕より，2倍に満たない。 2. 誤り。雇い入れた法人経営体数については，$\dfrac{2015年の法人経営体数}{2005年の法人経営体数} = \dfrac{11.7〔千経営体数〕}{5.1〔千経営体数〕}$ ≒ 2.29〔倍〕より，2倍を超えている。 3. 正しい。65歳以上の常雇いの人数は，$104{,}285 × 0.137$ ≒ 14,287〔人〕より，15,000人未満である。 4. 誤り。年齢構成の中で最も少ないのは15〜24歳の者である。 5. 誤り。資料には常雇いの年齢構成の推移は示されていないので，判断できない。

2 5

解説 1. 誤り。「登用実績あり」の率について，「生活関連サービス・娯楽業」は2017年の約65％が最高であったが，「医療・福祉」は，2018年の約70％が最高であった。つまり，「『生活関連サービス・娯楽業』は，各年および各産業を比較して最も『登用実績あり』の率が高い年があった」との記述は誤りである。 2. 誤り。「医療・福祉」は各年とも1位であるから，「各年を通じ，順位が同一の産業はなかった」との記述は誤りである。 3. 誤り。2019年において「登用実績あり」の率が5割（50％）を超えていたのは，「医療・福祉」「製造業」「生活関連サービス・娯楽業」の3つの産業である。なお，「調査産業計」は含めないことに注意。 4. 誤り。失業率についてのデータが示されていないので，「このグラフから読み取れる内容」としては誤りである。 5. 正しい。2016年における「建設業」の「登用実績あり」の率は約25％であったが，これは，各年および各産業を比較した際，最も低い水準であった。

3 5

解説 1. 誤り。アメリカ合衆国の石油製品の輸出額は，

$\dfrac{アメリカ合衆国の輸出額}{世界の輸出額合計} × 100 = \dfrac{21943}{146280} × 100$ ≒ 15.0〔％〕より，世界の輸出額合計のうち16％以上を占めていない。 2. 誤り。ロシアの石油製品の輸出額は，$\dfrac{ロシアの輸出額}{世界の輸出額合計} = \dfrac{13027}{146250}$ ≒ 0.089（8.9％）より，世界の輸出額

合計のうち1割以上を占めていない。　3. 誤り。オランダの石油製品の輸出額は，$\dfrac{オランダの輸出額}{スペインの輸出額} = \dfrac{10951}{2295} \fallingdotseq 4.8$〔倍〕より，スペインの石油製品の輸出額の5倍未満である。　4. 誤り。シンガポールの石油製品の輸入額は，$\dfrac{シンガポールの輸入額}{世界の輸入額合計} \times 100 = \dfrac{11228}{136816} \times 100 \fallingdotseq 8.2$〔%〕より，世界の輸入額合計のうち10%以上を占めていない。　5. 正しい。メキシコの石油製品の輸入額は，$\dfrac{メキシコの輸入額}{世界の輸入額合計} \times 100 = \dfrac{5526}{136816} \times 100 \fallingdotseq 4.0$〔%〕より，世界の輸入額合計のうち3%以上を占めている。

4 4

解説　1. 誤り。インターネット利用率を学校種別ごとに比較すると，高い順から，高校生 (99.2%)，中学生 (98.2%)，小学生 (96.0%) である。
2. 誤り。小学生のスマートフォンの利用率は，38.6%であるから，4割に満たない。　3. 誤り。中学生，高校生ともにスマートフォンの利用率が1位であり，それぞれ72.6%と97.7%である。　4. 正しい。機器別の利用率について，順位は次の通りである。

全体
　・1位…スマートフォン ・2位…ゲーム機 ・3位…テレビ ・4位…自宅用PC・タブレット ・5位…GIGA端末
小学生
　・1位…ゲーム機 ・2位…GIGA端末 ・3位…自宅用PC・タブレット・4位…テレビ ・5位…スマートフォン
中学生
　・1位…スマートフォン ・2位…ゲーム機 ・3位…テレビ ・4位…GIGA端末・5位…自宅用PC・タブレット
高校生
　・1位…スマートフォン ・2位…テレビ ・3位…ゲーム機 ・4位…自宅用PC・タブレット ・5位…GIGA端末

5. 誤り。利用率や調査人数のデータは示されているものの年齢別のデータは示されていないので，判断できない。

5 4

解説 1. 誤り。アメリカ合衆国におけるメキシコからの国際移住者は，$5063 \times 0.214 \fallingdotseq 1083$〔万人〕であり，1100万人未満である。 2. 誤り。ドイツにおけるポーランドからの国際移住者は，$1576 \times 0.136 \fallingdotseq 214$〔万人〕であり，200万人を越えている。 3. 誤り。アメリカ合衆国におけるフィリピンからの国際移住者は $5063 \times 0.041 \fallingdotseq 208$〔万人〕であるのに対して，ドイツにおけるトルコからの国際移住者は $1576 \times 0.117 \fallingdotseq 184$〔万人〕である。 4. 正しい。サウジアラビアにおけるインドからの国際移住者は，$1345 \times 0.186 \fallingdotseq 250$〔万人〕なので，200万人を超えている。 5. 誤り。サウジアラビアにおけるパキスタンからの国際移住者は $1345 \times 0.110 \fallingdotseq 147$〔万人〕であるのに対して，ドイツにおけるロシアからの国際移住者は $1576 \times 0.076 \fallingdotseq 120$〔万人〕である。

6 4

解説 1. 誤り。アメリカ合衆国における肉類の生産量は，2017年から2018年にかけて増加しているが，中国においては減少している。 2. 誤り。ミャンマーにおける肉類の生産量は，2017年から2018年にかけて増加しているが，オランダにおいては減少している。 3. 誤り。2017年において，ロシアの肉類の生産量は，$\dfrac{\text{ロシアの肉類の生産量}}{\text{フランスの肉類の生産量}} = \dfrac{10319}{5563} \fallingdotseq 1.85$〔倍〕より，フランスの肉類の生産量の2倍未満である。 4. 正しい。2017年において，ブラジルの肉類の生産量は，$\dfrac{\text{ブラジルの肉類の生産量}}{\text{ベトナムの肉類の生産量}} = \dfrac{27694}{5072} \fallingdotseq 5.46$〔倍〕より，ベトナムの肉類の生産量の5倍以上である。 5. 誤り。2018年において，インドの肉類の生産量は，$\dfrac{\text{インドの肉類の生産量}}{\text{ニュージーランドの肉類の生産量}} = \dfrac{7454}{1453} \fallingdotseq 5.13$〔倍〕より，ニュージーランドの肉類の生産量の5倍を超えている。

7 5

解説 1. 誤り。インドネシアにおける漁業生産量は年々増加傾向にあるものの，メキシコの漁業生産量は2018年から2019年にかけて減少している。 2. 誤り。2000年において最も漁業生産量が多い国は，日本である。 3. 誤り。2000年においては最も大きい値を示し，2010年から2019年にかけては2番目に大きい値を示している。 4. 誤り。2019年におけるインドネシアの

漁業生産量は，$\dfrac{\text{インドネシアの漁業生産量}}{\text{ノルウェーの漁業生産量}}=\dfrac{7525}{2472}\fallingdotseq 3.0$〔倍〕より，ノルウェーの漁業生産量の3倍以上である。　5．正しい。日本とノルウェーにおける漁業生産量は，年々減少している。

8 4

解説 1．誤り。2000年における「食料品」の割合は，$\dfrac{\text{「食料品」の割合}}{\text{「繊維」の割合}}=$ $\dfrac{11.6}{2.3}\fallingdotseq 5.0$〔倍〕より，「繊維」の割合の6倍未満である。　2．誤り。2019年における「機械」の割合は，$\dfrac{\text{「機械」の割合}}{\text{「化学」の割合}}=\dfrac{45.3}{13.3}\fallingdotseq 3.4$〔倍〕より，「化学」の割合の3.5倍未満である。　3．誤り。重化学工業に占める「機械」の割合は，1960年では$\dfrac{25.8}{18.8+25.8+11.1}=\dfrac{25.8}{55.7}\fallingdotseq 0.463$，1980年では$\dfrac{31.8}{17.1+31.8+15.5}$ $=\dfrac{31.8}{64.4}\fallingdotseq 0.494$，2000年では$\dfrac{45.8}{11.1+45.8+11.0}=\dfrac{45.8}{67.9}\fallingdotseq 0.675$，2010年では$\dfrac{44.6}{13.6+44.6+14.2}=\dfrac{44.6}{72.4}\fallingdotseq 0.616$，2019年では$\dfrac{45.3}{13.5+45.3+13.3}=\dfrac{45.3}{72.1}\fallingdotseq$ 0.628より，年々増加しているわけではない。　4．正しい。軽工業に占める「繊維」の割合は，1960年では$\dfrac{12.3}{100-55.7}=\dfrac{12.3}{44.3}\fallingdotseq 0.278$，1980年では$\dfrac{5.2}{100-64.4}$ $=\dfrac{5.2}{35.6}\fallingdotseq 0146$，2000年では$\dfrac{2.3}{100-67.9}=\dfrac{2.3}{32.1}\fallingdotseq 0.072$，2010年では$\dfrac{1.4}{100-72.4}$ $=\dfrac{1.4}{27.6}\fallingdotseq 0.051$，2019年では$\dfrac{1.2}{100-72.1}=\dfrac{1.2}{27.9}\fallingdotseq 0.043$より，年々増加している。　5．重化学工業に占める「金属」の割合は，1960年から2000年および2019年においては「化学」の割合より高いものの，2010年においては「化学」の割合よりも低い。

9 3

解説 1．誤り。Linkedinの利用率が最も高いのは，25－34歳である。2．誤り。Linkedinに関しては，12－17歳の利用率が最も低い。　3．正しい。いずれも18－24歳，12－17歳，25－34歳，35－44歳，45－54歳，55－64歳，65歳以上の順に利用率が高い。　4．誤り。12－17歳，18－24歳，25－34歳におけるGoogle＋の利用率は，3番目に大きい値となっている。　5．誤り。いずれの年齢層においても，Facebookの利用率はLinkedin

の利用率を上回り，最も大きい割合を占めている。

10 5

解説 1. 誤り。ロシアの原油の国内供給量は，$\dfrac{\text{ロシアの国内供給量}}{\text{ベルギーの国内供給量}} =$ $\dfrac{26116}{3302} \fallingdotseq 7.9$〔倍〕より，ベルギーの原油の国内供給量の8倍に満たない。

2. 誤り。アメリカ合衆国の原油の国内供給量は，$\dfrac{\text{アメリカ合衆国の国内供給量}}{\text{メキシコの国内供給量}}$ $= \dfrac{82334}{3072} \fallingdotseq 26.8$〔倍〕より，メキシコの原油の国内供給量の30倍に満たない。

3. 誤り。中東地域において，原油の自給率が最も高い国はイラクであるが，国内供給量が最も多い国はサウジアラビアである。　4. 誤り。アジア地域において，原油の自給率が最も高い国はインドネシアであるが，国内供給量が最も多い国は中国である。　5. 正しい。インドの原油の国内供給量は，$\dfrac{\text{インドの国内供給量}}{\text{タイの国内供給量}} = \dfrac{26022}{6363} \fallingdotseq 4.08$〔倍〕より，タイの原油の国内供給量の4倍以上である。

11 5

解説 1. 誤り。図表からデータを読み取り，比較する問題である。米国からの輸入は，牛肉については1位，豚肉については2位であるが，鶏肉については4位である。　2. 誤り。選択肢は，輸入額についての記述であるが，同一の品目なので，割合を比較してもよい。豚肉について，台湾からの輸入割合をデンマークからの輸入割合と比較すると，$41.8 \div 16.5 = 2.53\cdots\cdots \fallingdotseq 2.5$〔倍〕であるから，3倍を超えていない。　3. 誤り。カナダからの豚肉の輸入額 $= 4146 \times 0.059 = 244.614$〔億円〕，ブラジルからの鶏肉の輸入額 $= 1337 \times 0.209 = 279.433$〔億円〕であるから，カナダからの豚肉の輸入額の方が少ない。　4. 誤り。グラフに示されているのは，牛肉，豚肉，鶏肉に限られており，食肉全体は示されていないので，判断できない。　5. 正しい。米国からの牛肉の輸入額 $= 2{,}995 \times 0.611 = 1829.945$〔億円〕であり，米国からの豚肉の輸入額 $= 4{,}146 \times 0.226 = 936.996$〔億円〕，また，$1829.945 \div 936.996 = 1.952 \cdots\cdots \fallingdotseq 2.0$〔倍〕であるから，その差は3倍には満たない。

第6部

論作文試験対策

- 論作文対策
- 実施課題例の分析

人物試験　論作文対策

● Ⅰ．「論作文試験」とはなにか ●

（1）「論作文試験」を実施する目的

　かつて18世紀フランスの博物学者，ビュフォンは「文は人なり」と言った。その人の知識・教養・思考力・思考方法・人間性などを知るには，その人が書いた文章を見るのが最良の方法であるという意味だ。

　知識の質・量を調べる筆記試験の教養試験だけでは，判定しがたい受験生の資質をより正確にとらえるため，あるいは受験生の公務員としての適性を判断するため，多角的な観点から考査・評価を行う必要がある。

　そのため論作文試験は，公務員試験のみならず，一般企業でも重視されているわけだが，とりわけ公務員の場合は，行政の中核にあって多様な諸事務を処理して国民に奉仕するという職務柄，人物試験とともに近年は一層重視されているのが現状だ。しかも，この傾向は，今後もさらに強くなると予想される。

　同じ国語を使って，同じように制限された字数，時間の中で同じテーマの論作文を書いても，その論作文はまったく違ったものになる。おそらく学校で，同じ先生に同じように文章指導を受けたとしても，そうなるだろう。その違いのなかにおのずと受験生の姿が浮かび上がってくることになる。

　採用側からみた論作文試験の意義をまとめると，次のようになる。

---

①　公務員としての資質を探る

　公務員というのは，文字どおり公に従事するもの。地域住民に直接に接する機会も多い。民間企業の場合は，新入社員研修が何ヶ月もかけて行われることもあるが，公務員の場合は，ほとんどが短期間のうちに現場の真っ只中に入ることになる。したがって自立性や創造力などの資質を備えた人物が求められるわけで，論作文試験を通じて，そのような資質を判定することができる。

---

② 総合的な知識・理解力を知る

論作文試験によって，公務員として必要な言語能力・文章表現能力を判定することや，公務員として職務を遂行するのにふさわしい基礎的な知識の理解度や実践への応用力を試すことができる。

換言すれば，日本語を文章として正しく表現するための常識や，これまでの学校教育などで得た政治や経済などの一般常識を今後の実践の中でどれほど生かすことができるか，などの総合的な知識・理解力の判定をもしようということである。

③ 思考過程・論理の構成力を知る

教養試験は，一般知識分野であれ一般知能分野であれ，その出題の質が総括的・分散的になりがちである。いわば「広く浅く」が出題の基本となりやすいわけだ。これでは受験生の思考過程や論理の構成力を判定することは不可能だ。その点，論作文試験ではひとつの重要な課題に対する奥深さを判定しやすい。

④ 受験生の人柄・人間性の判定

人物試験（面接）と同様に，受験生の人格・人柄を判定しやすい。これは，文章の内容からばかりではなく，文章の書き方，誤字・脱字の有無，制限字数への配慮，文字の丁寧さなどからも判断される。

(2)「論作文試験」の実施状況

公務員試験全体における人物重視の傾向とあいまって，論作文試験も重視される傾向にある。地方公務員の場合，試験を実施する都道府県・市町村などによって異なるが，行政事務関係はほぼ実施している。

(3) 字数制限と時間制限

最も一般的な字数は1,000～1,200字程度である。最も少ないところが600字，最大が2,000字と大きく開きがある。

時間制限は，60～90分，あるいは120分というのが一般的だ。この時間は，けっして充分なものではない。試しにストップウォッチで計ってみるといいが，他人の論作文を清書するだけでも，600字の場合なら約15分程度かかる。

テーマに即して，しかも用字・用語に気を配ってということになると，かなりのスピードが要求されるわけである。情報を整理し，簡潔に説明できる力を養う必要があるだろう。

(4) 「論作文試験」の評価の基準

　採用試験の答案として書く論作文なので，その評価基準を意識して書くことも大切といえる。しかし，公務員試験における論作文の評価の基準は，いずれの都道府県などでも公表していないし，今後もそれを期待することはなかなか難しいだろう。

　ただ，過去のデータなどから手掛りとなるものはあるので，ここではそれらを参考に，一般的な評価基準を考えてみよう。

形式的な面からの評価	①	表記法に問題はないか。
	②	文脈に応じて適切な語句が使われているか。
	③	文（センテンス）の構造，語句の照応などに問題はないか。
内容的な面からの評価	①	テーマを的確に把握しているか。
	②	自分の考え方やものの見方をまとめ，テーマや論旨が明確に表現されているか。
	③	内容がよく整理され，段落の設定や論作文の構成に問題はないか。
総合的な面からの評価	①	公務員に必要な洞察力や創造力，あるいは常識や基礎学力は十分であるか。
	②	ものの見方や考え方が，公務員として望ましい方向にあるか。

　おおよそ以上のような評価の視点が考えられるが，これらはあらゆるテーマに対して共通しているということではない。それぞれのテーマによってそのポイントの移動があり，また，実施する自治体などによっても，このうちのどれに重点を置くかが異なってくる。

　ただ，一般的に言えることは，企業の採用試験などの場合，その多くは総合的な評価が重視され形式的な面はあまり重視されないが，公務員採用試験における論作文は，形式的な面も軽んじてはならないということである。なぜなら，公務員は採用後に公の文書を取り扱うわけで，それらには一定の

フォーマットがあるものが多いからだ。これへの適応能力が試されるのは当然である。

(5)「論作文試験」の出題傾向

　公務員試験の場合，出題の傾向をこれまでのテーマから見るのは難しい。一定の傾向がないからだ。

　ここ数年の例を見ると，「公務員となるにあたって」「公務員に求められる倫理観について」など，将来への抱負や心構え，公務員観に関するものから，「私が目指す●●県のまちづくり」「▲▲の魅力を挙げ，他地域の人々に▲▲を発信・セールスせよ」など，具体的なプランとアクションを挙げさせるところもあり，その種類まさに千差万別といえる。

　いずれにせよ，今までの自己体験，あるいは身近な事件を通して得た信条や生活観，自然観などを語らせ，その観点や感性から，公務員としての適性を知ろうとするものであることに変わりはないようだ。

● Ⅱ.「論作文試験」の事前準備 ●

(1) 試験の目的を理解する

　論作文試験の意義や評価の目的については前に述べたが，試験の準備を進めるためには，まずそれについてよく考え，理解を深めておく必要がある。その理解が，自分なりの準備方法を導きだしてくれるはずだ。

　例えば，あなたに好きなひとがいたとする。ラブレター（あるいはメール）を書きたいのだが，あいにく文章は苦手だ。文章の上手い友人に代筆を頼む手もあるが，これでは真心は通じないだろう。そこで，便せんいっぱいに「好きだ，好きだ，好きだ，好きだ，好きだ，好きだ」とだけ書いたとする。それで十分に情熱を伝えることができるし，場合によっては，どんな名文を書き連ねるよりも最高のラブレターになることだってある。あるいはサインペンで用紙いっぱいに一言「好き」と大書して送ってもいい。個人対個人間のラブレターなら，それでもいいのである。つまり，その目的が，「好き」という恋心を相手にだけわかってもらうことにあるからだ。

　文章の長さにしてもそうで，例えばこんな文がある。

「一筆啓上　火の用心　おせん泣かすな　馬肥やせ」

　これは徳川家康の家臣である本多作左衛門重次が，妻に宛てた短い手紙である。「一筆啓上」は「拝啓」に当たる意味で，「おせん泣かすな」は重次の唯一の子どもであるお仙（仙千代）を「泣かしたりせず，しっかりと育てなさい」と我が子をとても大事にしていたことが伺える。さらに，「馬肥やせ」は武将の家には欠くことのできない馬について「いざという時のために餌をしっかり与えて大事にしてくれ」と妻へアドバイスしている。短いながらもこの文面全体には，家族への愛情や心配，家の主としての責任感などがにじみ出ているかのようだ。

　世の中にはもっと短い手紙もある。フランスの文豪ヴィクトル・ユーゴーは『レ・ミゼラブル』を出版した際にその売れ行きが心配になり，出版社に対して「？」と書いただけの手紙を送った。すると出版社からは「！」という返事が届いたという。意味がおわかりだろうか。これは，「売れ行きはどうか？」「すごく売れていますよ！」というやりとりである。前提になる状況と目的によっては，「？」や「！」ひとつが，千万の言葉よりも，意思と感情を的確に相手に伝達することもあるのだ。

　しかし，論作文試験の場合はどうだろうか。「公務員を志望した動機」というテーマを出されて，「私は公務員になりたい，私は公務員になりたい，私は公務員になりたい，……」と600字分書いても，評価されることはないだろう。

　つまり論作文というのは，何度もいうように，人物試験を兼ねあわせて実施されるものである。この意義や目的を忘れてはいけない。しかも公務員採用試験の場合と民間企業の場合では，求められているものに違いもある。

　民間企業の場合でも業種によって違いがある。ということは，それぞれの意義や目的によって，対策や準備方法も違ってくるということである。これを理解した上で，自分なりの準備方法を見つけることが大切なのだ。

(2) 文章を書く習慣を身につける

　多くの人は「かしこまった文章を書くのが苦手」だという。携帯電話やパソコンで気楽なメールを頻繁にしている現在では，特にそうだという。論作文試験の準備としては，まずこの苦手意識を取り除くことが必要だろう。

　文章を書くということは，習慣がついてしまえばそれほど辛いものではな

い。習慣をつけるという意味では，第一に日記を書くこと，第二に手紙を書くのがよい。

---

①　「日記」を書いて筆力をつける

　実際にやってみればわかることだが，日記を半年間書き続けると，自分でも驚くほど筆力が身に付く。筆力というのは「文章を書く力」で，豊かな表現力・構成力，あるいはスピードを意味している。日記は他人に見せるものではないので，自由に書ける。材料は身辺雑事・雑感が主なので，いくらでもあるはず。この「自由に書ける」「材料がある」ということが，文章に慣れるためには大切なことなのだ。パソコンを使ってブログで長い文章を書くのも悪くはないが，本番試験はキーボードが使えるわけではないので，リズムが変わると書けない可能性もある。やはり紙にペンで書くべきだろう。

②　「手紙」を書いてみる

　手紙は，他人に用件や意思や感情を伝えるものである。最初から他人に読んでもらうことを目的にしている。ここが日記とは根本的に違う。つまり，読み手を意識して書かなければならないわけだ。そのために，一定の形式を踏まなければならないこともあるし，逆に，相手や時と場合によって形式をはずすこともある。感情を全面的に表わすこともあるし，抑えることもある。文章を書く場合，この読み手を想定して形式や感情を制御していくということは大切な要件である。手紙を書くことによって，このコツに慣れてくるわけだ。

> 「おっはよー，元気い（^_^）？　今日もめっちゃ寒いけど……」
>
> 「拝啓，朝夕はめっきり肌寒さを覚える今日このごろですが，皆々様におかれましては，いかがお過ごしかと……」

　手紙は，具体的に相手（読み手）を想定できるので，書く習慣がつけば，このような「書き分ける」能力も自然と身についてくる。つまり，文章のTPOといったものがわかってくるのである。

③　新聞や雑誌のコラムを写してみる

　新聞や雑誌のコラムなどを写したりするのも，文章に慣れる王道の手段。最初は，とにかく書き写すだけでいい。ひたすら，書き写すのだ。

ペン習字などもお手本を書き写すが，それと同じだと思えばいい。ペン習字と違うのは，文字面をなぞるのではなく，別の原稿用紙などに書き写す点だ。

とにかく，こうして書き写すことをしていると，まず文章のリズムがわかってくる。ことばづかいや送り仮名の要領も身につく。文の構成法も，なんとなく理解できてくる。実際，かつての作家の文章修業は，こうして模写をすることから始めたという。

私たちが日本語を話す場合，文法をいちいち考えているわけではないだろう。接続詞や助詞も自然に口をついて出ている。文章も本来，こうならなければならないのである。そのためには書き写す作業が一番いいわけで，これも実際にやってみると，効果がよくわかる。

なぜ，新聞や雑誌のコラムがよいかといえば，これらはマスメディア用の文章だからである。不特定多数の読み手を想定して書かれているために，一般的なルールに即して書かれていて，無難な表現であり，クセがない。公務員試験の論作文では，この点も大切なことなのだ。

たとえば雨の音は，一般的に「ポツリ，ポツリ」「パラ，パラ」「ザァ，ザァ」などと書く。ありふれた表現だが，裏を返せばありふれているだけに，だれにでも雨の音だとわかるはず。「朝から，あぶないな，と思っていたら，峠への途中でパラ，パラとやってきた……」という文章があれば，この「パラ，パラ」は雨だと想像しやすいだろう。

一方，「シイ，シイ」「ピチ，ピチ」「トン，トン」「バタ，バタ」，雨の音をこう表現しても決して悪いということはない。実際，聞き方によっては，こう聞こえるときもある。しかし「朝から，あぶないな，と思っていたら，峠への途中でシイ，シイとやってきた……」では，一般的には「シイ，シイ」が雨だとはわからない。

論作文は，作家になるための素質を見るためのものではないから，やはり後者ではマズイのである。受験論作文の練習に書き写す場合は，マスコミのコラムなどがよいというのは，そういうわけだ。

④　考えを正確に文章化する

頭の中では論理的に構成されていても，それを文章に表現するのは意外に難しい。主語が落ちているために内容がつかめなかったり，語彙が貧弱で，述べたいことがうまく表現できなかったり，思いあまって言葉

足らずという文章を書く人は非常に多い。文章は，記録であると同時に伝達手段である。メモをとるのとは違うのだ。

　論理的にわかりやすい文章を書くには，言葉を選び，文法を考え，文脈を整え，結論と課題を比較してみる……，という訓練を続けることが大切だ。しかし，この場合，一人でやっていたのでは評価が甘く，また自分では気づかないこともあるので，友人や先輩，国語に詳しいかつての恩師など，第三者の客観的な意見を聞くと，正確な文章になっているかどうかの判断がつけやすい。

⑤　文章の構成力を高める

　正確な文章を書こうとすれば，必ず文章の構成をどうしたらよいかという問題につきあたる。文章の構成法については後述するが，そこに示した基本的な構成パターンをしっかり身につけておくこと。一つのテーマについて，何通りかの構成法で書き，これをいくつものテーマについて繰り返してみる。そうしているうちに，特に意識しなくてもしっかりした構成の文章が書けるようになるはずだ。

⑥　制限内に書く感覚を養う

　だれでも時間をかけてじっくり考えれば，それなりの文章が書けるだろう。しかし，実際の試験では字数制限や時間制限がある。練習の際には，ただ漫然と文章を書くのではなくて，字数や時間も実際の試験のように設定したうえで書いてみること。

　例えば800字以内という制限なら，その全体量はどれくらいなのかを実際に書いてみる。また，全体の構想に従って字数（行数）を配分すること。時間制限についても同様で，60分ならその時間内にどれだけのことが書けるのかを確認し，構想，執筆，推敲などの時間配分を考えてみる。この具体的な方法は後に述べる。

　こうして何度も文章を書いているうちに，さまざまな制限を無駄なく十分に使う感覚が身についてくる。この感覚は，練習を重ね，文章に親しまない限り，身に付かない。逆に言えば実際の試験ではそれが極めて有効な力を発揮するのが明らかなのだ。

●● Ⅲ.「合格答案」作成上の留意点 ●●

(1) テーマ把握上の注意

さて，いよいよ試験が始まったとしよう。論作文試験でまず最初の関門になるのが，テーマを的確に把握できるか否かということ。どんなに立派な文章を書いても，それが課題テーマに合致していない限り，試験結果は絶望的である。不幸なことにそのような例は枚挙にいとまがないと言われる。ここでは犯しやすいミスを2，3例挙げてみよう。

> ① 似たテーマと間違える
>
> 　例えば「私の生きかた」や「私の生きがい」などは，その典型的なもの。前者が生活スタイルや生活信条などが問われているのに対して，後者はどのようなことをし，どのように生きていくことが，自分の最も喜びとするところかが問われている。このようなニュアンスの違いも正確に把握することだ。
>
> ② テーマ全体を正確に読まない
>
> 　特に，課題そのものが長い文章になっている場合，どのような条件を踏まえて何を述べなければならないかを，正確にとらえないまま書き始めてしまうことがある。例えば，下記のようなテーマがあったとする。
>
> > 「あなたが公務員になったとき，職場の上司や先輩，地域の人々との人間関係において，何を大切にしたいと思いますか。自分の生活体験をもとに書きなさい」
>
> 　①公務員になったとき，②生活体験をもとに，というのがこのテーマの条件であり，「上司・先輩，地域の人々との人間関係において大切にしたいこと」というのが必答すべきことになる。このような点を一つひとつ把握しておかないと，内容に抜け落ちがあったり，構成上のバランスが崩れたりする原因になる。テーマを示されたらまず2回はゆっくりと読み，与えられているテーマの意味・内容を確認してから何をどう書くかという考察に移ることが必要だ。
>
> ③ テーマの真意を正確につかまない
>
> 　「今，公務員に求められるもの」というテーマと「公務員に求められるもの」というテーマを比べた場合，"今"というたった1字があるか否か

で，出題者の求める答えは違ってくることに注意したい。言うまでもなく，後者がいわゆる「公務員の資質」を問うているのに対して，前者は「現況をふまえたうえで，できるだけ具体的に公務員の資質について述べること」が求められているのだ。

以上3点について述べた。こうやって示せば誰でも分かる当たり前のことのようだが，試験本番には受け取る側の状況もまた違ってくるはず。くれぐれも慎重に取り組みたいところだ。

(2) 内容・構成上の注意点

① 素材選びに時間をかけろ

テーマを正確に把握したら，次は結論を導きだすための素材が重要なポイントになる。公務員試験での論作文では，できるだけ実践的・経験的なものが望ましい。現実性のある具体的な素材を見つけだすよう，書き始める前に十分考慮したい。

② 全体の構想を練る

さて，次に考えなくてはならないのが文章の構成である。相手を納得させるためにも，また字数や時間配分の目安をつけるためにも，全体のアウトラインを構想しておくことが必要だ。ただやみくもに書き始めると，文章があらぬ方向に行ってしまったり，広げた風呂敷をたたむのに苦労しかねない。

③文体を決める

文体は終始一貫させなければならない。文体によって論作文の印象もかなり違ってくる。〈です・ます〉体は丁寧な印象を与えるが，使い慣れないと文章がくどくなり，文末のリズムも単調になりやすい。〈である〉体は文章が重々しいが，断定するつもりのない場合でも断定しているかのような印象を与えやすい。

それぞれ一長一短がある。書きなれている人なら，テーマによって文体を使いわけるのが望ましいだろう。しかし，大概は文章のプロではないのだから，自分の最も書きやすい文体を一つ決めておくことが最良の策だ。

(3) 文章作成上の注意点

① ワン・センテンスを簡潔に

一つの文 (センテンス) にさまざまな要素を盛り込もうとする人がいるが, 内容がわかりにくくなるだけでなく, 時には主語・述語の関係が絡まり合い, 文章としてすら成立しなくなることもある。このような文章は論旨が不明確になるだけでなく, 読み手の心証もそこねてしまう。文章はできるだけ無駄を省き, わかりやすい文章を心掛けること。「一文はできるだけ簡潔に」が鉄則だ。

② 論点を整理する

論作文試験の字数制限は多くても 2,000 字, 少ない場合は 600 字程度ということもあり, 決して多くはない。このように文字数が限られているのだから, 文章を簡潔にすると同時に, 論点をできるだけ整理し, 特に必要のない要素は削ぎ落とすことだ。これはテーマが抽象的な場合や, 逆に具体的に多くの条件を設定してる場合は, 特に注意したい。

③ 段落を適切に設定する

段落とは, 文章全体の中で一つのまとまりをもった部分で, 段落の終わりで改行し, 書き始めは 1 字下げるのが決まりである。いくつかの小主題をもつ文章の場合, 小主題に従って段落を設けないと, 筆者の意図がわかりにくい文章になってしまう。逆に, 段落が多すぎる文章もまた意図が伝わりにくく, まとまりのない印象の文章となる場合が多い。段落を設ける基準として, 次のような場合があげられる。

① 場所や場面が変わるとき。	④ 思考が次の段階へ発展するとき。
② 対象が変わるとき。	⑤ 一つの部分を特に強調したいとき。
③ 立場や観点が変わるとき。	⑥ 同一段落が長くなりすぎて読みにくくなるとき。

これらを念頭に入れて適宜段落を設定する。

（4）文章構成後のチェック点

① 主題がはっきりしているか。論作文全体を通して一貫しているか。課題にあったものになっているか。

② まとまった区切りを設けて書いているか。段落は，意味の上でも視覚的にもはっきりと設けてあるか。

③ 意味がはっきりしない言いまわしはないか。人によって違った意味にとられるようなことはないか。

④ 一つの文が長すぎないか。一つの文に多くの内容を詰め込みすぎているところはないか。

⑤ あまりにも簡単にまとめすぎていないか。そのために論作文全体が軽くなっていないか。

⑥ 抽象的ではないか。もっと具体的に表現する方法はないものか。

⑦ 意見や感想を述べる場合，裏づけとなる経験やデータとの関連性は妥当なものか。

⑧ 個人の意見や感想を，「われわれは」「私たちは」などと強引に一般化しているところはないか。

⑨ 表現や文体は統一されているか。

⑩ 文字や送り仮名は統一されているか。

　実際の試験では，こんなに細かくチェックしている時間はないだろうが，練習の際には，一つの論作文を書いたら，以上のようなことを必ずチェックしてみるとよいだろう。

● Ⅳ．「論作文試験」の実戦感覚 ●

　準備と対策の最後の仕上げは，"実戦での感覚"を養うことである。これは"実戦での要領"といってもよい。「要領がいい」という言葉には，「上手に」「巧みに」「手際よく」といった意味と同時に，「うまく表面をとりつくろう」「その場をごまかす」というニュアンスもある。「あいつは要領のいい男だ」という表現などを思い出してみれば分かるだろう。

　採用試験における論作文が，論作文試験という競争試験の一つとしてある以上，その意味での"要領"も欠かせないだろう。極端にいってしまえば，こうだ。

> 「約600字分だけ，たまたまでもすばらしいものが書ければよい」

　もちろん，本来はそれでは困るのだが，とにかく合格して採用されることが先決だ。そのために，短時間でその要領をどう身につけるか，実戦ではどう要領を発揮するべきなのか。

(1) 時間と字数の実戦感覚

①　制限時間の感覚

　公務員試験の論作文試験の平均制限時間は，90分間である。この90分間に文字はどれくらい書けるか。大学ノートなどに，やや丁寧に漢字まじりの普通の文を書き写すとして，速い人で1分間約60字，つまり90分間なら約5,400字。遅い人で約40字/1分間，つまり90分間なら約3,600字。平均4,500字前後と見ておけばよいだろう。400字詰め原稿用紙にして11枚程度。これだけを考えれば，時間はたっぷりある。しかし，これはあくまでも「書き写す」場合であって，論作文している時間ではない。

　構想などが決まったうえで，言葉を選びながら論作文する場合は，速い人で約20字前後/1分間，60分間なら約1,800字前後である。ちなみに，文章のプロたち，例えば作家とか週刊誌の記者とかライターという職業の人たちでも，ほぼこんなものなのだ。構想は別として，1時間に1,800字，400字詰め原稿用紙で4〜5枚程度書ければ，だいたい職業人として1人前である。言い換えれば，読者が読むに耐えうる原稿を書くためには，これが限度だということである。

　さて，論作文試験に即していえば，もし制限字数1,200字なら，1,200字÷20字で，文章をつづる時間は約60分間ということになる。そうだとすれば，テーマの理解，着想，構想，それに書き終わった後の読み返しなどにあてられる時間は，残り30分間。これは実にシビアな時間である。まず，この時間の感覚を，しっかりと頭に入れておこう。

②　制限字数の感覚

　これも一般には，なかなか感覚がつかめないもの。ちなみに，いま，あなたが読んでいるこの本のこのページには，いったい何文字入っているのか，すぐにわかるだろうか。答えは，1行が33字詰めで行数が32行，

空白部分もあるから約1,000字である。公務員試験の論作文試験の平均的な制限字数は1,200字となっているから，ほぼ，この本の約1頁強である。

　この制限字数を，「長い！」と思うか「短い！」と思うかは，人によって違いはあるはず。俳句は17文字に万感の想いを込めるから，これと比べれば1,000字は実に長い。一方，ニュース番組のアナウンサーが原稿を読む平均速度は，約400字程度/1分間とされているから，1,200字なら3分。アッという間である。つまり，1,200字というのは，そういう感覚の字数なのである。ここでは，論作文試験の1,200字という制限字数の妥当性については置いておく。1,200字というのが，どんな感覚の文字数かということを知っておけばよい。

　この感覚は，きわめて重要なことなのである。後でくわしく述べるが，実際にはこの制限字数によって，内容はもとより書き出しや構成なども，かなりの規制を受ける。しかし，それも試験なのだから，長いなら長いなりに，短いなら短いなりに対処する方法を考えなければならない。それが実戦に臨む構えであり，「要領」なのだ。

(2) 時間配分の実戦感覚

　90分間かけて，結果として1,200字程度の論作文を仕上げればよいわけだから，次は時間の配分をどうするか。開始のベルが鳴る（ブザーかも知れない）。テーマが示される。いわゆる「課題」である。さて，なにを，どう書くか。この「なにを」が着想であり，「どう書くか」が構想だ。

①　まず「着想」に10分間

　課題が明示されているのだから，「なにを」は決まっているように思われるかもしれないが，そんなことはない。たとえば「夢」という課題であったとして，昨日みた夢，こわかった夢，なぜか印象に残っている夢，将来の夢，仕事の夢，夢のある人生とは，夢のある社会とは，夢のない現代の若者について……などなど，書くことは多種多様にある。あるいは「夢想流剣法の真髄」といったものだってよいのだ。まず，この「なにを」を10分以内に決める。文章を書く，または論作文するときは，本来はこの「なにを」が重要なのであって，自分の知識や経験，感性を凝縮して，長い時間をかけて決めるのが理想なのだが，なにしろ制限時間があるので，やむをえず5分以内に決める。

② 次は「構想」に10分間

「構想」というのは，話の組み立て方である。着想したものを，どうやって1,200字程度の字数のなかに，うまく展開するかを考える。このときに重要なのは，材料の点検だ。

たとえば着想の段階で，「現代の若者は夢がないといわれるが，実際には夢はもっているのであって，その夢が実現不可能な空想的な夢ではなく，より現実的になっているだけだ。大きな夢に向かって猛進するのも人生だが，小さな夢を一つ一つ育んでいくのも意義ある人生だと思う」というようなことを書こうと決めたとして，ただダラダラと書いていったのでは，印象深い説得力のある論作文にはならない。したがってエピソードだとか，著名人の言葉とか，読んだ本の感想……といった材料が必要なわけだが，これの有無，その配置を点検するわけである。しかも，その材料の質・量によって，話のもっていきかた（論作文の構成法）も違ってくる。これを10分以内に決める。

実際には，着想に10分，構想に10分と明瞭に区別されるわけではなく，「なにを」は瞬間的に決まることがあるし，「なにを」と「どう書くか」を同時に考えることもある。ともあれ，着想と構想をあわせて，なにがなんでも20分以内に決めなければならないのである。

③ 「執筆」時間は60分間

これは前述したとおり。ただ書くだけの物理的時間が約15〜20分間かかるのだから，言葉を選び表現を考えながらでは60分間は実際に短かすぎるが，試験なのでやむをえない。

まずテーマを書く。氏名を書く。そして，いよいよ第1行の書き出しにかかる。「夢，私はこの言葉が好きだ。夢をみることは，神さまが人間だけに与えた特権だと思う……」「よく，最近の若者には夢がない，という声を聞く。たしかに，その一面はある。つい先日も，こんなことがあった……」「私の家の近所に，夢想流を継承する剣道の小さな道場がある。白髪で小柄な80歳に近い老人が道場主だ……」などと，着想したことを具体的に文章にしていくわけである。

人によっては，着想が決まると，このようにまず第1行を書き，ここで一息ついて後の構想を立てることもある。つまり，書き出しの文句を書きこむと，後の構想が立てやすくなるというわけである。これも一つ

の方法である。しかし，これは，よっぽど書きなれていないと危険をともなう。後の構想がまとまらないと何度も書き出しを書き直さなければならないからだ。したがって，論作文試験の場合は，やはり着想→構想→執筆と進んだほうが無難だろう。

④ 「点検」時間は10分間で

　論作文を書き終わる。当然，点検をしなければならない。誤字・脱字はもとより，送り仮名や語句の使い方，表現の妥当性も見直さなければならない。この作業を一般には「推敲」と呼ぶ。推敲は，文章を仕上げる上で欠かせない作業である。本来なら，この推敲には十分な時間をかけなければならない。文章は推敲すればするほど練りあがるし，また，文章の上達に欠かせないものである。

　しかし，論作文試験においては，この時間が10分間しかない。前述したように，1,200字の文章は，ニュースのアナウンサーが読みあげるスピードで読んでも，読むだけで約3分はかかる。だとすれば，手直しする時間は7分。ほとんどないに等しいわけだ。せいぜい誤字・脱字の点検しかできないだろう。論作文試験の時間配分では，このことをしっかり頭に入れておかなければならない。要するに論作文試験では，きわめて実戦的な「要領の良さ」が必要であり，準備・対策として，これを身につけておかなければならないということなのだ。

実施課題例の分析

長野市

令和4年度

▼作文（1時間）

　あなたは将来どのような長野市の職員になりたいですか。また，その将来像の実現に向けて，どのように仕事に取り組んでいきますか。あなたの考えを述べなさい。

《執筆の方針》

　まず，あなたが長野市の職員になりたいと思ったきっかけを述べる。そのうえで，あなたは将来どのような長野市の職員になりたいか，また，その将来像の実現に向けて，どのように仕事に取り組んでいくか，あなたの考えを具体的に述べる。

《課題の分析》

　市の職員は，市民の豊かなくらしや安全・安心なくらしを支えるために，社会や環境の変化，市の物的・人的資源，市民のニーズなどに応じて，様々な施策を計画し実施している。あなた自身も将来，その一員となる。特に，長野市の職員になることを目指す以上，長野市がどのような人材を求めているかを知っておく必要がある。長野市のホームページなどを活用して，長野市の求める人物像などを調べておくとよい。長野市では，「健幸増進都市」の実現に向けて，自らチャレンジすることをいとわず，本気で取り組むことのできる人材を求めている。また，市の職員はまちづくりを一緒に進めていく，一つのチーム・仲間であるという考えのもと，「互いを思いやり，助け合い，高め合いながら仕事ができる」人材を求めている。とにかく長野のことが好きだ，市民が幸せを実感できるまちにしたい，ナガノを世界にもっとアピールしたい，こういった熱い思いを持った若い力を求めている。このような長野市の求める人物像などを踏まえて，あなたは将来どのような長野市の職員になりたいか，また，その将来像の実現に向けて，どのように仕事に取り組んでいくか具体的に述べるようにしたい。

《作成のポイント》

　まず，あなたが長野市の職員になりたいと思ったきっかけを述べる。そ

の際，実体験を織り込みながら，なんとしても長野市の職員になりたいという思いを述べる。次に，どのような長野市の職員になりたいか，また，その将来像の実現に向けて，どのように仕事に取り組んでいくかを述べる。その際，長野市の求める人物像と関連づけながら，例えば「チャレンジ精神を持つこと」や「協働の意識を持つこと」など，2つ以上の内容で述べるのが望ましい。最後に，長野市の職員になって，長野市の市民のために全力で取り組む決意を述べて作文をまとめる。

令和3年度
▼作文
あなたが挫折や失敗の体験から学んだことについて述べてください。

《執筆の方針》

まず，人は挫折や失敗した経験から多くのことを学ぶことができるということを述べる。そのうえで，自身の挫折や失敗した経験を具体的に述べ，そこから学んだことを整理して述べていく。

《課題の分析》

「失敗は成功のもと」という有名な諺がある。これは，失敗することによってやり方を改めることができ，かえって成功へと繋がることになるから，一度や二度の失敗にくじけるべきではないという教えである。人は成功だけでなく，日々挫折や失敗を繰り返しながら成長していく。逆に言うと，そうした挫折や失敗が人を成長させるのである。この問題では，次の二つの内容を作文に書くようにしたい。一つは「挫折や失敗した体験」，もう一つは「その体験から学んだこと」である。どのような挫折や失敗を題材に選んでも構わないが，自分が公務員を目指すきっかけになった出来事，公務員に求められる公平性や正義感などを身に付けることができた体験を選択することがよいだろう。

《作成のポイント》

まず，人は生きていく上で挫折や失敗は避けられないこと，そうした挫折や失敗が人を成長させ，人間形成に大きな影響を与えるということを論理的に述べる。そのうえで，今までで自分が学びを得ることができた挫折や失敗の体験を一つ挙げ，その体験について整理をする。その際，体験した事実について，時間の経過を追って述べていくと分かりやすい文章となる。次に，その挫折や失敗から何を学んだのか，「第一に…」「第二に…」というようにナンバリングをして述べる。最後は，そうした体験から学んだことを生かして，長野市の職員としての職務の遂行に努力していく決意を述べて作文をまとめる。

令和２年度

▼作文

　これまでに自分が成長したと思う出来事について，その理由も含めて述べてください。

《執筆の方針》

　自身の成長につながった出来事を想起し，それによって成長できた点について述べる。そのうえで，成長した側面を今後，仕事をする上でどう活かすかについても触れる。

《課題の分析》

　努力や忍耐の結果として成長できた点は何かをまず考える必要がある。成長に繋がった出来事について説明する訳であるが，自己肯定感や感動体験を伴うものであることが望ましい。なぜそのエピソードを選んだか，どのような資質・能力に影響を受けたかについても触れる。恩師や先輩，仲間，アルバイト先の上司などとの関わりで，成長に繋がったこともあるだろう。同じ経験をしても得られる学びは，各人の感性により差がある。

　単に「心に残った出来事」に留まることなく，「今後，市の職員としての仕事を進める上で役立つ要素」に関連するものであることが期待される。市職員の資質・能力は何かと問われたら，判断力，行動力，企画力，責任感，根気強さ等々が挙げられる。

《作成のポイント》

　三部構成とする。序論では，自身の成長に繋がった経験を説明する。例えば，恩義を受けた経験から人のために尽くす気持ちが芽生えた人もいるだろう。学生時代に最後まで諦めず，困難に立ち向かって得た成果から，意志の強さの大切さを学んだ人もいるだろう。これを踏まえて，本論では成長に関わる出会いや出来事からどのような学びがあったか，どのように成長したのかについて具体的に述べる。経験の内容は成功体験だけとは限らない。失敗経験が成長に繋がるケースもあり，将来に生きる教訓的内容もあろう。プラス思考の大切さなど，成長した自身の長所もアピールすると効果的である。さらに，自身の成長した側面や資質能力を職場でどのように役立てられるかという視点にも触れたい。結論では，今後，長野市の職員として採用された際は，自己研鑽に努めてさらに成長しつつ，市民に貢献したい旨の決意を表明して結びとする。

平成28年度

▼作文

　自然災害に対する地域や個人での防災の取組についてあなたが思うこと

《執筆の方針・課題の分析》

　防災減災に関する出題であり，県庁所在地の自治体では頻出の設問であるが，高校卒業時点の受験者にはやや難問といえる。長野市は，山間部の地滑り災害，千曲川や犀川などの河川の氾濫，長野県内を震源とする地震災害というリスクを抱えている。市は，2014年の長野県神城断層地震，2016年の熊本地震を踏まえて，大地震や豪雨などの自然災害は人間の力では防ぐことはできないこと，反面，災害による被害は住民の日頃の努力によって減らすことが可能であることを，「減災のてびき」にまとめた。長野市は東京や大阪のような大都市ではないが，1997年の北陸新幹線部分開業を契機に，県外からの移住者が増え，市の現状に関心を寄せない住民が増えたという一面を持つ。そこで，防災減災に関して，市としてどういう対応が必要かを論じていくとよい。

《作成のポイント》

　防災減災に関する内容なので，以下のキーワードは絶対に押さえたい。一人ひとりが自分の命や財産を自分で守る「自助」を基本に，高齢者や障がい者など災害弱者を地域で助け合う「共助」，行政による「公助」が一体となって補い合うこと，そして，その結果として，有効な自然災害への対策になることを述べるとよいだろう。人口減少は納税者や納税額の減少を意味するため，たとえ防災減災対策であっても，無制限の出費は許されない現状も踏まえたいところである。加えて，以下の内容にも言及したい。長野県内で発生した地震において，住民が被災から比較的，早く立ち直ることができたのは，地域のコミュニティが機能していたためであること，こうした機能は自助と共助の担い手であろうとする住民の意識の強さに拠ることなどを述べる。市は，必要な避難所の確保や食糧の備蓄に努めること，迅速かつ正確な災害情報を発信すること，自衛隊や警察・消防と協力することなどの公助に力点を置く。一方で，自助と共助の担い手であろうとする住民の意識を育むことの大切さなどを書いていこう。

平成27年度

▼作文

　あなた自身の能力や経験を生かして，長野市の職員として取り組んでみたいこと

《執筆の方針》

　長野市は町村合併により，人口が38万人に達したが，今後，少子・高齢化により人口減が見込まれる。特に，市周辺部と山間部の人口減少と荒廃が懸念されている。少子・高齢化対策は市の重要課題である。また，長野市には，善光寺をはじめとする歴史的レガシーと門前町を有するが，中心部の衰退が大きな問題になっている。コンパクトな都市づくりを通して，都市のブランドイメージの向上を図ることが求められる。交通網の整備と安全・安心なまちづくりも重要な課題である。このような課題に対して，長野市の職員としてこれまで培ってきた能力と経験を生かして課題解決に寄与することが求められている。

　そのために，これまでの部活動やボランティア活動等で身に付けた能力を自分なりに分析して，それらの力を自分の強みとして生かしていく必要がある。

《課題の分析》

　部活動や文化部の活動は，他の人と協調し，チームワークのもとで規律を尊び，チャレンジ精神をもって粘り強く活動することに意味がある。同時に部活動では，体力が向上し，人間関係，コミュニケーション能力を身に付け，実践的な思考・判断力が養われる。また，ボランティア活動は，自ら進んで（自発性），対価を求めず（無償性），みんなのためになる（公益性）の3要素による社会奉仕活動である。ここから，思いやりの心や絆とともに，自発性・自律性，奉仕心並びに勤労等の資質・能力が養われる。

　作文では，部活動やボランティア活動で身に付けた資質・能力とともに，自分の得意分野，例えば，コンピュータ・IC関連の能力（リテラシー）や英語力等を付け加えて，長野市にどのような貢献ができるかを述べるとよい。その場合，市街地の活性化とか，観光関連の業務，または市の安全・安心対策等，どの分野でどのような活動をするかについて具体的に述べる。

《作成のポイント》

　作文だが，論文同様の文章構成とする。序論，本論1，本論2，結論の3段型構成にするとよい。文字は丁寧に，鉛筆の濃さは2Bがよい。文体は「である体」とし，「です，ます体」は避ける。

序論　高校のときに取り組んだ主な活動

本論1　部活動等で身に付けた資質・能力を取り上げる。

本論2　長野市の職員として，どのようなことをしたいか，業務の例をあげて，自分の取組みについて述べる。

結論　長野市の職員として，業務に全力で取り組む決意を述べる。

平成26年度

　▼作文

　わたしが大切にしていること（大切に思っていること）

《執筆の方針》

　大切にしていること（大切に思っていること）に関しては，多くの分野にまたがるが，第一には，親，兄弟，祖父母等に対する家族愛があげられる。第二には，友人関係等対社会との関係があげられる。ここでは，笑顔，思いやりの心，絆，人間関係等，人と向き合う力が重要である。第三には，仕事との関係で，働く意欲，勤労観，企画力・実行力，他のひととチームを組んで仕事を遂行できる力が重要になる。

　これらの中から自分が大切にしていることを選ぶ場合は，個人的で，社会との関わりがないものは意味がない。個人的にも大切で，かつ社会的な意義をもつものが重要である。例えば，笑顔，友達・人間関係，健康・体力づくり，ICT技術の習得・向上，計画性，創意工夫等の資質・能力は高く評価される。

　ここでは，抽象的に自分が大切にしていることをあげても具体性がないことから，エピソードをもとに具体的に説明する必要がある。

《課題の分析》

　自分が大切にしているもののうち，愛とか笑顔，人間関係，思いやりの心，絆等は，マインドに関するものである。それに対して，ICT技術や専門性，計画性，創意工夫等は，資質・能力に関するものである。

　作文では，マインドと資質・能力の両方を取り上げることが望ましい。ということは，個人的に大切なものと社会的に大切なものを結び付けることで，両者が生きて働くようになるからである。だれしも，家庭的な愛情と安心感の上に，職場での仕事に集中することができるのである。

　ただ，作文の中で，愛情とか健康，専門性というように項目をあげても訴える力はないことから，例えば愛情なら，それを裏付ける事例，ICTなら技術習得過程のエピソードを基に，具体的に説明する必要がる。

《作成のポイント》

　現在，若者に求められている資質・能力としては，礼儀，コミュニケーション能力，人間関係形成能力，チーム対応能力がある。ここから，作文では，個人的には，愛情，健康，礼儀，思いやり等を取り上げ，社会的に

は，人間関係や連携・協働，及び専門的な能力を取り上げるとよい。そのためのエピソードをもとに述べると説得力が生まれる。

平成25年度

▼作文

　これまでの人生で一番がんばったこと

《執筆の方針》

　これまでの人生でがんばったこととは，目標に向かって，モチベーションをもって努力したことである。モチベーションには，内発的なモチベーションと外発的なモチベーションがある。内発的とは，自らやり抜こうとするものであり，外発的とは，親や先生から強制されてやるようになったことである。当然，内発的なモチベーションが望ましいことは言うまでもないが，中には，外発的なモチベーションから仕方なしに取り組んだところ，やがておもしろくなって内発的なモチベーションに転ずることもある。ここでは，高校受験の経験等は避けたほうがよい。それは，あまりにも個人的な問題であり，社会的な意義をもたない。また，難病を克服した等は，すばらしいことであるが，そのために健康不安を抱えていると受け止められることが懸念される。

　重要なことは，スケート部で3年間やり抜いて県大会に出場した，柔道で念願の黒帯をとることができた等，苦しさや困難を乗り越えてやり抜いた経験である。

《課題の分析》

　「がんばったこと」とは，これまでに体験したことである。体験は一般的に，生活体験，自然体験，社会体験に大別される。家事等の経験は生活体験，山登り，サーフィン，動植物の愛護等は自然体験，ボランティア活動は社会体験である。教育の一環として行われる部活動も，広い意味での社会体験に入る。

　人は，体験を通して「生きる力」を身に付けることができる。「生きる力」とは，自ら問題を見つけ，自ら考え，自ら判断し，主体的に行動し，判断し，問題を解決する資質・能力のことである。

　ここで重要なことは，それぞれの体験を通してどのような資質・能力を身に付けたか，そしてそれを市役所の業務の中でどのように活かすことができるかである。先に受験勉強でがんばったことは避けた方がよいと述べたことは，市役所の業務を遂行する上で大切な連携・協働，チームの一員

としての対応とは結び付かないためである。
《作成のポイント》
　自分がこれまでにがんばった経験を述べ、その結果、どのような資質・能力を身に付け、人生に対する自信をもつことができるようになったことを述べる。その上で、身に付けた資質・能力を市役所の業務の中にどのように活かすかについて述べる。

上田市

平成22年度
▼作文
　私の考える上田市の未来
《執筆の方針》
　町村合併後の上田市は、次の7つのエリアから成り立っている。
① 菅平エリア　② 真田エリア　③ 上田市中心部エリア　④ 別所温泉・塩田エリア　⑤ 丸子エリア　⑥ 丸子温泉エリア　⑦ 武石エリア

　今の上田市は、菅平エリアと武石エリア（ここには美ヶ原がある）に囲まれて上田盆地があり、その中に上田市の市街地と丸子温泉、別所温泉等がある。上田市は、山紫水明にして風光明媚な地である。これらの資源を活かして、未来につなげることは重要である。そのためのマスタープランづくりが求められる。

　今日は、産業や観光面で地域間競争の激しい時代である。県内では、長野市、松本市、軽井沢町との観光客の競合があり、さらに北陸新幹線の開通により、金沢市、富山市等との競争も大きな課題になっている。首都圏の客をいかに確保するかは、上田市の観光振興及び産業振興にとって重要な問題である。
《課題の分析》
　観光客誘致のために、6つのエリアを大きく2つのエリアにまとめて、2つのエリアが相互に交流ができるようなシステムをつくる必要がある。第1は、菅平観光と真田の歴史的リガシーを巡り、別所温泉で寛ぐコース、第2は、美ヶ原観光と市中心部でのショッピング、グルメ、そして丸子温泉で寛ぐコースで、いずれも1泊2日の観光コースとして設定する。そのため

には，道路，交通アクセス，観光客を受け入れる施設の整備をする。また，外国人観光客を受け入れるための準備も必要である。

　さらに，滞在型の観光にするためには，そば打ち体験や木工品づくり等のための条件整備をする。

　上田市のもつ潜在力をいかに活かすか，そして多種のイベント等も開催して，活力のあるまち上田市を実現することが未来の姿である。

《作成のポイント》

　上田市の未来像を描き，そのためのマスタープランを創ることは，愛郷心の現れでもある。市職員としては，上田市を愛し，上田市のためなら何でも実践する意欲が望まれる。そのために，上田市の将来像を描いて，その実現方策を策定することには大きな意味がある。市職員であれば，だれしも市の将来像をもって業務に当たることが求められる。できるだけ，実現可能で，説得力のあるマスタープランになるように努める。空想・空論では，意味がなく，また評価もされないことに留意すべきである。

平成21年度

▼作文

　市職員として大切なこと

《執筆の方針》

　市の行政は，住民の信頼の上になり立つ。市職員は，住民一人一人に対して基礎的な行政サービスの遂行に全力で取り組む必要がある。その際，市職員は公務員として，全体の奉仕者であることを自覚し，公務員に課せられている「職務上の義務」と「身分上の義務」を遵守しなければならない。

　「職務上の義務」とは，①服務の宣誓，②法令等及び上司の職務上の命令に従う義務，③職務に専念する義務である。

　また，「身分上の義務」とは，①信用失墜行為の禁止，②秘密を守る義務，③政治的行為の制限，④争議行為等の禁止，⑤営利企業等への従事等の制限の義務である。公務員には，これらの義務を確実に守るためのコンプライアンスが求められる。

　一方，業務を進める際には，PDCAのマネジメントによって業務を検証・改善する必要がある。そのためには，業務の目標を数値目標にして，目標達成のための取組みを行って，結果を数値で評価し，問題点を改善することが重要である。マネジメントの理論は，アメリカの経済学者ドラッガーが提唱したものである。

《課題の分析》

　公務員は，常に法と向き合って仕事を遂行しなければならない。ここで，法は職員や市民を守るために作られていることを理解する必要がある。例えば職員の場合，服務規程に違反すると処分されるが，しかし，これ以外の事由で処分されることはない。上司の個人的な感情や思惑で，職員を処分することはできないのである。また業務面で，住民から不当な要求があった場合も，法的な基準をもとに「できないことはできない」とはっきり断ることができるのである。

　一方，公務員の仕事は，これまで親方日の丸で効率が悪いと批判されてきたが，今日では，マネジメントによる手法が取り入れられ，業務の効率化が図られている。そのためには，あらゆる仕事をマネジメントの発想と感覚で推進する必要がある。

《作成のポイント》

　市役所では，法によって全ての業務が推進されているので，法規・法令の研修は重要である。公務員は，絶えず法的な根拠を押さえて業務を推進しなければならない。しかし，法を理解するためには，経験を要することから，業務ごとに上司及び先輩の指導を仰ぎ，慎重に遂行する必要がある。同時に，業務の効率化のためには，仕事内容を項目ごとに分類して，それぞれに評価規準を設けて，PDCAのサイクルで評価・改善に当たる必要がある。これらのことに全力を尽くすことで，信頼される公務員になる。

平成20年度

▼作文

　私が描く上田市の将来像

《執筆の方針》

　上田市には貴重な歴史的レガシーがある。古くは国分寺史跡から，真田氏の活躍の舞台になった真田城址，上田城址，真田神社，武家屋敷，長谷寺，それに春の八重桜，千本桜，秋の紅葉は，格式の高い上田市を演出している。また，歴史を学ぶ上で博物館は大いに役に立つ。

　グルメでは，信州そばと焼き鳥は有名であり，それに別所温泉，霊泉温泉，丸子温泉等が組み合わされると歴史的な観光都市として，広く上田市を全国に売り出すことができる。そのために，歴史コースを体系的に整えて，歴史に関心を持っている人や修学旅行の目的地として上田市の存在感が高まるように努める。

《課題の分析》

　これらの歴史に根付いた観光は，単なる見学だけでは長続きはしない。体験的・探求的な歴史めぐりになるように工夫をする必要がある。このことは，グルメでも同じである。真田氏の食した料理を城址の広場で作り，それを食することで旅の楽しみは倍加する。さらに，宿泊先では，郷土芸能や民謡等を共にすることで，上田市のよさを味わうことができるようにする。これらのことからリピーターを増やすように努める。幸い上田市は，新幹線，上信越道，信濃鉄道等の交通アクセスに恵まれ，首都圏とも結び付いている。

　この条件を活かして，滞在型の観光地にすることがこれからの課題である，これからの地域間競争に勝つためにも，歴史を中心に据えた特色ある観光地づくりに努める必要がある。

《作成のポイント》

　上田市は，たくさんの可能性を秘めたまちであることから，ここでは歴史的レガシーを活かしたまちづくりをすることで，将来像を捉えてみた。

　それには，これまでとは違った，体験型の観光，体験型の歴史学習を通して，観光客をもてなすことが重要になる。単なる見聞だけの観光では満足されない時代になっている。そこで系統性と発展性のある体験を用意することでリピーターの確保につなげる。

第7部

面接試験対策

- 面接対策
- 集団討論対策

人物試験　面接対策

||||||||||||||||||||||||||||| P O I N T |||||||||||||||||||||||||||||||

◖◗ Ⅰ. 面接の意義 ◖◗

　筆記試験や論作文（論文）試験が，受験者の一般的な教養の知識や理解の程度および表現力やものの考え方・感じ方などを評価するものであるのに対し，面接試験は人物を総合的に評価しようというものだ。

　すなわち，面接担当者が直接本人に接触し，さまざまな質問とそれに対する応答の繰り返しのなかから，公務員としての適応能力，あるいは職務遂行能力に関する情報を，できるだけ正確に得ようとするのが面接試験である。豊かな人間性がより求められている現在，特に面接が重視されており，一般企業においても，面接試験は非常に重視されているが，公務員という職業も給与は税金から支払われており，その職務を完全にまっとうできる人間が望まれる。その意味で，より面接試験に重きがおかれるのは当然と言えよう。

◖◗ Ⅱ. 面接試験の目的 ◖◗

　では，各都道府県市がこぞって面接試験を行う目的は，いったいどこにあるのだろうか。ごく一般的に言えば，面接試験の目的とは，おおよそ次のようなことである。

---

① 人物の総合的な評価

　試験官が実際に受験者と対面することによって，その人物の容姿や表情，態度をまとめて観察し，総合的な評価をくだすことができる。ただし，ある程度，直観的・第一印象ではある。

② 性格や性向の判別

　受験者の表情や動作を観察することにより性格や性向を判断するが，実際には短時間の面接であるので，面接官が社会的・人生的に豊かな経験の持ち主であることが必要とされよう。

---

③ 動機・意欲等の確認

公務員を志望した動機や公務員としての意欲を知ることは，論作文試験等によっても可能だが，さらに面接試験により，採用側の事情や期待内容を逆に説明し，それへの反応の観察，また質疑応答によって，試験官はより明確に動機や熱意を知ろうとする。

以上3点が，面接試験の最も基本的な目的であり，試験官はこれにそってさまざまな問題を用意することになる。さらに次の諸点にも，試験官の観察の目が光っていることを忘れてはならない。

④ 質疑応答によって知識・教養の程度を知る

筆記試験によって，すでに一応の知識・教養は確認しているが，面接試験においてはさらに付加質問を次々と行うことができ，その応答過程と内容から，受験者の知識教養の程度をより正確に判断しようとする。

⑤ 言語能力や頭脳の回転の速さの観察

言語による応答のなかで，相手方の意志の理解，自分の意志の伝達のスピードと要領の良さなど，受験者の頭脳の回転の速さや言語表現の諸能力を観察する。

⑥ 思想・人生観などを知る

これも論作文試験等によって知ることは可能だが，面接試験によりさらに詳しく聞いていくことができる。

⑦ 協調性・指導性などの社会的性格を知る

前述した面接試験の種類のうち，グループ・ディスカッションなどはこれを知るために考え出された。公務員という職業の場合，これらの資質を知ることは面接試験の大きな目的の一つとなる。

● ● Ⅲ. 面接試験の問題点 ● ●

　これまで述べてきたように，公務員試験における面接試験の役割は大きいが，問題点もないわけではない。

　というのも，面接試験の場合，学校の試験のように"正答"というものがないからである。例えば，ある試験官は受験者の「自己PR＝売り込み」を意欲があると高く評価したとしても，別の試験官はこれを自信過剰と受け取り，公務員に適さないと判断するかもしれない。あるいは模範的な回答をしても，「マニュアル的だ」と受け取られることもある。

　もっとも，このような主観の相違によって評価が左右されないように，試験官を複数にしたり評価の基準が定められたりしているわけだが，それでもやはり，面接試験自体には次に述べるような一般的な問題点もあるのである。

---

　① 短時間の面接で受験者の全体像を評価するのは容易でない

　　面接試験は受験者にとってみれば，その人の生涯を決定するほど重要な場であるのだが，その緊張した短時間の間に日頃の人格と実力のすべてが発揮できるとは限らない。そのため第一印象だけで，その全体像も評価されてしまう危険性がある。

　② 評価判断が試験官の主観で左右されやすい

　　面接試験に現れるものは，そのほとんどが性格・性向などの人格的なもので，これは数値で示されるようなものではない。したがってその評価に客観性を明確に付与することは困難で，試験官の主観によって評価に大変な差が生じることがある。

　③ 試験官の質問の巧拙などの技術が判定に影響する

　　試験官の質問が拙劣なため，受験者の正しく明確な反応を得ることができず，そのため評価を誤ることがある。

　④ 試験官の好悪の感情が判定を左右する場合がある

　　これも面接が「人間 対 人間」によって行われる以上，多かれ少なかれ避けられないことである。この弊害を避けるため，前述したように試験官を複数にしたり複数回の面接を行ったりなどの工夫がされている。

　⑤ 試験官の先入観や信念などで判定がゆがむことがある

　　人は他人に接するとき無意識的な人物評価を行っており，この経験の積

み重ねで，人物評価に対してある程度の紋切り型の判断基準を持つように なっている。例えば，「額の広い人は頭がよい」とか「耳たぶが大きい 人は人格円満」などというようなことで，試験官が高年齢者であるほど この種の信念が強固であり，それが無意識的に評価をゆがめる場合も時 としてある。

　面接試験には，このように多くの問題点と危険性が存在する。それらのほ とんどが「対人間」の面接である以上，必然的に起こる本質的なものであれば， 万全に解決されることを期待するのは難しい。しかし，だからといって面接 試験の役割や重要性が，それで減少することは少しもないのであり，各市の 面接担当者はこうした面接試験の役割と問題点の間で，どうしたらより客観 的で公平な判定を下すことができるかを考え，さまざまな工夫をしているの である。最近の面接試験の形態が多様化しているのも，こうした採用側の努 力の表れといえよう。

◖◗ Ⅳ．面接の質問内容 ◖◗

　ひとくちに面接試験といっても，果たしてどんなことを聞かれるのか，不 安な人もいるはずだ。ここでは志望動機から日常生活にかかわることまで， それぞれ気に留めておきたい重要ポイントを交えて，予想される質問内容を 一挙に列記しておく。当日になって慌てないように，「こんなことを聞かれた ら（大体）こう答えよう」という自分なりの回答を頭の中で整理しておこう。

■志望動機編■

（1）　受験先の概要を把握して自分との接点を明確に

　公務員を受験した動機，理由については，就職試験の成否をも決めかね ない重要な応答になる。また，どんな面接試験でも，避けて通ることので きない質問事項である。なぜなら志望動機は，就職先にとって最大の関心 事のひとつであるからだ。受験者が，どれだけ公務員についての知識や情 報をもったうえで受験をしているのかを調べようとする。

(2) 質問に対しては臨機応変の対応を

　受験者の立場でいえば，複数の受験をすることは常識である。もちろん「当職員以外に受験した県や一般企業がありますか」と聞く面接官も，それは承知している。したがって，同じ職種，同じ業種で何箇所かかけもちしている場合，正直に答えてもかまわない。しかし，「第一志望は何ですか」というような質問に対して，正直に答えるべきかどうかというと，やはりこれは疑問がある。一般的にはどんな企業や役所でも，ほかを第一志望にあげられれば，やはり愉快には思わない。

(3) 志望の理由は情熱をもって述べる

　志望動機を述べるときは，自分がどうして公務員を選んだのか，どこに大きな魅力を感じたのかを，できるだけ具体的に，しかも情熱をもって語ることが重要である。

　たとえば，「人の役に立つ仕事がしたい」と言っても，特に公務員でなければならない理由が浮かんでこない。

①例題Q & A

Q. あなたが公務員を志望した理由，または動機を述べてください。
A. 私は子どもの頃，周りの方にとても親切にしていただきました。それ以来，人に親切にして，人のために何かをすることが生きがいとなっておりました。ですから，一般の市民の方のために役立つことができ，奉仕していくことが夢でしたし，私の天職だと強く思い，志望させていただきました。

Q. もし公務員として採用されなかったら，どのようにするつもりですか。
A. もし不合格になった場合でも，私は何年かかってでも公務員になりたいという意志をもっています。しかし，一緒に暮らしている家族の意向などもありますので，相談いたしまして一般企業に就職するかもしれません。

②予想される質問内容

○ 公務員について知っていること，または印象などを述べてください。

○ 職業として公務員を選ぶときの基準として，あなたは何を重要視しましたか。

○ いつごろから公務員を受けようと思いましたか。

○ ほかには，どのような業種や会社を受験しているのですか。

○ 教職の資格を取得しているようですが，そちらに進むつもりはないのですか。

○ 志望先を決めるにあたり，どなたかに相談しましたか。

○ もし公務員と他の一般企業に，同時に合格したらどうするつもりですか。

■仕事に対する意識・動機編■

1 採用後の希望はその役所の方針を考慮して

　採用後の希望や抱負などは，志望動機さえ明確になっていれば，この種の質問に答えるのは，それほど難しいことではない。ただし，希望職種や希望部署など，採用後の待遇にも直接関係する質問である場合は，注意が必要だろう。また，勤続予定年数などについては，特に男性の場合，定年まで働くというのが一般的である。

2 勤務条件についての質問には柔軟な姿勢を見せる

　勤務の条件や内容などは，職種研究の対象であるから，当然，前もって下調べが必要なことはいうまでもない。

　「残業で遅くなっても大丈夫ですか」という質問は，女性の受験者によく出される。職業への熱意や意欲を問われているのだから，「残業は一切できません！」という柔軟性のない姿勢は論外だ。通勤方法や時間など，具体的な材料をあげて説明すれば，相手も納得するだろう。

　そのほか初任給など，採用後の待遇についての質問には，基本的に規定に

従うと答えるべき。新卒の場合，たとえ「給料の希望額は？」と聞かれても，「規定通りいただければ結構です」と答えるのが無難だ。間違っても，他業種との比較を口にするようなことをしてはいけない。

3　自分自身の言葉で職業観を表現する

　就職や職業というものを，自分自身の生き方の中にどう位置づけるか，また，自分の生活の中で仕事とはどういう役割を果たすのかを考えてみることが重要だ。つまり，自分の能力を生かしたい，社会に貢献したい，自分の存在価値を社会的に実現してみたい，ある分野で何か自分の力を試してみたい……などを考えれば，おのずと就職するに当たっての心構えや意義は見えてくるはずである。

　あとは，それを自分自身の人生観，志望職種や業種などとの関係を考えて組み立ててみれば，明確な答えが浮かび上がってくるだろう。

①例題Q＆A

Q. 公務員の採用が決まった場合の抱負を述べてください。
A.　まず配属された部署の仕事に精通するよう努め，自分を一人前の公務員として，そして社会人として鍛えていきたいと思います。また，公務員の全体像を把握し，仕事の流れを一日も早くつかみたいと考えています。

Q. 公務員に採用されたら，定年まで勤めたいと思いますか。
A.　もちろんそのつもりです。公務員という職業は，私自身が一生の仕事として選んだものです。特別の事情が起こらない限り，中途退職したり，転職することは考えられません。

②予想される質問内容

○ 公務員になったら，どのような仕事をしたいと思いますか。

○ 残業や休日出勤を命じられたようなとき，どのように対応しますか。

○ 公務員の仕事というのは苛酷なところもありますが，耐えていけますか。

○ 転勤については大丈夫ですか。

○ 公務員の初任給は○○円ですが，これで生活していけますか。

○ 学生生活と職場の生活との違いについては，どのように考えていますか。

○ 職場で仕事をしていく場合，どのような心構えが必要だと思いますか。

○ 公務員という言葉から，あなたはどういうものを連想しますか。

○ あなたにとって，就職とはどのような意味をもつものですか。

■自己紹介・自己PR編■

1　長所や短所をバランスよくとりあげて自己分析を

　人間には，それぞれ長所や短所が表裏一体としてあるものだから，性格についての質問には，率直に答えればよい。短所については素直に認め，長所については謙虚さを失わずに語るというのが基本だが，職種によっては決定的にマイナスととられる性格というのがあるから，その点だけは十分に配慮して応答しなければならない。

　「物事に熱しやすく冷めやすい」といえば短所だが，「好奇心旺盛」といえば長所だ。こうした質問に対する有効な応答は，恩師や級友などによる評価，交友関係から見た自己分析など具体的な例を交えて話すようにすれば，より説得力が増すであろう。

2　履歴書の内容を覚えておき，よどみなく答える

　履歴書などにどんなことを書いて提出したかを，きちんと覚えておく。重要な応募書類は，コピーを取って，手元に控えを保管しておくと安心だ。

3 志望職決定の際, 両親の意向を問われることも

面接の席で両親の同意をとりつけているかどうか問われることもある。家族関係がうまくいっているかどうかの判断材料にもなるので, 親の考えも伝えながら, 明確に答える必要がある。この際, あまり家族への依存心が強いと思われるような発言は控えよう。

①例題Q & A

Q.	あなたのセールスポイントをあげて, 自己PRをしてください。
A.	性格は陽気で, バイタリティーと体力には自信があります。高校時代は山岳部に属し, 休日ごとに山歩きをしていました。3年間鍛えた体力と精神力をフルに生かして, ばりばり仕事をしたいと思います。

Q.	あなたは人と話すのが好きですか, それとも苦手なほうですか。
A.	はい, 大好きです。高校ではサッカー部のマネージャーをやっておりましたし, 大学に入ってからも, 同好会でしたがサッカー部の渉外担当をつとめました。試合のスケジュールなど, 外部の人と接する機会も多かったため, 初対面の人とでもあまり緊張しないで話せるようになりました。

②予想される質問内容

○ あなたは自分をどういう性格だと思っていますか。

○ あなたの性格で, 長所と短所を挙げてみてください。

○ あなたは, 友人の間でリーダーシップをとるほうですか。

○ あなたは他の人と協調して行動することができますか。

○ たとえば, 仕事上のことで上司と意見が対立したようなとき, どう対処しますか。

○ あなたは何か資格をもっていますか。また, それを取得したのはどうしてですか。

○ これまでに何か大きな病気をしたり，入院した経験がありますか。

○ あなたが公務員を志望したことについて，ご両親はどうおっしゃっていますか。

■日常生活・人生観編■

1 趣味はその楽しさや面白さを分かりやすく語ろう

　余暇をどのように楽しんでいるかは，その人の人柄を知るための大きな手がかりになる。趣味は"人間の魅力"を形作るのに重要な要素となっているという側面があり，面接官は，受験者の趣味や娯楽などを通して，その人物の人柄を知ろうとする。

2 健全な生活習慣を実践している様子を伝える

　休日や余暇の使い方は，本来は勤労者の自由な裁量に任されているもの。とはいっても，健全な生活習慣なしに，創造的で建設的な職場の生活は営めないと，採用側は考えている。日常の生活をどのように律しているか，この点から，受験者の社会人・公務員としての自覚と適性を見極めようというものである。

3 生活信条やモットーなどは自分自身の言葉で

　生活信条とかモットーといったものは，個人的なテーマであるため，答えは千差万別である。受験者それぞれによって応答が異なるから，面接官も興味を抱いて，話が次々に発展するケースも多い。それだけに，嘘や見栄は禁物で，話を続けるうちに，矛盾や身についていない考えはすぐ見破られてしまう。自分の信念をしっかり持って，臨機応変に進めていく修練が必要となる。

①例題Q & A

Q. スポーツは好きですか。また，どんな種目が好きですか。

A. はい。手軽に誰にでもできるというのが魅力ではじめたランニングですが，毎朝家の近くを走っています。体力増強という面もありますが，ランニングを終わってシャワーを浴びると，今日も一日が始まるという感じがして，生活のけじめをつけるのにも大変よいものです。目標は秋に行われる●●マラソンに出ることです。

Q. 日常の健康管理に，どのようなことを心がけていますか。

A. 私の場合，とにかく規則的な生活をするよう心がけています。それとあまり車を使わず，できるだけ歩くようにしていることなどです。

---

②予想される質問内容

○ あなたはどのような趣味をもっているか，話してみてください。

○ あなたはギャンブルについて，どのように考えていますか。

○ お酒は飲みますか。飲むとしたらどの程度飲めますか。

○ ふだんの生活は朝型ですか，それとも夜型ですか。

○ あなたの生き方に影響を及ぼした人，尊敬する人などがいたら話してください。

○ あなたにとっての生きがいは何か，述べてみてください。

○ 現代の若者について，同世代としてあなたはどう思いますか。

■一般常識・時事問題編■

1 新聞には必ず目を通し，重要な記事は他紙と併読

　一般常識・時事問題については筆記試験の分野に属するが，面接でこうしたテーマがもち出されることも珍しくない。受験者がどれだけ社会問題に関

心をもっているか，一般常識をもっているか，また物事の見方・考え方に偏りがないかなどを判定しようというものである。知識や教養だけではなく，一問一答の応答を通じて，その人の性格や適応能力まで判断されることになると考えておくほうがよいだろう。

2　社会に目を向け，健全な批判精神を示す

　思想の傾向や政治・経済などについて細かい質問をされることが稀にあるが，それは誰でも少しは緊張するのはやむをえない。

　考えてみれば思想の自由は憲法にも保証された権利であるし，支持政党や選挙の際の投票基準についても，本来，他人からどうこう言われる筋合いのものではない。そんなことは採用する側も認識していることであり，政治思想そのものを採用・不採用の主材料にすることはない。むしろ関心をもっているのは，受験者が，社会的現実にどの程度目を向け，どのように判断しているかということなのだ。

①例題Q & A

Q.	今日の朝刊で，特に印象に残っている記事について述べてください。
A.	△△市の市長のリコールが成立した記事が印象に残っています。違法な専決処分を繰り返した事に対しての批判などが原因でリコールされたわけですが，市民運動の大きな力を感じさせられました。

Q.	これからの高齢化社会に向けて，あなたの意見を述べてください。
A.	やはり行政の立場から高齢者サービスのネットワークを推進し，老人が安心して暮らせるような社会を作っていくのが基本だと思います。それと，誰もがやがて迎える老年期に向けて，心の準備をしていくような生活態度が必要だと思います。

②予想される質問内容

> ○ あなたがいつも読んでいる新聞や雑誌を言ってください。
>
> ○ あなたは，政治や経済についてどのくらい関心をもっていますか。
>
> ○ 最近テレビで話題の××事件の犯人逮捕についてどう思いますか。
>
> ○ △△事件の被告人が勝訴の判決を得ましたがこれについてどう思いますか。

③面接の方法

（1） 一問一答法

　面接官の質問が具体的で，受験者が応答しやすい最も一般的な方法である。例えば，「学生時代にクラブ活動をやりましたか」「何をやっていましたか」「クラブ活動は何を指導できますか」というように，それぞれの質問に対し受験者が端的に応答できる形式である。この方法では，質問の応答も具体的なため評価がしやすく，短時間に多くの情報を得ることができる。

（2） 供述法

　受験者の考え方，理解力，表現力などを見る方法で，面接官の質問は総括的である。例えば，「愛読書のどういう点が好きなのですか」「○○事件の問題点はどこにあると思いますか」といったように，一問一答ではなく，受験者が自分の考えを論じなければならない。面接官は，質問に対し，受験者がどのような角度から応答し，どの点を重視するか，いかに要領よく自分の考えを披露できるかなどを観察・評価している。

（3） 非指示的方法

　受験者に自由に発言させ，面接官は話題を引き出した論旨の不明瞭な点を明らかにするなどの場合に限って，最小限度の質問をするだけという方法で。

（4） 圧迫面接法

　意識的に受験者の神経を圧迫して精神状態を緊張させ，それに対する受験者の応答や全体的な反応を観察する方法である。例えば「そんな安易な考えで，職務が務まると思っているんですか？」などと，受験者の応答をあまり考慮せずに，語調を強めて論議を仕掛けたり，枝葉末節を捉えて揚げ足取り

をする，受験者の弱点を大げさに捉えた言葉を頻発する，質問責めにすると
いった具合で，受験者にとっては好ましくない面接法といえる。そのような
不快な緊張状況が続く環境の中での受験者の自制心や忍耐力，判断力の変化
などを観察するのが，この面接法の目的だ。

●● Ⅴ．面接Ｑ＆Ａ ●●

★社会人になるにあたって大切なことは？★

〈良い例①〉

　責任を持って物事にあたることだと考えます。学生時代は多少の失敗をし
ても，許してくれました。しかし，社会人となったら，この学生気分の甘え
を完全にぬぐい去らなければいけないと思います。

〈良い例②〉

　気分次第な行動を慎み，常に，安定した精神状態を維持することだと考え
ています。気持ちのムラは仕事のミスにつながってしまいます。そのために社
会人になったら，精神と肉体の健康の安定を維持して，仕事をしたいのです。

〈悪い例①〉

　社会人としての自覚を持ち，社会人として恥ずかしくない人間になること
だと思います。

〈悪い例②〉

　よりよい社会を作るために，政治，経済の動向に気を配り，国家的見地
に立って物事を見るようにすることが大切だと思います。

●コメント

　この質問に対しては，社会人としての自覚を持つんだという点を強調す
べきである。〈良い例〉では，学生時代を反省し，社会へ出ていくのだとい
う意欲が感じられる。
　一方〈悪い例①〉では，あまりにも漠然としていて，具体性に欠けてい
る。また〈悪い例②〉のような，背のびした回答は避ける方が無難だ。

★簡単な自己PRをして下さい。★

〈良い例①〉

体力には自信があります。学生時代，山岳部に所属していました。登頂した山が増えるにつれて，私の体力も向上してきました。それに度胸というようなものがついてきたようです。

〈良い例②〉

私のセールスポイントは，頑張り屋ということです。高校時代では部活動のキャプテンをやっていましたので，まとめ役としてチームを引っ張り，県大会出場を果たしました。

〈悪い例①〉

セールスポイントは，3点あります。性格が明るいこと，体が丈夫なこと，スポーツが好きなことです。

〈悪い例②〉

自己PRですか……エピソードは……ちょっと突然すぎて，それに一言では……。

〈悪い例③〉

私は自分に絶対の自信があり，なんでもやりこなせると信じています。これまでも，たいていのことは人に負けませんでした。公務員になりましたら，どんな仕事でもこなせる自信があります。

●コメント

自己PRのコツは，具体的なエピソード，体験をおりまぜて，誇張しすぎず説得力を持たせることである。

〈悪い例①〉は具体性がなく迫力に欠ける。②はなんとも歯ぎれが悪く，とっさの場合の判断力のなさを印象づける。③は抽象的すぎるし，自信過剰で嫌味さえ感じられる。

★健康状態はいかがですか？★

〈良い例①〉

健康なほうです。以前は冬になるとよくカゼをひきましたが，4年くらい前にジョギングを始めてから，風邪をひかなくなりました。

〈良い例②〉

いたって健康です。中学生のときからテニスで体をきたえているせいか，寝こむような病気にかかったことはありません。

〈悪い例①〉

寝こむほどの病気はしません。ただ，少々貧血気味で，たまに気分が悪くなることがありますが，あまり心配はしていません。勤務には十分耐えられる健康状態だと思います。

〈悪い例②〉

まあ，健康なほうです。ときどき頭痛がすることがありますが，睡眠不足や疲れのせいでしょう。社会人として規則正しい生活をするようになれば，たぶん治ると思います。

●コメント

多少，健康に不安があっても，とりたててそのことを言わないほうがいい。〈悪い例②〉のように健康維持の心がけを欠いているような発言は避けるべきだ。まず健康状態は良好であると述べ，日頃の健康管理について付け加える。スポーツばかりではなく，早寝早起き，十分な睡眠，精神衛生などに触れるのも悪くない。

★どんなスポーツをしていますか？★

〈良い例①〉

毎日しているスポーツはありませんが，週末によく卓球をします。他のスポーツに比べると，どうも地味なスポーツに見られがちなのですが，皆さんが思うよりかなり激しいスポーツで，全身の運動になります。

〈良い例②〉

　私はあまり運動が得意なほうではありませんので，小さいころから自主的にスポーツをしたことがありませんでした。でも，去年テレビでジャズダンスを見ているうちにあれならば私にもできそうだという気がして，ここ半年余り週１回のペースで習っています。

〈悪い例①〉

　スポーツはどちらかといえば見る方が好きです。よくテレビでプロ野球中継を見ます。

●コメント

　スポーツをしている人は，健康・行動力・協調性・明朗さなどに富んでいるというのが一般の（試験官の）イメージだ。〈悪い例①〉のように見る方が好きだというのは個人の趣向なので構わないが，それで終わってしまうのは好ましくない。

★クラブ・サークル活動の経験はありますか？★

〈良い例①〉

　剣道をやっていました。剣道を通じて，自分との戦いに勝つことを学び，また心身ともに鍛えられました。それから横のつながりだけでなく先輩，後輩との縦のつながりができたことも収穫の一つでした。

〈良い例②〉

　バスケット部に入っておりました。私は，中学生のときからバスケットをやっていましたから，もう６年やったことになります。高校までは正選手で，大きな試合にも出ていました。授業終了後，２時間の練習があります。また，休暇時期には，合宿練習がありまして，これには，ＯＢも参加し，かなりハードです。

〈悪い例①〉

　私は社会心理研究会という同好会に所属していました。マスコミからの情報が，大衆心理にどのような影響をおよぼしているのかを研究していました。大学に入ったら，サークル活動をしようと思っていました。それが，いろいろな部にあたったのですが，迷ってなかなか決まらなかったのです。そんなとき，友人がこの同好会に入ったので，それでは私も，ということで入りました。

〈悪い例②〉

　何もしていませんでした。どうしてもやりたいものもなかったし，通学に2時間半ほどかかり，クラブ活動をしていると帰宅が遅くなってしまいますので，結局クラブには入りませんでした。

●コメント

　クラブ・サークル活動の所属の有無は，協調性とか本人の特技を知るためのものであり，どこの採用試験でも必ず質問される。クラブ活動の内容，本人の役割分担，そこから何を学んだかがポイントとなる。具体的な経験を加えて話すのがよい。ただ，「サークル活動で●●を学んだ」という話は試験官にはやや食傷気味でもあるので，内容の練り方は十分に行いたい。

　〈悪い例①〉は入部した動機がはっきりしていない。〈悪い例②〉では，クラブ活動をやっていなかった場合，必ず別のセールスポイントを用意しておきたい。例えば，ボランティア活動をしていたとか，体力なら自信がある，などだ。それに「何も夢中になることがなかった」では人間としての積極性に欠けてしまう。

★新聞は読んでいますか？★

〈良い例①〉

　毎日，読んでおります。朝日新聞をとっていますが，朝刊では"天声人語"や"ひと"そして政治・経済・国際欄を念入りに読みます。夕刊では，"窓"を必ず読むようにしています。

〈良い例②〉

読売新聞を読んでいます。高校のころから，政治，経済面を必ず読むよう，自分に義務づけています。最初は味気なく，つまらないと思ったのですが，このごろは興味深く読んでいます。

〈悪い例①〉

定期購読している新聞はありません。ニュースはほとんどテレビやインターネットで見られますので。たまに駅の売店などでスポーツ新聞や夕刊紙などを買って読んでいます。主にどこを読むかというと，これらの新聞の芸能・レジャー情報などです。

〈悪い例②〉

毎日新聞を読んでいますが，特にどこを読むということはなく，全体に目を通します。毎日新聞は，私が決めたわけではなく，実家の両親が購読していたので，私も習慣としてそれを読んでいます。

●コメント

　この質問は，あなたの社会的関心度をみるためのものである。毎日，目を通すかどうかで日々の生活規律やパターンを知ろうとするねらいもある。具体的には，夕刊紙ではなく朝日，読売，毎日などの全国紙を挙げるのが無難であり，読むページも，政治・経済面を中心とするのが望ましい。

　〈良い例①〉は，購読している新聞，記事の題名などが具体的であり，真剣に読んでいるという真実味がある。直近の記憶に残った記事について感想を述べるとなお印象は良くなるだろう。〈悪い例①〉は，「たまに読んでいる」ということで×。それに読む記事の内容からも社会的関心の低さが感じられる。〈悪い例②〉は〈良い例①〉にくらべ，具体的な記事が挙げられておらず，かなりラフな読み方をしていると思われても仕方がない。

集団討論対策

▏▏▏▏▏▏▏▏▏▏▏▏▏▏▏▏▏▏ P O I N T ▏▏▏▏▏▏▏▏▏▏▏▏▏▏▏▏▏▏

　近年，社会性や人間関係能力，コミュニケーション能力などが特に重視されるようになってきた。行政が組織的に実践されていることからわかるとおり，集団の一員としての資質や組織的な役割意識，そして課題解決能力が求められているのである。集団討論はこれらの評価や公務員としての適性を判断する手段として，全国的に採用試験で実施されるようになった。集団討論は，主に2次試験で実施されることが多い。一般的には，小グループにテーマを与えて，一定時間の中で討論させる方法が実施されている。

◖◗ 面接試験の形式 ◖◗

［一例］

- **■形式**　受験者が6〜8人程度で面接官が2〜4人程度
- **■内容**　グループに課題を与え，1人1〜2分で意見を述べてから全体で自由討議に入る。司会者を受験生の中から選び進行させたり，司会者を決めないで進行させたりし，面接官は観察や評価に専念する。
- **■時間**　30〜50分程度
- **■特徴**　集団活動を通して，受験者の協調性や社会性，論理性や判断力など集団内での社会的能力を観察できる。これは面接官が評価に専念できる利点がある一面，あまり発言できない受験者の評価が十分にできないといった欠点もある。

■手順

1 グループで座り，討論のテーマが提示される。
2 各自テーマを読み，5分間程度で自分の考えをメモにまとめ討論の準備をする。
3 各自1分間程度でテーマについての意見を述べる。
4 全員意見を述べたら20分間の課題解決型討論を始める。
5 採点者は，受験者の討論を観察し評価する。
6 討論後，面接官からの質問に答える。

★ポイント 協調性や社会性といった社会的能力を中心に評価されるので，相手の意見を尊重しながら自分の主張を行うようにする。自分の意見に固執したり，他の意見に攻撃的に反論したりしないように注意する必要がある。

◉◉ 集団討論の意義 ◉◉

このようにして，面接前の態勢を整えるが，やはり，主担当者がいて，全体を取り仕切っているのであるから，面接の期間中，その人物の言動から目を逸らさないようにすることである。出題に関しては，次に述べることとするが，この集団討論での重要なことは，討論に入る前であり，その態勢をどのようにつくるかである。さらに，それぞれの意見交換ということになるので，最初の出会いの時のそれぞれの印象が強く残るということになる。

◉◉ 実施形式と攻略法 ◉◉

①面接官主導の討論

自己紹介という形で，それぞれに1～2分間ずつ時間が与えられることが多い。このことで，その集団の様子が明らかになるが，面接官がすべて指示するため，受験者がコの字型や円形になっている中心に，面接官が1人加わることになる。

課題の提示は，面接官が課題を読み上げる方法や受験者各自に紙面が配られる場合，会場の掲示板に示してある場合などがあるが，ほとんどの場合は，後者2つの方法であるため討論中に課題を忘却することはないと考

えられる。

　応答の形式等すべて，面接官の指示に従うことであるが，注意すべきことは，議論に熱中するあまり，発言時間を超過してしまうことである。この傾向についてはよく見られることであるため，面接官よりあらかじめ「発言時間は，1分以内」との指示もあるはずである。しかも，時間超過には発言中断の注意が発せられることになるため，自らの発言については要注意である。このとき，前述したことであるが，発言内容を「結論から」述べ，次に「その理由」とし，他の受験者がもっと聞きたいと思うようになることが望ましく，対話的になるのがよいのである。

②受験者相互の意見交換

　着席してから質疑に入る前に点呼をとり，受験者の確認があり，その後，自己紹介という形で，それぞれに1〜2分間ずつ時間が与えられることが多いのは，面接官主導の討論の場合と同様である。このことで，その集団の様子が明らかになるが，受験生がコの字型や円形になっている場合，面接官が加わることはないのである。

　そして，面接官から，「どなたか，司会になっていただけませんか。」といわれる場合と「これからは，それぞれ自由に意見を出し合って，討論をしていただきます。」という2つの形態があり，後者の傾向が強くなりつつあるようである。このことは，前者の場合，司会を決定するまでに手間がかかり，それぞれの討論時間が均一にならない，という事情があるからである。したがって，示された課題に対する最初の意見表明は，かなりの度胸も必要になるが，そのことが，全体の雰囲気を左右することにもなるため，慎重になるべきである。

●●● 集団討論試験に対する対応の基本 ●●●

〈集団討論の対応〉

　集団討論では，他の面接と異なり，受験者が集団の中でどのような能力を発揮し，また協調できるかなどが，とくに観察されているので，その観点について知っておくことが大切である。このことについての評価の観点の意味づけを示しておく。

ア　観察されていること
　○貢献度
　　　課題解決に寄与することで，受験者が討論の機能をどの程度理解し，
　　目的達成のためにどの程度貢献したのかを見るものである。発言の回
　　数が多くても，自己中心的で課題解決に役立たない場合は，高い評価
　　を得ることはできず，発言回数が少なければ，当然，低く評価される
　　ことになる。
　○協調性
　　　これは協同して事に当たる状態を作り上げることに寄与することで，
　　発言態度が独善ではなく，民主的であることや他の人の意見及び反対
　　の立場の人の意見にも耳を傾ける態度が望まれる。とくに，発言の活
　　発でない受験者を励ますような態度も評価される。
　○主導性
　　　グループ全体を課題解決への方向付けをすることで，ただ単にリー
　　ダーシップを発揮するということではなく，全員を納得させながら問
　　題解決の方向に導いていくことが求められている。したがって，より
　　建設的な意見や信頼感のある発言などが，高く評価されている。
　○判断力
　　　問題を十分理解し，正しい判断が行われているかどうかである。ま
　　た，討議の過程において，自分の置かれている立場に対する状況判断
　　が，適切であるかどうかなどが評価されている。
　○表現力
　　　自らが主張しようとするところを適切な言葉や有効なエピソードな
　　どを加えて表現されているかどうかである。また，このグループディ
　　スカッションは，討論とは言っても勝ち負けが問題とされるわけでは
　　なく，面接試験なのであるから，あまり感情をむき出しにした言葉遣
　　いや他の人に対する冷たい言い方は，避けなければならないことであ
　　り，その配慮などが評価される。
　○企画性
　　　討論の進行に対して，計画的な発言が行われているかどうかである。
　　また，そのように進行させようと努力しているかどうかなどについて，
　　とくに，全体の状況に対する配慮が評価されている。

イ　評価を高める十ヶ条
Ⅰ　油断をしない。
Ⅱ　好感を与える。
Ⅲ　対話的になる。
Ⅳ　信頼感を与える。
Ⅴ　演出を考えておく。
Ⅵ　けじめを感じさせる。
Ⅶ　気配りを感じとらせる。
Ⅷ　全力投球の気構えをもつ。
Ⅸ　健康的で，活気を感じさせる。
Ⅹ　人間的な温かみを感じとらせる。

●●● 集団討論におけるアドバイス ●●●

・はじめに各自自分の意見を述べるので，そのとき，他のメンバーの考えを簡単にメモしながら聞くと，後の討論のとき他の受験生がテーマをどのように捉えているのかがわかり，意見をまとめやすくなる。

・テーマの内容によっては論じにくいものもあるが，行政の課題に関連づけ，公務員の視点から発言するとよい。

・自分の考えばかりを言うのではなく，他の人の意見を聞き，それに対して自分はどう思うかを発言することが大切である。

・自分と意見が違う場合には「私は……のように思いますが皆さんはどう思われますか」などと尋ねてみるとよい。

・他の人の言っていることがよくわからなかったら，「○番の方，もう少し具体的に説明していただけますか」などのように聞くことも必要である。

・みんなで一緒にコンセンサス（共通理解）を得るといった気持ちを大切にする。

・普段から友達同士で行政の課題について，気楽に話をしたり，意見交換をしておくことが大切である。

・他の受験者の意見に関連づけて発言するとよい。
　［例］　「○さんが言われたのに付け加えて，私は……と考えています」
　　　　「○さんと○さんが言われたことに私も賛成で，……を加えたいと思

います」

「○さんは先ほど……のように言われましたが，私は……と考えています」

「○さんが言われることに関して，私の意見は……と考えています」

●言葉遣い

　面接試験だからといって，特に難しい言葉を使う必要はなく，日常使っている敬語を使った丁寧な言葉で十分である。自分の考えや意見を正しく，わかりやすく，相手に伝えられるようにすることが重要である。つまり，公務員として，住民の模範となるような正しい日本語を使うことが大切であると言える。

　しかし，面接試験のときには緊張してしまい，つい普段の癖がでてしまうものである。常日頃から，目上の人や年長者と話すときに，正しい敬語が使えるようにしておくことが大切である。

◖◗ 集団討論の流れ ◖◗

①課題の把握と方針の決定（個人発表）

　問題点の構造化を図り，解決すべき課題を整理して，2，3つに集約した課題を自分の意見として挙げる。

②構造の把握と分析

　テーマの分野がどのような構造になっているのか，どの方向から考えていったらいいのかを討論する。皆の意見を整理し，同様の意見をまとめて構造的に分類する。

③課題の焦点化と討論の流れの確認

　構造化された課題の中で，話し合いで焦点化していく課題を1つ選び，メンバーで確認しながら，選んだ課題についての分析と問題点の確認，以降の討論の流れを確認する。

④課題の深化

　テーマの課題に対して意見を出し合い，課題の問題点や，状況を解明する。

⑤課題解決の対策

　課題が解明できてきたら，時間を見ながら，対策や対処法についての具体策を出す方向へと進める。

⑥解決策のまとめ

　一通り課題への解決策が出てきたら，皆の解決策をいくつかにまとめて集約していく。分類できるものは分類して構造的に整理する。

⑦次の課題への転換

　時間が残っている場合には，次の課題へと話を転じる発言をする。課題の焦点化から同様の話し合いを行う。

⑧議題の収束へ

　残り3〜5分程度になったら全体を収束させる方向に議論を進める。抽象的な話から具体的な解決策へと発展させていく。

● 評価項目 ●

貢献度　グループ・ディスカッションを進めるとき，課題に対する論点を示したり，議論の方向性を定めたりする働きが重要である。これは受験者の発言や発表が，討論を進める上で，どのように貢献できたかを評価するものである。発言の回数が多くても，課題からずれていたり，自己中心的で課題解決に役立たない場合には評価されない。当然，発言が少なければ評価は低い。

評価の観点

・適切な論点を提供する
・論点についての適切な意見を述べる
・課題の解決に役立つ意見を提供する
・混乱した討論を整理し，論題からはずれた意見を修正する
・討論をまとめる方向へと意見を述べる

協調性　グループでの協同作業は，まわりとの協調性が必要である。他人の意見や反対の意見にも耳を傾け，発言態度が民主的であることが求められる。感情的に対立したり，攻撃的に意見を述べるといった態度では自由な意見交換が成立しなくなってしまう。まわりの意見に気を配り，他人の意見も積極的に認め，発展させようとする態度が望ましい。

評価の観点

・自分の意見に固執しない

・他人の意見を意欲的に聞こうとする

・他人の意見を積極的に認めようとする

・対立・攻撃を和らげるように努める

・グループの雰囲気を高めようと努める

主導性　グループ・ディスカッションでは，全員を納得させながら課題解決の方向へと導いていくことが望まれている。ただ単にリーダーシップをとるということではなく，民主的に互いの意見を尊重し合いながら解決へと進めていく主導性が求められている。

> ### 評価の観点

・進んで口火を切る発言をする

・討論を次の段階へと発展させる働きをする

・意見が討論の進行に大きな影響を与えている

・討論をまとめる方向へと導く

・他者を促し，全員が討論に参加できるようにする

企画性　討論の進行に対して計画的に発言し，一定の時間の中で課題の論点を解決の方向へとまとめていく努力をしなくてはならない。受験者が討論の全体構想をもって発言しているか，論点を示しながら発展させ，まとめへと計画的に意見を述べているかといったことが評価される。また，現実的・具体的に課題を捉え，その解決の方策を考えることも重要なことである。

> ### 評価の観点

・討論進行に対して計画的な発言を行う

・一定の方向性を持った意見を述べる

・制限時間を考えながら発言している

・課題に対する全体構想をもっている

・発言内容が現実的・具体的である

◖◗ 評価の観点 ◖◗

①貢献度

課題解決に寄与した程度で，受験者が討論の機能をどの程度理解し，目

的達成のためにどの程度貢献したかを見るものである。発言の回数が多くても，自己中心的で課題解決に役立たない場合は高評価を得ることはできないし，発言回数が少なければ当然低く評価されることになる。

②**協調性**

　これは協同して事に当たる状態を作り上げることに寄与した程度で，発言態度が独善的でなく民主的であることや，他の人の意見，反対の立場の人の意見にも耳を傾ける態度が望まれる。

③**主導性**

　グループを課題解決の方向に動かした程度でただ単にリーダーシップをとるということではなく，全員を納得させながら問題解決の方向に導いていくことが求められている。

④**判断力**

　問題を十分理解し正しい判断が行われているかどうか，また討議の過程において自分のおかれている立場に対する状況判断が適切であるかどうか，などである。

⑤**表現力**

　自分の主張しようとするところが適切な言葉や有効なエピソードなどを使って表現されているかどうか。また，このグループディスカッションは討論とはいっても勝ち負けが問題とされるわけではなく面接試験なのであるから，あまり感情をむき出しにした言葉遣いや，他の人に対する冷たい言い方は避けなければならないのは当然である。

⑥**企画性**

　討論の進行に対して計画的な発言が行われているかどうか，また行おうと努力しているかどうかなどについて，特に，全体の状況に対する配慮などが評価される。

●書籍内容の訂正等について

　弊社では教員採用試験対策シリーズ（参考書，過去問，全国まるごと過去問題集），公務員採用試験対策シリーズ，公立幼稚園・保育士試験対策シリーズ，会社別就職試験対策シリーズについて，正誤表をホームページ（https://www.kyodo-s.jp）に掲載いたします。内容に訂正等，疑問点がございましたら，まずホームページをご確認ください。もし，正誤表に掲載されていない訂正等，疑問点がございましたら，下記項目をご記入の上，以下の送付先までお送りいただくようお願いいたします。

> ① **書籍名，都道府県・市町村名，区分，年度**
> 　（例：公務員採用試験対策シリーズ　北海道のＡ区分　2025 年度版）
> ② **ページ数**（書籍に記載されているページ数をご記入ください。）
> ③ **訂正等，疑問点**（内容は具体的にご記入ください。）
> 　（例：問題文では"ア〜オの中から選べ"とあるが，選択肢はエまでしかない）

〔ご注意〕
○ 電話での質問や相談等につきましては，受付けておりません。ご注意ください。
○ 正誤表の更新は適宜行います。
○ いただいた疑問点につきましては，当社編集制作部で検討の上，正誤表への反映を決定させていただきます（個別回答は，原則行いませんのであしからずご了承ください）。

●情報提供のお願い

　公務員試験研究会では，これから公務員試験を受験される方々に，より正確な問題を，より多くご提供できるよう情報の収集を行っております。つきましては，公務員試験に関する次の項目の情報を，以下の送付先までお送りいただけますと幸いでございます。お送りいただきました方には謝礼を差し上げます。
（情報量があまりに少ない場合は，謝礼をご用意できかねる場合があります。）
◆あなたの受験された教養試験，面接試験，論作文試験の実施方法や試験内容
◆公務員試験の受験体験記

送付先	○電子メール：edit@kyodo-s.jp
	○FAX：03-3233-1233（協同出版株式会社　編集制作部 行）
	○郵送：〒101-0054　東京都千代田区神田錦町2-5
	協同出版株式会社　編集制作部 行
	○HP：https://kyodo-s.jp/provision（右記のQRコードからもアクセスできます）

　※謝礼をお送りする関係から，いずれの方法でお送りいただく際にも，「お名前」「ご住所」は，必ず明記いただきますよう，よろしくお願い申し上げます。

長野市・松本市・上田市・佐久市・安曇野市・千曲市の 初級・高卒程度

編　者　公務員試験研究会

発　行　令和6年3月10日

発行者　小貫輝雄

発行所　協同出版株式会社

〒101−0054
東京都千代田区神田錦町2−5
電話　03−3295−1341
振替　東京00190−4−94061

落丁・乱丁はお取り替えいたします
Printed in Japan